Wissen
auf einen Blick

Das Römische Imperium

Bildnachweis
akg, Berlin: S. 11, 13, 21, 59, 61, 63, 65, 77, 79, 87, 107, 113, 135, 137, 147, 151, 157, 159, 165, 167, 171, 175, 183, 189, 191, 197, 199;
M. Büsgen: S. 4, 5, 25, 47, 101, 105, 111, 117, 125, 207;
dpa/picture alliance, Frankfurt am Main: S. 9, 17, 19, 31, 33, 35, 37, 43, 45, 49, 53, 55, 67, 69, 71, 73, 75, 81, 83, 85, 89, 91, 95, 97, 99, 103, 109, 121, 127, 129, 131, 133, 139, 141, 143, 149, 153, 155, 161, 163, 169, 173, 177, 181, 185, 187, 193, 195, 201, 203, 205;
A. Grisanti: S. 145;
Interfoto, München: S. 15, 27, 51, 57, 93;
Mauritius – Die Bildagentur: S. 6, 23, 29, 39, 41, 115, 119, 123, 179

Gesamtherstellung: Naumann & Göbel Verlagsgesellschaft mbH

ISBN: 978-3-625-12030-8

www.naumann-goebel.de

Wissen
auf einen Blick

Das Römische Imperium

Friedemann Bedürftig

NGV

Inhalt

Vorwort

Die moderne westliche Welt ruht auf den Schultern eines Riesen in Gestalt der griechisch-römischen Antike. Während am Griechentum die reiche Kultur und die philosophische Fundierung des Abendlands faszinieren, sind es im Fall Rom die zivilisatorischen, militärischen, rechtlichen und politischen Leistungen. Sie haben aus dem kleinen Gemeinwesen im italischen Latium ein Weltreich wachsen lassen, das zu den mächtigsten der Menschheitsgeschichte gehört und an Dauerhaftigkeit nicht Seinesgleichen hat. Es nahm zudem das große geistige Erbe Griechenlands auf und verbreitete es über die gesamte Ökumene (den seinerzeit bekannten bewohnten Erdkreis). Ohne Kenntnis der römischen Geschichte bleibt die Entwicklung Europas unverständlich.

Roms Karriere war beileibe kein ununterbrochener Triumphzug. Von den im Halbdunkel liegenden Anfängen abgesehen, waren auch die ersten Gehversuche stets gefährdet, und nicht selten stand der kleine Landstadtstaat vor dem Untergang. Immer wieder aber schöpfte er Kraft gerade aus Rückschlägen und wuchs an den ebenso rasch wachsenden Herausforderungen. Selbst in der schwersten Krise, als Rom längst ganz Italien beherrschte und zu einer mittelmeerischen Großmacht geworden war, zerbrach es nicht: Die Katastrophe von Cannae schien vielmehr Kraftreserven mobilisiert zu haben, wie sie die Geschlagenen selbst nicht mehr bei sich vermutet hatten.

Immer wieder fanden sich zudem Persönlichkeiten, an denen sich die Bürger aufrichten konnten und die ihnen neue Visionen vermittelten: Ob Scipio, Caesar, Augustus, Trajan, Diokletian oder Theodosius – Stadt und Reich brachten ragende Gestalten hervor, die bis heute die Gemüter beschäftigen. Denn auch ihre Karrieren waren selten ungetrübte Erfolgsgeschichten. Sie hatten mit heimischen Rivalen, äußeren Feinden und mit widrigen Umständen zu kämpfen. Und manche, dafür steht das Beispiel Caesar, endeten tatsächlich tragisch. Viele hinterließen zudem Lücken, die ihre Erben kaum zu füllen vermochten, so dass oft Wirren und Bürgerkriege folgten, die an die Substanz des Staates gingen wie etwa die Epoche der Soldatenkaiser im 3. Jahrhundert.

Doch Geschichte machen Anführer nicht ohne Volk: Dieser knappe Überblick über das römische Jahrtausend schreitet daher nicht nur die im Vordergrund stehenden politischen Ereignisse ab, sondern er beleuchtet auch den Alltag der großen wie der kleinen Leute: liest in den Werken der Dichter, besucht die Gladiatorenkämpfe in der Arena, beschäftigt sich mit dem Schicksal der Sklaven, assistiert Ärzten und Forschern, beobachtet das Tun der Priester, bewundert die Leistungen der Ingenieure und Architekten, grübelt mit den Philosophen, reist zu den „Barbaren", behandelt das Eherecht, nimmt Bäder in den großen Thermenanlagen, berichtet von den verfolgten Christen, entziffert Graffiti an den Wänden von Pompeji, macht Krankenbesuche, schaut in die Werkstätten der Künstler, hält sich bei Mönchen auf und tafelt mit den Reichen.

Der chronologische Ablauf liefert zwar den roten Faden für die Darstellung, doch überwölben immer wieder Sonderthemen das Nacheinander. Da sich die handelnden Personen selbst mit Vorliebe auf Beispiele aus der großen Geschichte des Staates bezogen haben, hilft auch hier der gelegentliche Rückblick und Verweis auf Ähnliches oder Kontrastierendes. Nur so erschließt sich die Dramatik der Entwicklung und die schließliche Auflösung des Riesenreiches im Anprall fremder Völkerschaften und revolutionärer Ideen, unter denen das Christentum die wirkmächtigste war. Es schlug die Brücke zum Mittelalter und schied Morgen- und Abendland.

Brudermord am Tiber

Die mythischen Anfänge des römischen Gemeinwesens (753 v. Chr.)

Die Legende hat die Anfänge Roms tief in die Vergangenheit, ins Jahr 753 v. Chr., verlegt, und bis heute hat sich der Merkvers bei den Schülern gehalten: „Sieben-fünf-drei – Rom kroch aus dem Ei." In Wirklichkeit hat die Besiedlung der Sieben-Hügel-Landschaft am Tiber schon weit vorher eingesetzt. Grabfunde reichen bis ins 2. vorchristliche Jahrtausend zurück. Richtig hingegen liegt die Legende, wenn sie die Gründung mit dem Griechentum verbindet, denn schon für die früheste Zeit lassen sich Handelsverbindungen Roms mit den griechischen Kolonien und entsprechender kultureller Einfluss nachweisen. Der Geschichtsschreiber Titus Livius (59 v. Chr.–17 n. Chr.) hat die mythischen Ursprünge in seinen „Ab urbe condita libri" (Bücher von der Stadtgründung an) aufgezeichnet, einer bis ins Jahr 9 v. Chr. reichenden Geschichte von Stadt und Staat.

Zuflucht für Verfolgte

Danach waren die Zwillingsbrüder Romulus und Remus, Söhne des Kriegsgottes Mars und einer Sterblichen, der Priesterin Rhea Silvia, Gründer der Stadt. Über ihre Mutter stammten sie aus dem Geschlecht des trojanischen Kriegshelden Aeneas, den es vor Urzeiten in die Landschaft Latium verschlagen hatte. Der jetzige Herrscher des Gebiets, Amulius, missgönnte seiner Nichte Rhea Silvia die Nachkommenschaft und ließ die Säuglinge auf dem Tiber in einem Kasten aussetzen. Das „Schiffchen" aber wurde an Land geschwemmt, eine Wölfin entdeckte die Knaben und nährte sie, bis ein Hirte sich ihrer annahm und sie großzog. Am Ort ihrer glücklichen Rettung gründeten die Brüder später eine Siedlung und befragten die Götter, nach wem sie die Stadt nennen sollten. Die Götter entschieden für Romulus, und fortan hieß die Siedlung Rom. Der enttäuschte Remus verhöhnte daraufhin den Bruder, indem er über die Furche hüpfte, die dieser gezogen hatte, um den künftigen Befestigungsring anzuzeigen. Wutentbrannt erschlug Romulus den Frevler mit den Worten: „So soll es jedem ergehen, der über meine Mauer springt." In der Folgezeit wurde Rom zur Zuflucht für Verfolgte und Unterdrückte.

Soweit die Sage. Über die Frühzeit wissen wir sonst nur wenig aus Bodenfunden und durch sprachhistorische Untersuchungen. Danach wurde das Gebiet Roms zu Beginn des 1. Jahrtausends v. Chr. von den Latinern, einem um 1200 eingewanderten Stamm, bewohnt. Es folgten die Etrusker, die bereits über eine hochentwickelte Zivilisation verfügten. Unter etruskischem Einfluss kam es um 600 v. Chr. zum Zusammenschluss von latinischen Siedlungen auf den Hügeln am Tiber. Der Name dieser Gemeinde, Rom, ist herzuleiten vom etruskischen Geschlecht Ruma.

Forum Boarium

Am Ufer des Tibers ließ der Sage nach schon Halbgott Herkules (griechisch Herakles) seine Rinder weiden, als von Rom dort noch nichts zu sehen war. Und tatsächlich fanden sich da, wo heute die Relikte des Forum Boarium zu besichtigen sind, griechische Gefäße aus vorrömischer Zeit und weitere Hinweise, dass bereits zu Beginn des 1. Jahrtausends v. Chr. Händler am Tiber-Knie Waren tauschten. Es muss damals auch schon eine Ara Maxima *(Altar) des Herkules bestanden haben, der unter anderem für den Schutz der Händler zuständig war. Den Namen aber erhielt dieses Forum nach seinen Tieren (lateinisch* bos *= Rind). Der Ort war für einen Viehmarkt bestens geeignet, da in der Nähe eine Furt durch den Fluss führte. Auch später behielt er seine Handelsfunktion, obwohl mit der Zeit, in der die Stadt ihn mehr und mehr schluckte, andere Waren die Besitzer wechselten und im nahen Hafen, dem Portus Tiberinus, angelandet und verschifft wurden.*

Aus dem 5. Jahrhundert v. Chr. stammt die 75 Zentimeter hohe etruskische Bronzeplastik der Wölfin, die Roms Gründer Romulus und Remus aufgezogen haben soll. Die Figuren der Knaben wurden erst im 15. Jahrhundert durch Antonio de Pollaiuolo (1432-1498) nach römischen Münzbildern hinzugefügt.

Unter fremden Herrschern

Etruskische Könige am Tiber (7./6. Jahrhundert)

Den Römern galt Stadtgründer Romulus auch als erster König, dem noch sechs weitere gefolgt seien, ehe es zur Bildung der römischen Republik (lateinisch *res publica* = öffentliche Angelegenheiten) kam. Vermutlich spielte sich die Strukturierung der Gemeinschaft wie in vielen Gegenden im Verlauf des Anwachsens der Bevölkerungszahl ab: Familien (Clans) mit größerem Landbesitz bildeten mit der Zeit die Elite, ihre Oberhäupter (*patres* = Väter, daher der Begriff „Patrizier") bestimmten die Geschicke der Ansiedlungen, und schließlich wählten sie einen zum Wächter über den Kult. Seine Nähe zu den Göttern verschaffte ihm zusätzliche Autorität und damit eine herausgehobene Rolle unter den Clanchefs. Er wurde zum Anführer oder eben König (lateinisch *rex*, daher der Begriff „regieren").

Optimale Lage

Die Siebenzahl dieser Könige ist wie die der Hügel, auf und an denen Rom entstand, eher symbolisch zu verstehen. Denn die überlieferten Herrschaftszeiten für die Könige (durchschnittlich über 30 Jahre) sind überdehnt, und was als Hügel in der latinischen Landschaft zu gelten hat, ist Definitionssache. Zutreffend aber dürfte tradiert sein, dass die Nachfolger des Romulus etruskische Herrscher waren, denn dieser Volksstamm, dessen Herkunft noch immer nicht ganz geklärt ist, drängte damals von seinem toskanischen Kerngebiet nach Süden. Zeugnisse lassen sich bis Neapel und noch weiter nachweisen. Rom wird die Begehrlichkeit der Etrusker geweckt haben wegen seiner optimalen Lage für den Handel mit dem griechischen Süden der italienischen Halbinsel und mit dem Landesinneren, wohin von den Salinen an der Tiber-Mündung eine Salzstraße führte. Auch waren die Anhöhen gut zu verteidigen. Problematisch nur, dass der Fluss oft über die Ufer trat; erst mit der Zeit gelang es, dem durch Uferbefestigungen zu begegnen.

Das erlaubte die Ausdehnung der Weide- und Anbauflächen und machte die angestammten großen Grundbesitzer noch mächtiger. Konflikte mit dem als fremd empfundenen Königtum blieben nicht aus. Sie rührten auch daher, dass die Herrscher den militärischen Oberbefehl beanspruchten und mit der Zeit ein Machtmittel in die Hand bekamen, das sich notfalls auch nach innen nutzen ließ. Die Könige agierten immer selbstherrlicher, nahmen Rat kaum noch an und provozierten damit wachsenden Widerstand bei den Patriziern. Im Jahr 510/509 entledigten sich diese schließlich des etruskischen Königtums, was die Legende später fantasievoll ausschmückte (siehe Kasten).

Freitod für die Freiheit

Königssohn Sextus Tarquinius verzehrte sich nach der reizenden, aber verheirateten Lukretia. Als deren Mann Lucius Collatinus mit König Lucius Tarquinius auf Kriegszug war, drang der Prinz in die Gemächer der Schönen ein und stellte sie vor die Wahl, sich ihm hinzugeben, andernfalls werde er sie töten und einen erschlagenen Sklaven neben ihre Leiche ins Ehebett legen. Lukretia fürchtete den Tod nicht, aber die Schande und musste die Vergewaltigung erleiden. Danach vertraute sie sich ihrem Vater an und trat mit ihm am Folgetag auf dem Forum vor das Volk. Sie berichtete, wie ihr geschehen sei, forderte in einem flammenden Appell, den Frevler zu bestrafen, stieß sich ein Messer in die Brust und starb vor aller Augen. Erbittert verschworen sich die Bürger gegen das Königshaus, allen voran der Vater, der Witwer und sein von allen hoch geachteter Freund Lucius Iunius Brutus. Die Königsfamilie wurde schließlich entmachtet und verjagt. Den letzten Herrscher verzeichneten die Geschichtsbücher fortan nur noch mit dem Beinamen Superbus („der Überhebliche").

Die Schändung der tugendhaften Lukretia durch den ruchlosen etruskischen Prinzen Tarquinius hat die Künstler der Renaissance zu dramatischen Szenen inspiriert: Tintorettos (1518–1594) Gemälde aus dem Jahr 1559 gewinnt seine Dynamik aus dem Kontrast zwischen dem brutalen Finsterling und der sinnlich-reinen Schönheit seines Opfers.

Willkommenes Erbe

Errungenschaften aus der Königszeit (6./5. Jh.)

Natürlich versuchte die Herrscherfamilie, die Stadt zurückzugewinnen, doch alle Angriffe scheiterten am Mut der Römer (siehe Kasten). Sie waren nun die etruskischen Könige los, übernahmen aber von den Etruskern viele Errungenschaften wie etwa die hochentwickelte Technik der Metallgewinnung und die Kunst des Schmiedens von Gefäßen und Waffen. Auch politische Muster aus etruskischer Zeit blieben erhalten, zum Beispiel die Purpurgewänder der obersten Beamten oder die Insignien der Liktoren, den Sicherheitskräften zum Schutz hochgestellter Persönlichkeiten. Die Liktoren trugen zum Zeichen ihrer Macht ein Rutenbündel *(fasces)* über der Schulter, außerhalb der heiligen Grenze der Stadt *(urbs)* mit einem Beil darin. Auch diese Grenze, das sogenannte *pomerium* (von *post murum* = hinter der Mauer), stammte aus der Etruskerzeit; es umfriedete ein Kernareal, das – modern gesagt – entmilitarisiert war.

Wohlstand dank Kriegsbeute

Und das sich neu formierende römische Gemeinwesen kam natürlich auch in den Genuss der Machtfülle, die ihm die Könige erkämpft hatten. Die Stadt hatte inzwischen gut 35 000 Bewohner und kontrollierte ein Gebiet von annähernd 900 Quadratkilometern in Latium; ihr Einfluss reichte noch darüber hinaus. Belegen lässt sich diese Vormachtstellung in Mittelitalien durch Funde aus dem 6. Jahrhundert v. Chr., die vom großen Reichtum zeugen. Den konnten die Römer kaum allein aus landwirtschaftlichen Überschüssen und durch Handel erwirtschaftet haben, er war wohl eher, dafür sprechen auch die gefundenen Gegenstände selbst, in erster Linie auf Kriegsbeute zurückzuführen.

Verräterischer Tempelbau

Auch dem Ausbau der Stadt war der herbeigesiegte Wohlstand zugute gekommen. Noch in die Zeit der etruskischen Könige fielen einige Tempelbauten sowie erste Bemühungen um eine Befestigung des Tiber-Hafens. Überhaupt beeinflusste die etruskische Kultur die römische Religion nachhaltig, was die spätere umfassende Anlehnung an die griechische Götterwelt begünstigte. Das war schon zur Königszeit bemerklich geworden, als der „überhebliche" Tarquinius mit dem Bau eines großen Jupiter-Tempels begonnen hatte. Mit der Verehrung eines höchsten Gottes nach dem Beispiel des Zeus strebte er eine Hierarchisierung des Himmels an und spiegelbildlich die sakrale Verankerung seines Königtums. Vielleicht auch das ein Auslöser der Revolte der Großen Roms gegen ihn.

Die Rechte geopfert

Einer der etruskischen Herrscher, die gegen Rom vorgingen, war Porsenna von Clusium (Chiusi) in der südlichen Toskana. Er schloss die aufsässige Stadt ein, so dass die Versorgungslage der Römer bald prekär wurde. Der junge Gaius Mucius Cordus beschloss daher, sich ins Lager der Etrusker zu schleichen und den feindlichen König zu töten. Hinein kam er zwar, doch sein Dolch erwischte den Falschen. Mucius wurde ergriffen und vor den König gebracht, der ihn mit Folter und Hinrichtung bedrohte. Der Attentäter hielt daraufhin seine rechte Hand in ein Altarfeuer und ließ sie unbewegten Gesichts verbrennen. Porsenna sah dem mit wachsender Bewunderung zu und ließ Mucius schließlich frei. Die Belagerung hob er auf; ihn hatte die Drohung des jungen Römers beeindruckt, es gebe noch Hunderte ebenso tapfere Männer in der Stadt, die ihn rächen würden. Mucius Cordus trug seitdem den Beinamen Scaevola *(„Linkshand"). Diese von römischen Historikern gern erzählte Legende diente der Propaganda, wonach Römer geborene Sieger seien, weil sie sich selbst zu besiegen verstünden.*

Etruskerkönig Tarquinius Superbus: Er ließ auf dem Kapitol einen Tempel für den höchsten Gott Jupiter errichten. Das auf Leinwand übertragene Fresko von Perino del Vaga (1501-1547) stellt die feierliche Grundsteinlegung dar.

Sicherungen vor Machtmissbrauch

Politische Neuordnung des Stadtstaates (um 500 v. Chr.)

Die Beseitigung der Monarchie war eine Art Revolution von oben. Als Gewinner konnten sich die Patrizier fühlen, also die aufgrund ihres Besitzes führenden Sippen. Hatten sie allerdings die Rückkehr zu informellen Zuständen der Frühzeit, als der Stadtverband noch lose war, angestrebt, so ließ sich dies in der bedrohten Lage nicht verwirklichen. Man brauchte klare Regelungen, wer die Führung beanspruchen durfte, und einigte sich auf ein Modell, das gegen missbräuchliche Amtsführung Sicherungen einbaute: An die Spitze des Stadtstaates traten zwei von den Vertretern der Patrizier gewählte Konsuln, die beide autonom alle politischen Fragen entscheiden durften und sich darin nur gegenseitig blockieren konnten. Außerdem erhielten sie ihr Mandat immer nur für ein Jahr, damit sich gefährliche Seilschaften erst gar nicht bildeten.

Innere Konflikte

Allenfalls halbhistorisch ist die Bestellung der Lukretia-Rächer Brutus und Collatinus zu den ersten Anführern der jungen Adelsrepublik. Sie stehen für viele Mitwirkende an der Neuordnung der römischen Verhältnisse und dafür, dass diese im Sinn einer Oberschicht geschah, was innere Konflikte programmierte. Die *plebs* (= Masse) nämlich blieb weitgehend rechtlos und war von politischer Mitwirkung ausgeschlossen. Das warf in einer höchst unruhigen Zeit schwere Probleme auf, in der gerade die Plebejer für die Kriegführung dringend gebraucht wurden und die aus ihnen gebildeten Fußtruppen gegenüber der adligen Reiterei an Gewicht gewannen. Der Unmut – heute hieße das Politikverdrossenheit – spitzte sich zu; vereinzelt zunächst, dann anschwellend kam es zu Befehlsverweigerung, von der Legende als eine Art Aufstand überliefert (siehe Kasten). Weitere Vorschriften schürten die Unzufriedenheit der kleinen Leute: So waren Eheschließungen zwischen Plebejern und Patriziern verboten. Erobertes Land wurde nur an patrizische Familien verteilt. Plebejer konnten ihre Sache nicht selbst vor Gericht bringen, sondern mussten sich vom adligen Patron vertreten lassen. Ein Diktator (von *dictare* = ansagen, befehlen) konnte natürlich auch nur aus der Führungsschicht kommen. Das war ein in Krisenzeiten zu wählender Oberkommandierender, der die gesamte Macht von den beiden Konsuln übernahm und alle notwendigen Maßnahmen bis hin zu Zwangsverpflichtungen zum Schutz des Volkes ergreifen konnte. Nach sechs Monaten aber endete auch sein Mandat.

Wir sind das Volk

Die Erbitterung der Volksmasse (plebs) *nahm solche Formen an, dass die Leute ihre Streitigkeiten begruben, im Jahr 494 zur Durchsetzung ihrer Forderungen einträchtig die Stadt verließen und auf den Heiligen Berg, den* mons sacer *nördlich der Mauern zogen. Das brachte die verbliebenen Adligen* (patricii) *in Bedrängnis, und sie entsandten Menenius Agrippa, der selbst aus bescheidenen Verhältnissen stammte, zu den Plebejern. Mit politischen Zugeständnissen (u. a. Schaffung des Amts der Volkstribunen) und einem plastischen Gleichnis konnte er die Menschen schließlich zur Rückkehr in die Stadt bewegen: Die Glieder des Körpers, so führte er aus, waren es leid, immer nur für den faul genießenden Magen zu arbeiten, und stellten die Tätigkeit ein. Die Finger griffen keine Speise mehr, die Hände führten sie nicht mehr zum Mund, und die Zähne hörten auf zu kauen. „Wir werden es dem fetten Fresser schon zeigen!" sagten sie zueinander. Bald aber merkten sie, dass sie immer schwächer wurden, weil der Magen nicht mehr verdaute und keine Energie mehr lieferte. Da besannen sie sich auf ihre Aufgaben und übernahmen sie wieder mit neuem Fleiß zum gemeinsamen Wohl.*

Allenfalls halbhistorisch ist die Gestalt des Lucius Iunius Brutus, der entscheidend am Sturz der etruskischen Könige in Rom mitgewirkt haben und danach erster Konsul des Stadtstaates gewesen sein soll. Die 35 Zentimeter hohe Büste, einst Teil einer Ganzstatue, galt lange als das Porträt des sittenstrengen, mutigen Mannes. Vermutlich aber entstand das faszinierende Antlitz mit dem entschlossenen Blick erst im frühen 3. Jahrhundert v. Chr. (Konservatorenpalast in Rom).

Gegen Bergvölker und Etrusker

Vom Stadtstaat zur Territorialmacht (5. Jh.)

Ein so dramatischer politischer Umbruch, wie er sich in Rom um die Wende vom 6. zum 5. Jahrhundert abgespielt hatte, ließ Nachbarn Morgenluft wittern. Gemeinden in Latium, denen Roms Dominanz schon lange lästig war, versuchten, dem angeschlagenen Stadtstaat Positionen im Tibertal abzujagen. Daraus entwickelte sich seit 498 Roms Latinerkrieg. Er zog sich fünf Jahre lang hin und brachte dennoch keine militärische Entscheidung. Es wuchs aber die Erkenntnis, dass die investierten Mittel besser anderweitig eingesetzt würden. Das fruchtbare Latium sah sich nämlich immer häufigeren Angriffen der sogenannten Bergvölker ausgesetzt, die zu Beutezügen vorstießen. Der Latinerkrieg endete schließlich mit einem Bündnis der bisherigen Gegner, dem nach dem römischen Unterhändler Spurius Cassius benannten *foedus Cassianum*. Es begründete eine Wehrgemeinschaft der sprachlich und kulturell eng verwandten Latiner, in der Rom die Führung übernahm.

Wehrhafte Außenposten

Das Zusammengehen bewährte sich. Volsker, Sabiner und Aequer, um nur die drei wichtigsten der wilden Bergstämme zu nennen, konnten nicht bloß in Schach gehalten, sondern zurückgedrängt werden. Die besetzten Gebiete teilten sich Latiner und Römer und besiedelten sie. Die Bewohner der so im Verlauf des 5. vorchristlichen Jahrhunderts entstehenden Gemeinden erhielten dieselben Rechte wie die Stadtrömer. Damit und mit geschickt dosierten weiteren Zugeständnissen (siehe Kasten) an die Plebejer motivierte die regierende Schicht ihre Kolonisten in diesen Außenposten für den riskanten und aufreibenden Dienst, ohne an der überkommenen Staatsarchitektur grundsätzliche Änderungen vorzunehmen.

Während der ständig aufflackernden Kämpfe musste sich Rom weiterhin vor den Etruskern in acht nehmen. Ihr Einfluss auf die Geschicke der Stadt war beseitigt, doch ihre Handelskonkurrenz und ihr territorialer Appetit blieben eine Gefahr. Verkörpert wurde sie durch die Stadt Veji, die kaum anderthalb Dutzend Kilometer nördlich von Rom lag und den Tiber in Reichweite hatte. Da kam es oft zu bewaffneten Konflikten, nach der Legende sogar zu Kriegen, von denen sich aber nur der letzte um 400 erbittert ausgefochtene als historisch gesichert ansehen lässt. Mindestens ein Jahrzehnt lang wechselte das Kriegsglück, ehe Veji 391 (römische Überlieferung 396) bezwungen war. Rom verleibte die Konkurrenz dem eigenen Gebiet ein und war damit zu einer beachtlichen Territorialmacht in Mittelitalien herangewachsen.

Zwölftafelgesetz

Wachsende Lasten, wie sie im waffenklirrenden 5. Jahrhundert zu tragen waren, ließen sich dem Volk nur aufbürden, wenn ihm die Führungsschicht sozial und rechtlich entgegenkam. Vor allem nach Rechtssicherheit verlangten die Menschen. Im Jahr 450 berief man daher zehn Männer zur Niederschrift des geltenden Rechts. Auf zwölf öffentlich ausgestellte Tafeln wurde die Gleichheit von Patriziern und Plebejern vor dem Gesetz festgeschrieben. Allerdings blieb es bei einem harten Schuldrecht, das die ärmere Bevölkerung weiterhin disziplinierte: „Wenn jemand dem Spruch zur Zahlung seiner Schuld nicht nachkommt, so mag man ihn mit sich nehmen und fesseln mit Beinschellen und Fußblock, 15 Pfund schwer, nicht weniger, eher, wenn man will, noch schwerer." Im Gefolge dieses Zwölftafelgesetzes kam es bald zu weiteren Zugeständnissen. So fiel das Heiratsverbot zwischen den Gesellschaftsschichten, und es öffnete sich für wohlhabende Plebejer der Zugang zu ehrenvollen Ämtern. Bis zur Zulassung zum Konsulat sollte es allerdings noch fast ein Jahrhundert dauern.

Einer, dem die Aufwertung der Plebejer gegen die patrizische Ehre ging, war Schlachtenheld Gnaeus Marcius Coriolanus. Er wurde 491 v. Chr. ausgewiesen. Mit den feindlichen Volskern kehrte er zurück, Rom zu vernichten. Das Gemälde (Ausschnitt) von Giovanni Battista Tiepolo (1696-1770) hält die Szene fest, in der Mutter und Ehefrau den Wüterich anflehen, die Stadt zu verschonen. Die Sage berichtet, Coriolan sei abgezogen und von den Volskern ermordet worden.

Wehe den Besiegten!

Invasion der Gallier und Plünderung Roms (387 v. Chr.)

Nur wenige Jahre konnte Rom die Ausschaltung des Rivalen Veji genießen. Von Norden nahte eine neue Bedrohung in Gestalt der Kelten oder Gallier. Dieses ursprünglich am Niederrhein siedelnde Volk hatte sich süd- und westwärts nach Burgund und bis Spanien ausgedehnt und drang um 390 über die Alpen nach Norditalien vor. Etrurien wurde sein erstes Opfer, wobei die kriegerischen Kelten keine dauerhafte Landnahme planten, sondern in erster Linie an Beute interessiert waren. Rom, darüber machte sich niemand Illusionen, würde über kurz oder lang auch in ihr Visier geraten. Als daher das von den Galliern bedrängte Clusium (Chiusi) die Stadt um Hilfe bat, zog ein römisches Heer von angeblich 40 000 Mann den Eroberern entgegen und erlitt an der Allia (Fosso di Bettina), einem linken Tiber-Zufluss, eine vernichtende Niederlage. Das Datum der Schlacht, nach römischer Überlieferung der 18. Juli 387 v. Chr., ging als „Schwarzer Tag" *(dies ater)* in die Geschichte ein und begründete die notorische Gallierfurcht *(metus Gallicus)* der Römer.

Die Stadt ein Trümmerhaufen

Die versprengten römischen Soldaten suchten Zuflucht in Rom, das aber nicht mehr die Mittel zu effektiver Verteidigung besaß. Nur auf dem Kapitol konnte sich eine Garnison verschanzen und soll dort sogar eine siebenmonatige Belagerung überstanden haben (siehe Kasten). Ohnmächtig allerdings mussten die dort Ausharrenden mit ansehen, wie Rom geplündert und verwüstet wurde. Die Gallier transportierten alles ab, was sie irgend zu brauchen meinten. Die Frauen hatten allen Schmuck abliefern müssen, und ganz zum Schluss verlangte der Gallier-Anführer Brennus noch eine riesige Lösegeldsumme für den Abzug. Über die Höhe der Zahlung soll es dabei zu so heftigen Beschwerden der Römer gekommen sein, dass Brennus erbost sein Schwert als Gegengewicht zusätzlich in die Waagschale legte und damit die Forderung nochmals erhöhte mit den grimmigen Worten: „*Vae victis!*" (Wehe den Besiegten!).

Die Berichte wissen aber auch von einem letzten römischen Aufgebot, das Rom schließlich befreit haben soll. Das lässt sich allerdings nicht belegen und sollte vermutlich auch nur die verwundete römische Heldenseele besänftigen. Ihr drohte schon bald neue Gefahr, denn die bisherigen latinischen Bundesgenossen begannen sich gegen die Führung der geschwächten Stadt aufzulehnen. Der Konflikt ließ sich lange unter Kontrolle halten, eskalierte aber im Jahr 340 und führte zu heftigen Kämpfen, aus denen Rom 338 als Sieger hervorging. Es löste den Latinerbund auf und dehnte seine Macht auf ganz Latium aus.

Kapitolinische Gänse

Kleinster der klassischen sieben Hügel Roms ist der mons capitolinus, *kurz Kapitol genannt, auf dem von früh an ein Tempel für den obersten römischen Gott Jupiter stand. Auch seine Gattin Iuno wurde hier in einem eigenen Heiligtum verehrt. Ihr Attribut war die Gans und ihr Beiname entsprechend Moneta (von* monere *= warnen, mahnen). Die heute gern als „dumm" bezeichnete Gans galt den Römern als höchst aufmerksames Tier, das einem Wachhund im Zweifel vorzuziehen war. Dass sie damit durchaus richtig lagen, weiß die Legende, die erklärt, warum zwar ganz Rom beim Gallier-Einfall im Jahr 387 v. Chr. in die Hand des Feindes geriet, nicht aber die Kultstätten auf dem Kapitolshügel. Die im Iuno-Tempel gehaltenen Gänse vereitelten den nächtlichen Angriff der Gallier auf diese letzte römische Bastion durch aufgeregtes Schnattern und Trompeten. Das weckte den Konsul Marcus Manlius, der in letzter Minute eine erfolgreiche Verteidigung organisieren konnte.*

Dass wenigstens die Kultstätten auf dem Kapitol, dem Herz der Stadt, von den Galliern verschont geblieben waren, erfüllte die Römer mit großer Dankbarkeit. Sie verewigten die wachsamen Gänse der Göttin Iuno lebensecht auf einem Relief; heute im Museum von Ostia zu bewundern.

Aufs Praktische gerichtet

Frührömische Götterwelt und Verehrung der Ahnen

In der Prägephase Roms, also während der Königszeit und in der frühen Republik, stand der Stadtstaat unter dem Einfluss überlegener Kulturen. Von Süden machten sich griechische Impulse bemerkbar, von Norden strömte etruskisches Gedankengut in die noch lange bäuerisch geprägte religiöse Vorstellungswelt der Römer. Sie formten allerdings das Fremde so um, dass es zu ihrer einfachen, nüchternen und aufs Praktische gerichteten Lebensweise passte. Deren Säulen waren Respekt vor den Göttern, Hochschätzung der Leistungen der Vorfahren, Achtung vor Gesetz und Recht, Wahrung von Tugenden wie Treue, Fleiß, Wahrhaftigkeit und Familiensinn.

So entsprachen zwar viele Gottheiten im römischen Himmel direkt denen der Griechen, doch fehlte ihnen die pralle Pracht der „Kollegen" auf dem Olymp. Indogermanischer Herkunft wie der griechische Zeus war Roms oberster Himmelsherrscher Jupiter, und auch seine Frau Iuno hatte in Hera ihre olympische Entsprechung, doch ihre Verehrung trug ernstere Züge als in Griechenland. Mythen von den erotischen Eskapaden der obersten Gottheiten und ihren Zwistigkeiten waren bekannt, aber nicht Teil des Kultes. Der konzentrierte sich auf die Pflege der Bindung (*religio* kommt von *religare* = festbinden) an die Himmlischen und auf Bitten um Beistand bei der Bewältigung des Alltags oder besonderer Herausforderungen. Kein Wunder, dass sich eine vielfältige Schar von „niedrigeren" Gottheiten bildete mit je spezieller Zuständigkeit: Janus bewachte die Schwelle des Hauses und hielt Dämonen wie Feinde fern, Terminus schützte die Grenzen und das Eigentum, die Laren nahmen sich der Reisenden, der Familien und der Feldfluren an. Die Göttin Vesta hielt das Herdfeuer in Gang, und die Penaten behüteten die Vorräte.

Auguren und Haruspices

Ihren Willen taten die Götter nach römischem Glauben durch allerlei Zeichen kund. Zu ihrer Deutung bedurfte es spezieller priesterlicher Kenntnisse. So entschlüsselten die Auguren, deren Amtszeichen der Krummstab war, Geschrei und Flug der Vögel in der Morgendämmerung als Götterwinke, welche Aussichten eine anstehende Unternehmung hatte. Und so lasen die Haruspices *(Einzahl:* Haruspex*) in den Eingeweiden von Opfertieren, ob mit einem glücklichen Verlauf einer Reise, eines Handels oder eines Feldzugs zu rechnen war. Die Lage der Organe, ihre Größe und Gestalt, insbesondere die der Leber als Sitz des Lebens, waren dabei zu beachten. Die Kunst der Eingeweideschau hatten die Römer von den Etruskern übernommen und sie anfangs auch etruskischen Experten überlassen (daher als* disciplina Etrusca *bezeichnet); erst mit der Zeit übernahmen auch Stadtrömer diese Aufgabe. Schließlich hatte jeder größere Truppenverband einen eigenen* Haruspex, *was bei gegensätzlichen Interpretationen der göttlichen Zeichen zu lähmenden Debatten oder unkoordiniertem Vorgehen führen konnte.*

Die Ahnen waren immer anwesend

Alle Götter verlangten Opfer und dankten dafür mit Hinweisen darauf, was in dieser oder jener Lage zu tun war. Vor Kriegszügen und möglicherweise folgenschweren Entscheidungen befragten Priester die entsprechende Gottheit mit Hilfe besonderer Techniken (siehe Kasten). In familiären Angelegenheiten oblag dem Oberhaupt *(pater familias)* das Opfer für die Hausgötter und für die Ahnen, deren Bilder in einem Vorraum aufgestellt waren. Ging es bei den Göttern darum, sie günstig zu stimmen, so verehrte man die Vorfahren aus Dank. Auf sie und ihre Tüchtigkeit führte die Familie ja ihren sozialen Rang zurück. Zum Zeichen der ewigen Verbundenheit wurden bei Beerdigungen Bilder der Ahnen mitgeführt, zu denen der Verstorbene nun aufrückte.

Viel geändert hat sich in den Jahrhunderten bis zur Zeitenwende an der Opferpraxis der römischen Priester nicht. Insofern spiegelt das lebendige Wandbild aus Pompeji durchaus den frühen Ritus: Bekränzt macht sich der Opferwillige mit dem geschmückten Stier auf den Weg zum Tempel. So große Tiere wurden nur bei bedeutenden Anlässen dargebracht.

Hilfeersuchen gerne angenommen

Kriege gegen die Samniten (4./3. Jh.)

Konflikte mit den Samniten, Angehörigen von Bergstämmen aus dem mittleren und südlichen Apennin, gab es schon früher. Der Bericht über einen ersten Krieg zwischen Rom und den Samniten in den Jahren 343 bis 341 hat wohl hier seine Grundlage, denn historisch zu belegen ist er nicht. Es ging bei den ersten Zusammenstößen um den wachsenden Einfluss Roms in Kampanien (Landstrich an der Südwestküste bis südlich von Neapel), auf dessen fruchtbare Böden auch die Samniten ein Auge geworfen hatten. Sie hatten aber Rom mit ihren eigenen Vorstößen Richtung Küste selbst auf den Plan gerufen, denn die dort betroffenen Städte wie etwa Capua suchten bei den mächtigen Römern um Hilfe nach, die diese nur zu gern gewährten. Sie erhielten so Gelegenheit, ihre Strategie des Vorschiebens von Wehrsiedlungen auch gegen die Samniten zu praktizieren. Dadurch fühlten sich diese wiederum provoziert, und es kam seit 326 zum (zweiten) Krieg. Er zog sich fast zwei Jahrzehnte lang hin, obwohl er schon 321 mit dem Sieg der Samniten bei den Kaudinischen Pässen *(furculae Caudinae*, eigentlich kaudinische Gabeln) östlich von Neapel beendet schien. Das römische Heer war in eine Falle geraten und seine Reste mussten unter demütigenden Bedingungen abziehen (siehe Kasten). Es wären aber keine bäuerisch-zähen Römer gewesen, wenn sie nicht umgehend und nun gerade auf Revanche gesonnen hätten. Allerdings mussten dafür erst neue Rüstungen in Angriff genommen und die Ausgangspositionen verstärkt werden, worüber ein Jahrzehnt unter vereinzelten Gefechten verging (z.B. römische Niederlage bei Lautulae 315). Dann ging Rom in die Offensive und konnte die Samniten nach der Einnahme ihrer Hauptstadt Bovianum im Jahr 304 zu einem Frieden zwingen, der die römische Herrschaft in Kampanien bestätigte.

Sieg nach einem halben Jahrhundert

Er hielt nicht lange, denn die Samniten standen den Römern an Hartnäckigkeit nicht nach. Sie verbündeten sich mit den Gegnern Roms im Norden und nahmen 298 die Feindseligkeiten wieder auf. Rom verließ sich bei diesem (dritten) Waffengang im Süden auf seine Kolonien und wandte sich zunächst gegen Etrusker und Umbrer im Norden. Bei Sentinum (nahe dem heutigen Sassoferrato) in den umbrischen Bergen gelang den Römern 295 der entscheidende Sieg, der ihnen die Umgruppierung ihrer Truppen nach Süden erlaubte. Obwohl nun ohne Unterstützung, hielten die Samniten noch bis 290 durch, ehe sie sich der römischen Übermacht beugten und Roms Vorherrschaft anerkannten.

Kaudinisches Joch

Durch eine Kriegslist sollen die Samniten im Jahr 321 die aus Capua vorrückenden Römer zu einem Eilmarsch nach Osten bewegt haben. Dabei zogen diese durch eine enge Passstraße beim Ort Caudium, daher Kaudinische Pässe genannt. Die Samniten riegelten beide Ausgänge ab, so dass die römische Truppe hilflos den von den Höhen drohenden Feinden ausgeliefert war. Der Samnitenführer Gaius Pontius schreckte aber vor einem Gemetzel zurück und schlug den hungernden und dürstenden Römern vor, entwaffnet abzuziehen und ihre vollständige Niederlage dadurch anzuerkennen, dass sie einzeln unter einem aus drei Speeren gebildeten Joch hindurch kröchen. Der Geschichtsschreiber Livius berichtete darüber: „Unter dem Murren der Soldaten brach die Stunde der Schmach an. Zunächst wurden die Konsuln, beinahe halbnackt, unter dem Joch hindurch geschickt. Dann traf die Schande jeden in der Reihenfolge seines Ranges … Ringsum standen höhnend die bewaffneten Feinde." Die Redewendung „sich unter ein Kaudinisches Joch beugen" wurde sprichwörtlich für „sich tief erniedrigen".

Nur Säulenstümpfe und Reste gepflasterter Straßen zeugen vom antiken Sentinum südlich von Sassoferrato in Umbrien. Neben diesen immobilen Spuren sind im Palazzo dei Priori Fundstücke ausgestellt, die einen Eindruck vom Leben in der alten Stadt vermitteln, deren Name mit dem römischen Sieg über die Samniten und ihre Verbündeten im Jahr 295 v. Chr. verknüpft ist.

Bildung eines Amtsadels

Gleichstellung der Plebejer (bis um 300 v. Chr.)

Die Anspannung aller Kräfte des Gemeinwesens zur Verteidigung, aber auch im Dienst einer expansiven Politik für die wachsende Bevölkerung, war den Menschen nur zuzumuten, wenn sie sich auch für sie lohnte. Der Aufstieg Roms war daher mit sozialen und politischen Reformen verbunden, die den Plebejern weitere Rechte brachten. Die sogenannte Zenturienverfassung aus der 2. Hälfte des 5. Jahrhunderts gehörte dazu: Die Bürger wurden danach von zwei Zensoren nach Vermögen in 193 Hundertschaften (Zenturien, *centum* = hundert) eingeteilt. Neben 18 patrizischen (adligen) Zenturien der Reiterei standen 80 schwerbewaffnete Zenturien der wohlhabenden Landbesitzer und 90 leichtbewaffnete Zenturien der Kleinbauern, Handwerker und Kaufleute sowie fünf unbewaffnete Zenturien der Techniker, Musiker und Meldegänger.

Abstimmung nach Vermögensklassen

Die Zenturien verkörperten das bewaffnete Volk; es versammelte sich vor wichtigen Entscheidungen auf dem Marsfeld westlich der Stadtmauern. Hier stimmte man über Krieg und Frieden ebenso ab wie über die Berufung der höchsten Beamten und über die von den Konsuln vorgeschlagenen Gesetze. Die Überzahl der Plebejer wurde dadurch neutralisiert, dass geschlossen nach Vermögensklassen abgestimmt wurde. Da erfahrungsgemäß die reichen Schwerbewaffneten mit den Patriziern einig waren, stand das Ergebnis meistens schon nach der Stimmabgabe der beiden ersten Gruppen fest, die mit 98 Zenturien die Mehrheit hatten. Der Fortschritt bestand also nur in der Ablösung des Standesprinzips durch das des Grundbesitzes.

Bald konnten Plebejer auch das Konsulat bekleiden; seit 366 sollten sie sogar immer einen der Konsuln stellen. In Frage dafür kamen wie für das Volkstribunat (siehe Kasten) nur sehr angesehene, weil reiche und mithin einflussreiche Männer. Im Verlauf der Samnitenkriege erhielten die Plebejer dann Zugang zu allen hohen Staats- und Priesterämtern, so dass um 300 die rechtliche, soziale und politische Gleichstellung beider Stände weitgehend vollendet war. Den Schlussstein des Ausgleichs setzte der zum Diktator ernannte Quintus Hortensius 287 mit einem Gesetz, das die Beschlüsse der plebs für alle Römer, auch die Patrizier, verbindlich machte *(Lex Hortensia)*. Aus der formalen Gleichheit aber entstand neue Ungleichheit: Neben den Blutadel trat eine parallele Oberschicht: der Amtsadel der reichen Plebejer-Familien.

Volkstribun

Nach dem legendären Protest der Plebejer auf dem Heiligen Berg war das Amt des Volkstribunen (tribunus plebis) *geschaffen worden, eine Art Sozialanwalt, der gegen patrizische Übergriffe einschritt. Zunächst gab es zwei, im Verlauf des 5. Jahrhunderts schließlich zehn. Sie waren auf ein Jahr gewählt, hatten zunächst kein* Imperium *(Befehlsgewalt) und stützten sich allein auf den Schwur des Volkes, jeden Angriff auf sie zu ahnden. Schließlich anerkannten auch die Patrizier die Unantastbarkeit* (sacrosanctitas) *der Volkstribunen, ein Amt, das für Plebejer zum Sprungbrett auf höhere Posten in der Ämterlaufbahn* (cursus honorum) *wurde. Nur für Besitzende natürlich, die sich Vollzeit-Politik leisten konnten. Eine weitere Aufwertung erfuhren sie, als ihnen Ädile als Helfer zugeteilt wurden (von* aedes *= Tempel der Fruchtbarkeitsgöttin Ceres auf dem Aventin, dem kultischen Zentrum der* plebs*) und als sie ein Veto-Recht* (veto *= ich verbiete) gegen Beschlüsse des Senats und der Volksversammlung durchsetzen konnten. Diese Gremien mussten auf Wunsch der Volkstribunen zusammentreten und über Klagen von Plebejern oder von den Tribunen eingebrachte Vorlagen beraten.*

Wo einst Viehherden weideten, Soldaten trainierten und paradierten oder Volksversammlungen stattfanden, wuchsen später Bauten wie das im Jahr 13 v. Chr. fertiggestellte Marcellustheater (Bild) empor: auf dem Marsfeld. Weil es außerhalb der Stadtmauern lag, durften hier Waffen getragen werden.

Ruinöse Triumphe

Zäher Krieg gegen Tarent und Pyrrhus von Epirus (282–272)

Schon vor der Zeit der mythischen Gründung Roms gab es griechische Kolonien an den Küsten Unteritaliens. Zu politischer Gemeinsamkeit aber fanden sie nicht. Die Konflikte in der Heimat verlängerten sich bis hierher und verhinderten tragfähige Bündnisse. Nachdem Rom zur Führungsmacht in Mittelitalien aufgestiegen war, suchten von Bergstämmen bedrohte Griechenstädte daher lieber Schutz bei den Römern als bei ihren griechischen Nachbarn. Das kam Roms Strategie der Bildung von Stützpunkten entgegen, von denen aus sie die Expansion weiter vorantreiben konnten. Im Jahr 282 rief das von Lukanern belagerte Thurii die Römer zur Hilfe, die den Ring sprengten und gegen neue Angriffe eine Schutztruppe in der Stadt zurückließen. Davon fühlte sich die mächtigste griechische, genauer: spartanische Kolonie Tarent am gleichnamigen Golf provoziert. Ihre Flotte attackierte ein vor der Küste ankerndes römisches Geschwader und zwang die römische Garnison in Thurii zur Aufgabe.

Wie ein Erdbeben

So schmerzhaft die Schlappe war, so gelegen kam sie Rom, das im reichen Tarent schon lange einen Störfaktor für seine süditalienischen Pläne gesehen hatte. Verhandlungen (siehe Kasten) scheiterten, Krieg wurde unvermeidlich. Tarent bat König Pyrrhus von Epirus, dessen Land am gegenüberliegenden Ufer der Adria lag, um Hilfe, die dieser in der Hoffnung auf Erweiterung seiner Machtbasis gewährte. Er führte höchstselbst eine beachtlichen Streitmacht von angeblich 20 000 Infanteristen, 3000 Reitern und 26 Kriegselefanten, die „wie ein alles zerstörendes Erdbeben" über die Römer kamen, so der Geschichtsschreiber Plutarch (46–120 n. Chr.). Während aber die Römer Verluste relativ rasch ersetzen konnten, war Pyrrhus von Nachschub weitgehend abgeschnitten. Zwar siegte er in mehreren Treffen, doch zu einem so hohen Preis, dass sich für solche ruinösen Triumphe der Begriff „Pyrrhussiege" einbürgerte. „Noch ein solcher Sieg", soll der König gesagt haben, „und ich bin verloren."

Hinzu kam die Bedrohung der Griechenstädte auf Sizilien durch die Seemacht Karthago. Auch gegen sie wandte sich Pyrrhus, und wieder gab es eine Kette von Siegen, die aber zu weiterer Erschöpfung führten. Aufs Festland zurückgekehrt, sah sich Pyrrhus erneut einem römischen Heer gegenüber. Bei Benevent konnte dieses im Jahr 275 erstmals eine Schlacht gegen den König offen gestalten, der den Kampf daraufhin aufgab und seine verbliebenen Truppen nach Epirus zurückführte. Tarent allein konnte nur noch hinhaltend Widerstand leisten und musste sich 272 den Römern ergeben. Sie beherrschten nun direkt oder durch Bündnisse den gesamten italienischen Stiefel.

Drastische Diplomatie

Dass es Rom ernst war, einen Krieg mit Tarent zu vermeiden, steht zu bezweifeln. Warum dennoch eine Gesandtschaft an den Golf reiste? Vielleicht wollte man nicht als Aggressor dastehen, und schaden konnte es zudem nicht, die Entschlossenheit des Gegners zu prüfen. Sie wurde den römischen Emissären drastisch demonstriert, wobei die Fabulierlust der Geschichtsschreiber ein wenig übertrieben haben mag. Wie in Griechenstädten üblich stellte der römische Delegationsleiter seine Verständigungsvorschläge auf der Volksversammlung dar, höflichkeitshalber auf Griechisch. Dabei machte er ein paar Schnitzer, was bei den Hörern hämische Heiterkeit auslöste. In dieser Stimmung sah es ein stadtbekannter tarentinischer Witzbold als besonders lustig an, sein Wasser an der Toga des Römers abzuschlagen. Der ertrug die Schmach zunächst wortlos und wandte sich dann an das Volk: „Dieses Kleid werdet ihr mit eurem Blut reinigen müssen."

Seine Siege hatte sich König Pyrrhus von Epirus teuer erkauft, weshalb sein „Kriegsglück" sprichwörtlich wurde.

Beute und Ehre

Heerwesen und Bündnispolitik

Vielleicht das Erstaunlichste am Aufstieg Roms zur Herrin von ganz Italien war die Tatsache, dass die meisten, ja fast alle ihre Kriege mit Niederlagen begannen. Darunter waren viele, die das Gemeinwesen am Tiber an den Rand der Existenz führten. Auf den Gedanken aber, sich zu bescheiden oder gar aufzugeben, kam niemand. Das war nicht nur der römischen Mentalität fremd, sondern hatte auch damit zu tun, dass letztlich alle von der Expansionspolitik profitierten. Nicht einmal die schweren inneren Konflikte zwischen Plebejern und Patriziern konnten daher die Wehrhaftigkeit nennenswert mindern. Der Dienst mit der Waffe war für den Römer eine Selbstverständlichkeit, und er kam dem zwischen dem 16. und 46. Lebensjahr klaglos, wenn nicht gern nach, winkten doch Beute und Ehre. Über das Risiko des Kampfeinsatzes machte er sich kaum Gedanken. Im Gegenteil: Das Wort des Dichters Horaz (65–8 v. Chr.) galt schon immer: „*Dulce et decorum est pro patria mori* – Süß und ehrenvoll ist das Sterben fürs Vaterland."

Hohe Motivation brauchte es anfangs zudem wegen der geringen Zahl wehrfähiger Männer. Zunächst konnte das junge Rom nur eine Legion (von *legere* = [aus-]lesen) aufbieten, rund 3000 Mann, da aus wirtschaftlichen Gründen immer nur ein Teil der männlichen Bevölkerung zu mobilisieren war; wer einrücken musste oder besser: durfte, darüber entschied das Los. Die Heeresstärke vervielfachte sich rasch, hielt jedoch kaum Schritt mit den zunehmenden militärischen Aufgaben. Rom entwickelte daher ein besonderes Geschick bei der Behandlung von Besiegten, die es sich durch Entgegenkommen oft zu Verbündeten zu machen verstand. Man vereinbarte gegenseitigen militärischen Beistand, wobei Rom sich die alleinige Entscheidung über Waffengänge vorbehielt. Dabei achtete man strikt darauf, dass es sich um einen „gerechten und frommen Krieg" *(bellum iustum et pium)* handelte zur Grenzverteidigung, zum Schutz von Schwächeren, zur Ahndung von Vertragsbrüchen oder zur Herstellung von Frieden.

Via Appia

Während der Samnitenkriege entstand sozusagen als „Mutter aller Römerstraßen" die Via Appia von Rom nach Capua, benannt nach Appius Claudius (um 340–273), genannt Caecus (der Blinde), weil er im Alter das Augenlicht verlor. Er ließ als Zensor im Jahr 311 mit den Bauarbeiten beginnen, weil für den langwierigen Kampf um Kampanien erhebliche Nachschubleistungen zu erbringen waren. Die über einen Meter tief gegründete, weitgehend geradlinige Trasse wurde aufgefüllt mit Geröll, darüber Kies und schließlich Sand, in den das Kopfsteinpflaster gesetzt wurde. Auf Geländeschwierigkeiten nahm man anders als später kaum Rücksicht. Die Konstruktion erwies sich als so stabil, dass sie bis heute genutzt werden kann. Sie verschlang für die 195 Kilometer allerdings erhebliche Mittel und kostete viele beim Bau eingesetzte Sklaven und Gefangene das Leben. Im Jahr 267 v. Chr. wurde die Via Appia durchs Gebirge bis Brundisium (Brindisi) auf über 500 Kilometer verlängert.

Bewährung durch Leistung

Mit der Zeit gebot die Stadt über ein Netz von Bundesgenossen und verbreiterte damit ihre personelle Basis entscheidend: Latiner und Sabiner erhielten volles Bürgerrecht, andere nur das eingeschränkte ohne Wahlrecht, und die meisten weiter weg liegenden Partner waren sozusagen assoziierte Mitglieder des römischen Systems, die sich erst noch durch militärische Leistungen für engere Beziehungen empfehlen mussten. Hinzu kamen von Römern besiedelte Stützpunkte (Kolonien, von *colere* = Land bebauen), die durch Heerstraßen (siehe Kasten) verbunden wurden.

Klobig mit Basaltblöcken gepflastert und wo immer möglich schnurgrade geführt, überdauerte die Via Appia Jahrtausende. Sie wurde Vorbild für die vielen Fernstraßen, die später das wachsende Reich erschlossen und an denen Wachen (stationes), *Pferde-, Wagen- und Botenwechselstellen* (mutationes) *sowie Raststätten* (mansiones) *mit Verpflegung und Unterkunft eingerichtet wurden.*

Kollision mit einer Großmacht

Der erste Punische Krieg (264–241)

Zum Aufstieg Roms beigetragen hatte auch eine Macht, die aus dem Osten stammte (Gebiet um die Hafenstädte Tyros und Sidon) und die nun den Westen des Mittelmeers beherrschte: die Seefahrernation der Phönizier, von den Römern Punier genannt. Sie hatten die blühende Handelsstadt Karthago an der Sizilien gegenüber liegenden afrikanischen Küste gegründet und waren daher in Konkurrenz zu den dortigen Griechenstädten und auch zu denen auf dem italienischen Festland geraten. Insofern waren sie natürliche Verbündete für Rom gegen Tarent und hatten im Krieg gegen Pyrrhus mit ihrer Flotte sogar römische Truppentransporte abgewickelt. Das Bild wandelte sich, als die griechische Kolonie Messana (Messina) an der Nordostspitze Siziliens Rom im Jahr 264 um Beistand gegen das griechische Syrakus im Süden der Insel bat und römische Truppen landeten.

Schritt vor die Haustür

Was veranlasste die Römer, die noch alle Hände voll zu tun hatten, in Italien Ordnung zu schaffen, zum Eingreifen zugunsten einer Bande von Desperados? Messana hatten nämlich erst kürzlich Mamertiner erobert, italische Söldner aus Kampanien, die für Brutalität und dafür bekannt waren, dass sie gern dort ernteten, wo sie nicht gesät hatten. Nicht zuletzt deswegen war der Konflikt mit Syrakus ausgebrochen. Und: Messana hatte auch die Karthager um Hilfe ersucht; eine punische Besatzung lag bereits in der Hafenstadt. Rom riskierte also mit der Einmischung einen Krieg mit einer wirklichen Großmacht. Römische Geschichtsschreiber haben behauptet, dass die Römer darüber nicht Bescheid gewusst hätten, was wenig wahrscheinlich ist. Eher reizte wieder einmal Beute und die Chance, auf der Insel vor der eigenen Haustür Fuß zu fassen.

Provinzen

Erstmals hatte Rom über das italische Festland hinausgegriffen. Die Griechenstädte auf Sizilien gliederte es dem Bündnissystem an, machte aber das übrige Sizilien zu einer Provinz. Es erhielt damit einen bisher nicht bekannten Status als Land, das Rom gehörte und von dessen Ernteerträgen es daher den Zehnten forderte. Ein römischer Statthalter (ehemaliger Konsul) regierte die Insel mehr oder weniger despotisch, da kaum einer Kontrolle unterworfen. Das Modell wurde wenig später auch auf Korsika und Sardinien ausgedehnt, die Rom als weitere Provinzen während einer Schwächephase Karthagos aufgrund von Söldneraufständen annektierte. Im Kampf gegen illyrische Seeräuber folgte bald als weiteres Schutzgebiet, später ebenfalls Provinz, die dalmatinische Küste.

Fiasko in Afrika

So furchtbar überrascht von der Kollision dürften sie also kaum gewesen sein. Als Landmacht hatte Rom bald die Oberhand auf Sizilien, doch die eigenen Küsten gerieten immer wieder durch punische Flotten in Gefahr. Mit Hilfe unteritalischer Griechenstädte bauten die Römer daher Kriegsschiffe. Bei Mylae an der sizilischen Nordostküste errangen sie unter Konsul Gaius Duilius im Jahr 260 einen glänzenden Sieg dank einer genialen Erfindung: Sie setzten nicht mehr auf Rammen und Versenken der feindlichen Schiffe, sondern hakten sich mit einer Enterbrücke fest, stürmten hinüber und entschieden die Schlacht an Bord. So kamen ihre Tugenden aus den Landkriegen zum Tragen. Zum Fiasko wurde dagegen eine Expedition gegen Karthago selbst. 255 erlitten die Römer in Afrika eine schwere Niederlage. Rom musste sich nach Sizilien zurückziehen und konnte erst in einem jahrelangen Abnutzungskrieg und durch einen Seesieg bei den Ägatischen Inseln Karthago 241 zur Aufgabe und zur Zahlung horrender Kriegsentschädigungen zwingen.

Damit hatten die meerbeherrschenden Punier nicht gerechnet: Die Landmacht Rom holte in der Seerüstung rapide auf und errang schließlich dank ihrer modernen Flotte und neuer Kriegstechnik den Sieg im ersten Punischen Krieg (Aquarell von Peter Connolly, 1989).

Mit Elefanten über die Alpen

Ausbruch und Auftakt des zweiten Punischen Kriegs (218–216)

Schwer zu schaffen gemacht hatte den Römern im ersten Punischen Krieg Hamilkar Barkas (um 290–229), der karthagische Befehlshaber auf Sizilien. Nach der Kapitulation fand er ein neues Betätigungsfeld auf der Iberischen Halbinsel, deren Süden er für Karthago erschloss und damit den Verlust Siziliens wett machte. Nach Hamilkars Tod setzte Schwiegersohn Hasdrubal dessen Werk erfolgreich fort und gründete in Spanien Carthago Nova (Cartagena).

Rom hatte der neuen Stoßrichtung der punischen Aktivitäten zunächst wenig Aufmerksamkeit geschenkt und sich auf die Organisation der gewonnenen Provinzen konzentriert. Erst jetzt erwachte Argwohn am Tiber. An einem Wiedererstarken des Gegners konnte niemandem gelegen sein. Hasdrubal ließ sich schließlich auf einen Vertrag mit Rom ein, der den nordspanischen Fluss Ebro als Grenze der Interessensphären festlegte. Die Vereinbarung hielt nicht lange, denn Rom erklärte sich auf Bitten der Stadt Sagunt (beim heutigen Valencia) zu deren Schutzmacht. Nach Hasdrubals Tod im Jahr 221 war Hamilkars Sohn Hannibal (247–183) punischer Feldherr in Spanien geworden, ein impulsiver Mann, der Roms Vorgehen als Vertragsbruch ansah und Sagunt zerstören ließ. Es kam erneut zum Krieg. Und da Hannibal nur über ein relativ kleines Söldnerheer von etwa 60 000 Mann verfügte, musste er die römische Überlegenheit durch Schnelligkeit zu kompensieren suchen.

Überrumpelte Römer

In einem von niemandem für möglich gehaltenen Gewaltmarsch stieß er 218 mit 37 Kriegselefanten zur Rhône und von dort über die Alpen nach Italien vor. Zwar ging seine Hoffnung auf massenweisen Abfall der Bundesgenossen Roms nicht auf, doch der Überraschungseffekt bescherte ihm eine Triumphserie. In einem Reitergefecht am Ticinus warf er die Römer über den Po zurück und rieb noch vor Jahresende ein römisches Aufgebot an der Trebia auf, einem rechten Po-Zufluss. Im Folgejahr marschierte er mit keltischen Hilfsvölkern auf Rom, umging Auffangstellungen der Römer und schlug am Trasimenischen See ein völlig überrumpeltes feindliches Heer unter dem Konsul Flaminius, der den Tod fand. Rom schien verloren. Noch einmal aber ließ sich Hannibal abdrängen, ehe es 216 bei Cannae zur Entscheidungsschlacht kam (siehe Kasten).

Cannae

In der schweren Krise beriefen die Römer Quintus Fabius Maximus (um 280-203) zum Diktator, der Hannibal auswich und deshalb den Beinamen Cunctator (= Zögerer) erhielt. An seine Stelle traten nach dem üblichen halben Jahr wieder zwei Konsuln, Lucius Aemilius Paullus und Gaius Terentius Varro, mit dem Auftrag, die Entscheidung zu suchen. Hannibal nämlich war an Rom vorüber nach Süden vorgedrungen und behinderte die Getreideversorgung der Stadt nachhaltig. Auf der apulischen Hochebene bei Cannae kam es am 2.8.216 zum Zusammenstoß des römischen Heeres von rund 80 000 Mann mit den Puniern, die nicht einmal die Hälfte an Soldaten aufbieten konnten. Hannibal verfügte allerdings über die weitaus stärkere Reiterei. Während er sein Zentrum vor dem römischen Angriff hinhaltend zurückweichen ließ, geriet die schwerbewaffnete römische Infanterie in die Zange der afrikanischen Eliteeinheiten auf den Flügeln. Die Reiterschwadronen der Punier vollendeten die Einkreisung. Die Masse der römischen Legionen wurde in der Mitte keilförmig zusammengedrängt, ihre schwächere Reiterei in die Flucht geschlagen, das umzingelte Zentrum niedergemacht. Paullus fiel, Varro entkam. Cannae ging als Muster einer Umfassungsschlacht in die Militärgeschichte ein.

Hannibal war ein begabter Militärstratege und lehrte mit seinem Zug über die Alpen Rom kurzzeitig das Fürchten. (Sogenannte Hannibalbüste, römische Werkstatt, Kopf Ende des 2. Jhs. n. Chr., Büste Mitte 16 Jh.).

Ermattungsstrategie

Entscheidung im zweiten Punischen Krieg (215–201)

„*Vincere scis, sed victoria uti nescis* – Du weißt zu siegen, den Sieg zu nutzen aber weißt du nicht!" Das hielt einer seiner Offiziere Hannibal vor, als der Feldherr nach Cannae zögerte, nun direkt auf Rom zu marschieren. Dafür hatte er gute Gründe, denn Rom hatte zwar die Initiative eingebüßt, war aber keineswegs geschlagen. Auch hielt sein Bündnissystem trotz des Schocks; nur Capua und Syrakus, später auch Tarent lösten sich aus der Bindung an Rom. Zudem hatte Hannibal seinerseits mit erheblichen Nachschubschwierigkeiten zu kämpfen und musste weitere Verluste um jeden Preis zu vermeiden suchen. Diese Lage nutzte Quintus Fabius Maximus aus. Endlich hatte man in Rom das Genie des „Zögerers" begriffen und ihm erneut das Kommando gegeben. Seine Ermattungsstrategie engte Hannibals Spielraum immer weiter ein und führte schließlich 212 zum Rückgewinn von Syrakus (siehe Kasten).

Stern am spanischen Himmel

Im Jahr darauf aber ein erneuter Schock für Rom: Während starke Kräfte durch die Belagerung des abtrünnigen Capua gebunden waren, setzte Hannibal nun doch zum direkten Stoß gegen Rom an. Der Schreckensruf ging um: „*Hannibal ante portas!* – Hannibal vor den Toren!" Doch es blieb beim Schreck, denn Capua fiel, so dass die Punier im Rücken bedroht waren. Die Kriegsentscheidung nahte aus Spanien – so oder so: Hier ging der Stern des erst 27-jährigen Publius Cornelius Scipio (um 235–183) auf, der Carthago Nova 209 eroberte. Und von hier stieß ein punisches Ersatzheer unter Hannibals Bruder Hasdrubal nach Italien vor. Die Zeit der Überraschungen aber war vorüber. Am Metaurus, einem Adria-Zufluss südlich von Ariminum (Rimini), vernichteten die Römer 207 die Eindringlinge und damit alle Hoffnungen Hannibals, der sich in die Südostecke Italiens zurückzog.

Scipio hatte inzwischen die Karthager 206 aus Spanien vertrieben und tauchte in Rom auf. Der mitreißende Mann konnte die Römer davon überzeugen, dass jetzt die Stunde der Offensive geschlagen habe. Gegen den Willen des „Zögerers" setzte er 204 mit einem Heer von Westsizilien nach Afrika über, gewann den Berberfürsten Massinissa als Verbündeten und besiegte ein karthagisches Heer. Hannibal musste zur Hilfe eilen. Es war aber nicht mehr der Triumphator, der kam, sondern der gescheiterte Eroberer mit einer abgekämpften Truppe. Sie unterlag Scipio 202 bei Zama; Karthago musste 201 in einen demütigenden Frieden einwilligen. Die Großmachtsträume waren ausgeträumt; fortan stand es unter römischer Kuratel. Scipio durfte sich mit dem Ehrentitel Africanus schmücken.

Archimedes

Ein alter Mann machte den Römern bei der Belagerung von Syrakus 214-212 mehr zu schaffen als die restlichen Verteidiger zusammen: Der griechische Mathematiker, Physiker und Erfinder Archimedes (um 285-212), der auf immer neue Ideen kam, den Belagerern zuzusetzen. Er entwickelte Hebevorrichtungen, mörderische Schleudern und die nach ihm benannte Schraube zur Wasserförderung, ja er soll sogar mit Hohlspiegeln römische Schiffe auf große Distanz abgefackelt haben. Obgleich das wohl in den Bereich der Legende gehört, nimmt es kaum Wunder, dass sie sich um diesen genialen Mann rankte. Mit seinen physikalischen (Hebelgesetze, Auftrieb) und mathematischen Erkenntnissen (Berechnung der Kreiszahl π [pi] sowie des Kugelinhalts und der Kugeloberfläche) war er seinen Zeitgenossen weit voraus. Bei der Erstürmung von Syrakus fiel er einem Legionär zum Opfer, den er vergeblich ermahnt hatte: „Noli turbare circulos meos! – *Störe meine Kreise nicht!*"

Die Entscheidung im zweiten Punischen Krieg hielt ein Maler der römischen Schule 1521 fest: Trotz ihrer Kampfelefanten sind die Truppen der Karthager der anstürmenden römischen Kavallerie nicht gewachsen. In der Schlacht bei Zama findet der geniale Feldherr Hannibal seinen Meister in Publius Cornelius Scipio, seitdem „Africanus" genannt.

Soziale Verwerfungen als Kriegsfolgen

Wachsende Kluft zwischen Arm und Reich (3./2. Jh.)

Die jahrzehntelangen Waffengänge hatten Italien schwer in Mitleidenschaft gezogen. Vor allem die Kleinbauern *(pauperculi)*, die das Hauptkontingent der Heere zu stellen hatten, standen nach langjähriger Abwesenheit vor dem Ruin. Ihre Höfe waren verwüstet, die Tiere auseinander gelaufen oder von marodierenden Banden weggeführt worden. Und wie sollten die kleinen Leute überhaupt wieder auf die Beine kommen, jetzt da Getreide im Überfluss und preiswert aus den neuen Provinzen nach Rom geliefert wurde und da die massenhaft als Kriegsgefangene eingebrachten billigen Sklaven (siehe Kasten) ihnen sogar die Stellen als Tagelöhner wegnahmen. Den Häuslern blieb letztlich nur die Flucht in die Stadt. Dort konnten sie sich mit kleinen Diensten, Zuteilungen des Staates und Wahlgeschenken der Politiker kärglich über Wasser halten. Auch viele Handwerker rutschten in dieses neue Proletariat ab, weil sie gegen die Preise der großen, mit Sklaven arbeitenden Manufakturen nicht aufkamen.

Mehr Profit durch Viehzucht

Gewinner waren die Großgrundbesitzer, die das frei werdende Land bestens brauchen konnten. Sie stellten als Reaktion auf wachsende Importe auf Plantagenwirtschaft nach karthagischem Muster und auf weiträumige Viehhaltung um, die mehr abwarf als der Ackerbau. Ihre Besitzungen waren selbst dann meistens einigermaßen in Schuss geblieben, wenn sie selbst Kriegdienst hatten leisten müssen. Sie hatten Personal einsetzen und sich einen Verwalter *(vilicus)* leisten können. Jetzt brachten sie Sklaven mit, die sie auch beim Ausbeuten etwaiger Bodenschätze auf ihren Gütern einsetzen konnten. Diese Großagrarier verfügten über riesige Flächen, denn die ursprünglich gesetzlich verfügte maximal Zuteilung von 500 Morgen *(iugera)* Gemeindeland war inzwischen ganz in Vergessenheit geraten.

Neureicher Ritterstand

Auch viele Kaufleute gehörten zu den Gewinnern der kriegerischen Zeiten. Sie hatten klotzig verdient als Heereslieferanten, beim Handel mit Beutestücken, durch Übervorteilen von Besiegten. Und mit dem Erfolg einher ging ein steiler sozialer Aufstieg. Bald bildeten diese Neureichen, von der Oberschicht als Emporkömmlinge gemieden, vom Volk beneidet, einen eigenen Ritterstand *(ordo equester)*, so bezeichnet, weil sie mindestens so wohlhabend waren wie die Mitbürger, die früher als Ritter die Kavallerie des Heeres gestellt hatten. Im Verlauf der weiteren römischen Expansion wuchsen ihre Vermögen, vor allem die der Steuerpächter in den neuen Provinzen und die der Geldverleiher, ins Ungemessene.

Sklaven

Dass billige Arbeitskraft nicht unbedingt ein Segen ist, das mussten die römischen Behörden erst begreifen lernen. Die Kriegsgefangenen nämlich strömten als Sklaven (Unfreie) in hellen Scharen auf die Landgüter, verdrängten die Kleinbauern und Tagelöhner, die dadurch zum sozialen Problem wurden. Es verschärfte sich noch dadurch, dass Kriegsgewinnler Sklaven auf der Kykladeninsel Delos, dem größten Menschenmarkt der Antike, kauften und in Manufakturen ausbeuteten, die daher mit konkurrenzlos günstigen Preisen die kleinen Gewerbetreibenden brotlos machten. Die besonders erfolgreichen Sklaven wurden zudem oft freigelassen, mussten keinen Kriegsdienst leisten und konnten nunmehr in der Volksversammlung mit abstimmen. Als Fremden waren ihnen dabei die verhandelten Gegenstände meist gleichgültig, so dass sie besonders anfällig waren für Stimmenkauf. Das innere Gefüge des Stadtstaates und der gerühmte römische Gemeinsinn nahmen Schaden.

Einen lebhaften Eindruck des römischen Landlebens im frühen 4. Jahrhundert, das sich wohl nicht so sehr von dem der frühen römischen Republik unterschieden haben dürfte, zeigen die Mosaiken der Kirche Santa Costanza in Rom, ursprünglich von Kaiser Konstantin als Mausoleum für seine Tochter Constantina errichtet.

Über Adria und Ägäis nach Asien

Ausschaltung möglicher Rivalen im Osten (1. Hälfte 2. Jh. v. Chr.)

Dass Rom im Ringen mit den Puniern beinahe untergegangen war, hatte auch mit den Makedonen im griechischen Norden zu tun. Deren König Philipp V. hatte die Schwäche der auch in Griechenland und auf dem Balkan einflussreichen Römer nach Cannae nutzen wollen und sich mit Karthago verbündet. Nur mit Mühe gelang es Rom, eine Intervention Makedoniens zu vereiteln, indem es interne griechische Streitigkeiten schürte. Nach dem Sieg über Hannibal 202 schmiedete der Senat daher sofort Pläne, nach Osten offensiv zu werden. Die Volksversammlung aber erteilte ihnen eine Absage, denn die Kriegsmüdigkeit war allgemein. Erst mit allerhand Wohltaten und aufgebauschten Meldungen brachten die Konsuln die Leute auf ihre Seite und konnten König Philipp im Jahr 200 den Krieg erklären.

Phalanx zu schwerfällig

Die Unterstützung der griechischen Städtebünde gewannen die Römer, indem sie sich als Befreier vom makedonischen Druck aufspielten. Bei Kynoskephalä in Thessalien schlugen sie denn auch 197 die Truppen Philipps V. und vernichteten endgültig den von Alexander dem Großen begründeten Nimbus der Makedonen. Ihre einst so gefürchtete geballte Phalanx hatte sich den beweglicheren römischen Manipeln (zwei Zenturien von je etwa 80 Mann) gegenüber als veraltet erwiesen. Auf den Isthmischen Spielen im Jahr darauf wurden die Befreiung Griechenlands und die römischen Befreier gefeiert, die als Schutzmacht die Makedonen nur abgelöst hatten.

Seine neue Rolle konnte Rom bald gegenüber Antiochos von Syrien demonstrieren, dessen Reich von Persien bis an die Ägäis reichte und der Hannibal Gastfreundschaft gewährte. Als er gegen Griechenland aktiv wurde und auch Appetit auf Ägypten zu zeigen begann, griffen die Römer an, setzten über nach Kleinasien und schlugen bei Magnesia 190 das Heer des Syrerkönigs. Unterstützt hatte sie der Herrscher von Pergamon, der sich so eng an Rom band, dass es sein Land später (133) durch Erbe gewann und daraus die Provinz Asia formte. Vorher aber musste nochmals gegen Makedonien mobil gemacht werden, das unter dem neuen König Perseus die Unzufriedenen der griechischen Halbinsel um sich geschart hatte. Der römischen Militärmacht aber waren sie nicht einmal gemeinsam gewachsen und mussten sich 168 in der Ebene bei der nordostgriechischen Hafenstadt Pydna geschlagen geben. Jetzt wandte sich Rom noch einmal gegen Karthago (siehe Kasten).

Dritter Punischer Krieg

„Ceterum censeo, Carthaginem esse delendam – *Im übrigen meine ich, dass Karthago zerstört werden muss.*" *Mit diesem Satz, der sprichwörtlich wurde für hartnäckige Forderungen, beendete der römische Politiker Marcus Porcius Cato (234–149) alle seine Reden im Senat. Der römische Patriot sprach aus, was viele Römer dachten. Zwar war Karthago im Frieden von 201 eigentlich völlig entmachtet worden, doch es war immer noch reich und damit ein möglicher Kern antirömischer Bewegungen. Außerdem wirkten die schier endlosen Kriege hassfördernd nach. Lange hatte Rom anderes zu tun, und Cato sollte den dritten punischen Krieg auch nicht mehr erleben. Dann aber mischte sich Rom 149 in den Konflikt Karthagos mit den Numidern (Berbern) auf deren Seite ein, zwang die Stadt zur Unterwerfung und verlangte ihre Zerstörung. Dagegen revoltierten die Karthager. Zwei Jahre währte der Kampf, ehe die Römer Karthago in Straßenkämpfen eroberten und die einst blühende Metropole 146 in einen Trümmerhaufen verwandelten. Der letzte noch denkbare Rivale im Mittelmeerraum war ausgeschaltet. Sein Gebiet aber fiel nicht an Numidien; es wurde zur römischen Provinz Africa.*

Karthagische (punische) und römische Relikte nebeneinander sind heute dort zu besichtigen, wo einst die blühende phönikische Handelsstadt gestanden hat (östlich von Tunis). Die Forderung des alten Cato, Karthago sei zu zerstören, erfüllte sich zweimal gründlich: 146 v. Chr. vernichteten sie die Römer, 698 ging die römisch wiederaufgebaute Stadt im Ansturm der Araber unter.

Machtverschiebungen

Politik und Militär in Kriegszeiten (2. Jh. v. Chr.)

Den Oberbefehl über die römischen Heere erhielten normalerweise die beiden amtierenden Konsuln. Deren jährlicher Wechsel bewährte sich politisch, nicht aber militärisch. Und die nur sporadisch tagende Volksversammlung war von den strategischen und politischen Details ohnehin völlig überfordert. Diktatoren lösten das Problem schon deswegen nicht, weil ihre Amtszeit noch kürzer bemessen war. Ein ständig tagendes Staatsorgan hingegen war der Senat (siehe Kasten). In der Krisenzeit gewann er daher überragende Bedeutung, so dass die hohen und höchsten Beamten fast zu Befehlsempfängern herabsanken.

Entartung der Adelsherrschaft

Die späteren Erfolge schienen der damit vorgezeichneten Entwicklung hin zu einer adligen Herrschaft der Wenigen (Oligarchie) Recht zu geben. Die ersten Niederlagen gegen Hannibal wurden den plebejischen Konsuln angelastet, die nach Ansicht der Patrizier vom Waffenhandwerk zu wenig verstanden, das müsse man im (adligen) Blut haben. Die Senatsherrschaft führte aber auch zu Entartungen, vor allem in den Provinzen, wo die adligen Statthalter weit weg vom römischen Schuss die rechtlose Bevölkerung drangsalierten und sich bereicherten. Maßnahmen dagegen wurden nur halbherzig ergriffen: So sollte ein Geschworenengericht aus Senatoren allzu ausbeuterisch agierende Provinzherrscher aburteilen. Das geschah allerdings nur in wenigen Fällen, konnten die Richter doch nie wissen, ob die Rollen nicht eines baldigen Tages vertauscht sein würden und sie sich selbst vor Kollegen wegen angeblicher oder tatsächlicher Misswirtschaft würden verantworten müssen. Die Maxime, nach der eine Krähe der anderen kein Auge aushackt, griff auch hier und unterminierte die moralischen Grundlagen der Adelsherrschaft.

Der Dauerkriegszustand, in dem sich Rom befand, beschädigte auch die Ämterrotation. Auf die Kenntnisse des jeweiligen Befehlshabers über Feindlage und Operationsgelände konnte man nicht verzichten und verlängerte daher ein um das andere Mal das Kommando. Das barg die Gefahr, dass sich die Macht des Feldherrn verselbständigte und er zu einer so populären Größe wurde, dass er den Senat hätte überspielen können. Noch aber wurde selbst ein so strahlender Held wie Scipio Africanus nach Ende der punischen Kriege von einem Cato erbittert bekämpft. Der Sieger von Zama zog sich schließlich auf sein Landgut in Kampanien zurück, wo er 183 starb, im selben Jahr, in dem sein großer Gegner Hannibal auf der Flucht vor den Römern den Freitod wählte.

Senat

Wie in vielen frühen staatlichen Strukturen bildete sich in Rom ein Rat der Alten (Senat von senex *= Greis). Darin saßen keineswegs „alte“ Leute, sondern zunächst 300 erfahrene Oberhäupter der führenden Patrizierfamilien* (patres)*, später kamen angesehene Plebejer hinzu, die sogenannten Eingeschriebenen* (conscripti)*. Das Recht zum Inkraftsetzen von Volksbeschlüssen* (patrum auctoritas) *stand aber weiterhin nur den patrizischen Senatoren zu. Wer einmal ein hohes Staatsamt bekleidet hatte, erwarb so etwas wie einen Anspruch auf die Berufung zum Senator. Verfassungsrechtlich war der Senat ein Beratungsgremium für die Spitzenbeamten, vor allem für die Konsuln, die ihm gegenüber aber durch den dauernden Wechsel an Boden verloren. Senatsbeschlüssen zuwiderzuhandeln, wagte kaum jemand. Zunächst besorgten die formelle behördliche Berufung der Senatoren die Zensoren, später die Quästoren nach Würdigkeit. In Wirklichkeit ergänzte sich die Körperschaft selbst, die nur Berufspolitiker aufnahm; andere berufliche Betätigung war untersagt.*

Das politische Leben spielte sich auf dem Forum Romanum zwischen Kapitol und Palatin ab. Dort befand sich der Sitz des Senats, und dort lauschte die Menge den Rednern auf dem Rostrum (umfunktionierter erbeuteter Schiffsschnabel). Der Platz ist später mehrfach überbaut worden, wovon die Säulen, Mauer- und Gebäudereste aus der Kaiserzeit zeugen.

Explodierende Vermögen

Weltmacht als Geldmacht (2. Jh. v. Chr.)

Verglichen mit Handelsmetropolen wie Karthago oder Kulturzentren wie Athen oder Alexandria in Ägypten war Rom bis zu den punischen Kriegen eine vergleichsweise bescheidene Landstadt. Weder baulich noch vom privaten Lebensstil her konnte es mit der genannten Konkurrenz mithalten. Erst nach dem Sieg über Hannibal und der erfolgreichen Expansion nach Osten änderte sich das ziemlich schlagartig: In nur wenigen Jahrzehnten saugte die Hauptstadt der neuen Weltmacht die Kapitalströme förmlich an, die gespeist wurden aus enormen Kriegsentschädigungen, die den Besiegten auferlegt wurden, aus dem Verkauf der Kriegsgefangenen in die Sklaverei, aus reichen Beutezügen, aus der Beschlagnahme von Wertsachen, aus dem aufblühenden Fernhandel und nicht zuletzt aus der Besteuerung der neu gewonnenen Provinzen.

Vieles davon floss in die Taschen privater Unternehmer, denn Rom handelte nach dem Prinzip der Versteigerung öffentlicher Aufträge, ja sogar hoheitlicher Befugnisse wie das Steuereintreiben. Auf diese Weise kam der Staat rasch zu ansehnlichen Summen durch den Wettbewerb möglicher Investoren, musste seinen Verwaltungsapparat nicht unnötig aufblähen und überließ das Risiko den Käufern *(publicani)*. Deren explodierende Vermögen freilich belegten, dass der Staat auf viel Geld verzichtete und obendrein Ausbeutungsmethoden förderte, die zu sozialen Unruhen und Aufständen führen konnten. In Rom selbst blieb es dagegen lange weitgehend ruhig trotz der üppigen Prunkentfaltung der Neureichen. Zum einen erlaubte der staatliche Wohlstand die weitgehende Befreiung der kleinen Leute von Abgaben und die Sicherung ihrer Grundversorgung. Zum anderen genossen die Stadtrömer das bunte Treiben der Millionäre und Prominenten. Von der Reichen Tische fiel zudem immer ein wenig ab fürs Volk.

Ohne Unrechtsbewusstsein

Dass der ausufernde Luxus, oft verbunden mit Ausschweifungen erotischer Art, eine Gefahr für die öffentliche Moral darstellte, blieb nicht unbemerkt. Mit allerlei Verordnungen und Gesetzen *(leges sumptuariae)* versuchten Senat und Volksversammlung Wildwuchs einzudämmen und etwa den Aufwand für Gastmähler zu begrenzen. Der Erfolg hielt sich in engen Grenzen, denn wo viel Geld, da auch viel Einfluss, und unbestechliche Kontrolleure waren immer schon dünn gesät. Außerdem fehlte es an Unrechtsbewusstsein bei der Anhäufung der Reichtümer. Hier wirkte nicht zuletzt der Einfluss des hellenistischen Ostens, wo die römischen Statthalter (Prokonsuln) und ihre Beamten wie Halbgötter umschmeichelt und entsprechend korrumpiert wurden.

Ämterlaufbahn

Tradition und Gewohnheit hatten die Karriere römischer Beamter und Politiker mehr oder weniger strikt geregelt. Es war aber immer wieder zu Ausreißern gekommen wie im Fall des Aufstiegs des älteren Scipio, dem späteren Africanus. Den wachsenden Möglichkeiten, in den Provinzen zu Ruhm und Ehre zu kommen und die Ochsentour daheim abzukürzen, sollte daher ein Riegel vorgeschoben werden durch klare Vorschriften für die Ämterlaufbahn (cursus honorum). *Die konnten nur sehr wohlhabende Männer anstreben, weil alle Posten unbesoldet waren. Mit der* lex Villia annalis *aus dem Jahr 180 wurde festgelegt: Bis zum 27. Lebensjahr hatte der junge Mann im Heer zu dienen, dann konnte er* Quästor *(Finanzaufseher) und frühestens mit 37 als* Ädil *für Polizei Bauwesen und Verkehr zuständig werden. Mit 40 war das Amt des* Prätors *(Gerichtsherr) erreichbar, und mit 43 (bei der damaligen Lebenserwartung also sehr spät) war die Bewerbung um die Spitzenposition eines Konsuls möglich.*

Sklaven bereiten ein Festmahl vor, Mosaik (Ausschnitt) aus Karthago. Reich gewordene Römer in den Provinzen lebten auf ebenso großem Fuß wie die Angehörigen der Führungsschicht in der Stadt Rom oder auf ihren Landgütern.

Würdig und lebensähnlich

Griechische Einflüsse auf Kunst und Kultur

In engere Berührung mit dem Griechentum kam Rom erst nach der Einnahme Siziliens und den griechischen Kolonien in Unteritalien. Aufgrund früherer Einflüsse durch etruskisch überformte griechische Elemente war die römische Bauernkultur vorbereitet auf das, was ihr bei den Griechen an Verfeinerung von Lebensart, Kunst und Kultur begegnete. Das machte sich in vollem Umfang bemerkbar, als um die Mitte des 2. Jahrhunderts das griechische Mutterland und angrenzende hellenistisch (siehe Kasten) geprägte Länder von Rom unterworfen und zu Provinzen gemacht worden waren. Kriegsgefangene, aber auch Künstler und Wissenschaftler, insbesondere Mediziner, strömten nach Westen, vor allem natürlich in die Welthauptstadt Rom selbst, und wandelten allmählich das rustikale Leben dort und in den anderen Städten Italiens; das flache Land wurde davon zunächst nur insoweit berührt, als die neuen Einflüsse über die Latifundien von reichen Stadtrömern Eingang fanden.

Verblasste Farben

Manche traditionsbewussten Römer wie etwa der alte Cato warnten vor einer Überfremdung, doch gegen den Reiz der Kultur aus dem Osten wehrten sie sich vergebens. Für Rom glücklicherweise, denn die frischen Impulse sorgten für die Verbreitung von Bildung und für die Überwindung von Überlebtem. Bewährtes Altes wie in der Baukunst die massive Quadertechnik ließ sich ohnedies nicht verdrängen. Noch heute stehen imposante Reste von Bauwerken wie der großen Schleuse *(cloaca maxima)* zur Entwässerung des Forums oder die wuchtigen Brücken und Aquädukte. Bei Sakralbauten allerdings standen griechische Tempel Pate; sie ruhen auf kannelierten dorischen Säulen und waren ursprünglich mit farbigen Friesen und ebenso bunten Giebelfeldern geschmückt.

Eigene Wege gingen die römischen Bildhauer. Das idealisierte Bild des nackten Jünglings, wie wir ihm in der griechischen Kunst allenthalben begegnen, sagte ihnen wenig zu. Sie bevorzugten den repräsentativen, mit der Toga bekleideten Mann, und sie bemühten sich um eine individuelle Porträtgestaltung. Dahinter stand das im Ahnenkult übliche Wachsbild der Vorfahren, die möglichst würdig und lebensähnlich in der Vorhalle des Hauses posierten.

Mit griechischer Dichtung machten die Römer durch lateinische Nachdichtungen von Homers großen Epen und vor allem durch das Theater Bekanntschaft. Tragödien schätzten sie wenig, während die durch Autoren wie Plautus (250–185) oder Terenz (195–159) anverwandelten derben Komödienstoffe beim Volk sehr beliebt waren.

Hellenismus

Makedonenkönig Alexander der Große (356–323) schuf ein Weltreich vom Balkan bis nach Ägypten und zum Indus. Überlegene griechische Kultur verbreitete sich mit seinen Heeren im Orient und vermischte sich mit Elementen der unterworfenen Kulturen. Diese ungemein fruchtbare Mischung nennt die Geschichtswissenschaft seit dem 19. Jahrhundert Hellenismus nach dem antiken Namen Hellas für Griechenland. Seine Hauptbasis hatte er in der städtischen Oberschicht, die sich einerseits bewusst individualistisch, anderseits aber kosmopolitisch gab, ein Begriff, der sich damals bildete. Dadurch entwickelte sich eine griechische Einheitssprache, die zur Verkehrssprache im gesamten Mittelmeerraum wurde. In der Kunst kam es zur Abkehr von der klassischen Ausgewogenheit hin zu einer Monumentalität, wie sie römischen Vorlieben entsprach. Kultisch dominierten griechisch-orientalische Mischformen (Synkretismus), die offen für vielfältige Einflüsse waren und auch die Römer einluden.

Die Porträt-Büste des Publius Cornelius Scipio Africanus, des Bezwingers Hannibals, gilt als typisch für die frühe römische Bildhauerei. Der Künstler hat besonders die energische Kinnpartie und den kühn-entschlossenen Blick des Feldherrn herausgearbeitet.

Weissagungen und Warnungen

Hellenisierung des römischen Götterhimmels

Griechisches stand seit der Zeit der Eroberung der hellenischen Welt in Rom so hoch im Kurs, dass es auch auf die Religion ausstrahlte und sie weitgehend überformte. Schon früh waren die alten italischen Bauernkulte von den Etruskern mit Stoffen aus der griechischen Welt angereichert worden. Jetzt, bei der direkten Begegnung, kam es zu einer Parallelisierung der großen Gottheiten (siehe Kasten) und zu einem Hellenisierungsprozess des Kultischen, wenn auch die Römer die Vorstellung vom bunten Treiben der Götterfamilie auf dem Olymp nur in Umrissen übernahmen. Die rustikalen Züge der altrömischen Religiosität verloren sich ohnedies nie ganz: Gerade da, wo es um die Fruchtbarkeit der Felder und der Herden, um Gespenster und Totenkult, Träume und Zauberei ging, hielten sich die alten Bräuche um Hausgötter und Vorfahren. Typisch römisch war auch die Verehrung von vergötterten Tugenden wie Freiheit *(libertas)* oder Eintracht *(concordia)*. Auf dem Lande und beim allgemeinen Volk waren die Traditionen stabiler als in der Stadt und unter den Gebildeten.

Herr des Orakels

Politik und Religion waren auch in Rom eng verschwistert. Nicht von Ungefähr fand daher schon unter etruskischem Einfluss der griechische Gott Apollon, lateinisch Apollo, Aufnahme in den römischen Himmel. Bereits im 5. Jahrhundert v. Chr. ist sein Kult belegt. Als Sohn von Göttervater Zeus und der Titanentochter Leto stellte Apollon im griechischen Kult die Verbindung zwischen urtümlichen religiösen Vorstellungen und ausgeprägteren Praktiken in klassischer Zeit dar. Er galt als Gott des Lichts und der Musen, konnte von schwerer Schuld entsühnen und Krankheiten heilen, aber auch Pest und Tod über Frevler bringen. Eine seiner Hauptrollen spielte er als Herr des Orakels im mittelgriechischen Delphi am Berg Parnass; er sprach dort aus dem Mund der Priesterin Pythia und beriet Politiker und Feldherren vor politischen und militärischen Entscheidungen.

Die Römer übertrugen diese Funktion auf die Sibylle (Seherin) von Cumae westlich von Neapel, deren von Apollo inspirierte und von Priestern gedeutete Weissagungen und Warnungen *(prodigia)* in den Sibyllinischen Büchern *(libri Sibyllini)* verzeichnet waren (bei einem Brand des Jupitertempels auf dem Kapitol 83 v. Chr. vernichtet). Auf ihren Rat hin nahmen die Priester in Notzeiten auch fremde Götter als Helfer in den römischen Kult auf, beispielsweise die kleinasiatische Fruchtbarkeitsgöttin Kybele als *Magna Mater* (große Mutter) im Jahr 204 während der entscheidenden Phase des zweiten punischen Krieges.

Griechische/Römische Götter

Manche Götter der Griechen und der Römer hatten gemeinsame Wurzeln in indogermanischer Tradition, andere wurden in Rom mit überkommenen Göttern verschmolzen und wieder andere einfach importiert. Einige der wichtigsten Gottheiten griechisch/römisch: Zeus/Jupiter – höchster Gott, Herrscher über die Naturgewalten; Hera/Juno – Gemahlin und Schwester des Zeus, Schützerin von Ehe und Frauen; Ares/Mars – Sohn des Zeus, Kriegsgott, als Mars Vater von Romulus und Remus; Hephaistos/Vulcanus – Sohn des Zeus, Gott des Feuers und der Schmiedekunst; Aphrodite/Venus – Göttin der Liebe, Schönheit und Verführung, Mutter des Äneas; Poseidon/Neptunus – Gott des Meeres, Bruder des Zeus; Athene/Minerva – Schutzherrin der Helden, Städte, Künste, dem Haupt ihres Vaters Zeus entsprungen; Dionysos/Bacchus – Gott des Rausches und der Fruchtbarkeit, Sohn des Zeus; Hermes/Mercurius – Gott der Hirten, Kaufleute und Diebe, Götterbote, Sohn des Zeus und einer Nymphe.

Roms Lebensader, der Fluss Tiber, genoss wie Berge und Seen göttliche Verehrung. Er schmückte als Kolossalstatue die Außentreppe eines Senatorenpalastes; unter seiner Rechten spielen die Zwillinge und späteren Stadtgründer Romulus und Remus, beschützt von der Wölfin, von der sie aufgezogen wurden.

Ohne eine Scholle Land

Sozialreform des Tiberius Sempronius Gracchus (133 v. Chr.)

Die Schere zwischen Arm und Reich öffnete sich während des 2. Jhs. v. Chr. bedenklich. Die Führungsschicht bediente sich hemmungslos, während die kleinen Leute nach ihrem Militärdienst oft mittel- und arbeitslos dastanden. Zwei Brüder aus dem hochadligen Geschlecht der Sempronier, Enkel des Hannibalbezwingers Scipio Africanus, erkannten als erste den hohen Reformbedarf, sollte das römische Gemeinwesen nicht an sozialen Konflikten zerbrechen: Tiberius (162-133) und Gaius Sempronius Gracchus (153-121; siehe Kasten). Der Ältere ließ sich Ende 134 zum Volkstribun für das Folgejahr wählen und brachte aus dieser Position ein Ackergesetz ein, das der Begrenzung von 500 Morgen Gemeindeland pro Bürger wieder Geltung verschaffen sollte. In flammender Rede warb Tiberius für seine Initiative (zitiert nach Plutarch):

Haus- und hoflos

„Die Tiere haben Höhlen oder einen Lagerplatz oder einen Unterschlupf. Die Männer aber, die für Italien kämpfen oder sterben, werden mit Licht und Luft abgespeist. Ohne Haus und Hof irren sie mit Weib und Kind umher. Die Feldherren aber lügen, wenn sie die Soldaten in den Schlachten dazu aufrufen, für die Gräber der Ahnen und ihre Heiligtümer zu kämpfen. Denn die meisten haben keinen Hausaltar mehr und kein Ahnengrab. Nein, für anderer Leute Schlemmerei kämpfen sie und fallen. Sie heißen die Herren der Erde, und doch haben sie nicht eine Scholle Land zu eigen."

Das Gesetz des Tiberius hätte Großgrundbesitzer gezwungen, Teile ihres Besitzes wieder herauszugeben. Und auch dadurch, dass Tiberius eine Entschädigung für sie vorsah, konnte er die Gemüter nicht besänftigen. Aus dem Senat, in dem die Haupträuber saßen, schlug ihm geballter Hass entgegen. Man machte sich an den Kollegen des Tiberius heran, der wunschgemäß sein Veto gegen das Gesetz einlegte. Tiberius überschritt nun seine Kompetenzen, indem er den Gegner kurzerhand abwählen ließ, weil niemand Volkstribun sein könne, der gegen die Interessen des Volkes handle. Dadurch verstieß er gegen die Unantastbarkeit des Tribuns während seiner Amtszeit. Und damit nicht genug: Tiberius schlug vor, die Landreform aus dem Erbe des Königs von Pergamon zu finanzieren, das Rom zugefallen war. Das rührte an die Finanzhoheit des Senats. Und als sich Tiberius zu allem Überfluss widerrechtlich noch für ein weiteres Jahr um das Tribunat bewarb, reifte der Entschluss, den unbequemen Mann zu beseitigen. In einem Tumult während der Wahlversammlung wurden er und viele seiner Anhänger erschlagen.

Gaius Sempronius Gracchus

Ein Jahrzehnt nach Scheitern und Tod seines Bruders nahm Gaius dessen Reformen wieder auf. Auch er benutzte als Plattform das Amt des Volkstribunen im Jahr 121. Er sorgte für eine Mehrheit in der Volksversammlung, indem er verschiedenen Gruppen Zusagen machte (z. B. Korngesetz: Zuteilung ausreichender Mengen an alle Familien zum halben Preis), und konnte so das Ackergesetz durch Gründung von Bürgerkolonien realisieren. Durch Straßenbau schuf er zudem Arbeitsplätze und hatte gute Aussichten, sogar seine Wiederwahl durchzusetzen. Seine soziale Weitsicht aber wurde ihm zum Verhängnis. Er brachte ein Bundesgenossengesetz ein, das allen Italikern das römische Bürgerrecht zugestehen sollte. Damit brachte er sogar Freunde gegen sich auf; in der Volksversammlung musste er sich anhören: „Begreift ihr denn nicht, dass euch die neuen Bürger den besten Platz wegnehmen werden?" Das Gesetz fiel durch, die Wiederwahl kam nicht zustande. Bei vom Senat geschürten Unruhen ließ sich Gaius in auswegloser Lage von einem Getreuen den Tod geben.

Die schweizerische Malerin Angelica Kauffmann (1741-1807), befreundet mit dem Dichter Johann Wolfgang von Goethe, nahm sich gern antiker Stoffe an: „Cornelia, die Mutter der Gracchen" (1785). Die Darstellung ähnelt ein wenig dem Familienidyll, das ihr Freund im Briefroman „Die Leiden des jungen Werthers" (1774) entworfen hat.

Die Stunde des Aufsteigers

Beginn der steilen Karriere des Gaius Marius (119–104)

Die Attacke der Gracchen auf die Senatsmacht hatten zu einer Spaltung der römischen Gesellschaft oder genauer: ihrer Oberschicht geführt. Während die einen in Sorge vor erneuten Einschnitten in ihre Besitzstände für die Rücknahme der Agrarreformen sorgten und sich als lose Gruppe von *Optimaten* („Besten") organisierten, fühlten sich andere dem Erbe der beiden großen Volkstribunen verpflichtet. Diese als *Popularen* („Männer des Volkes") bezeichneten – mit einem heutigen Begriff gesagt – Linken bewegten allerdings auch nicht allein soziale Sorgen. Sie hatten erkannt, dass man nicht nur über den Senat Karriere machen konnte, sondern auch als Anwalt der Massen, ja dass auf diese Weise womöglich noch mehr Einfluss und Macht zu gewinnen war. Vorerst aber blieb es bei einer Art Patt-Situation der beiden Lager. Siegreiche Feldzüge überdeckten den weiter schwelenden Konflikt, weil alle Schichten von den Eroberungen profitierten.

Große Gewinne brachte ein Vorstoß ins südgallische Rhônetal, durch den um 120 v. Chr. eine Landbrücke von Italien zur Provinz Hispania geschaffen wurde. Hier, in der später als Narbonensis bekannten Provinz, wurden verarmte italische Bauern und verdiente Veteranen des Heeres, angesiedelt. Die Versorgung ehemaliger Soldaten sollte Schule machen und vor allem von einem vorangetrieben werden, der 119 den *cursus honorum* (Ämterlaufbahn) als Volkstribun begann: Gaius Marius (156-86) war ein *homo novus* (neuer Mann), heute hieße das „Aufsteiger", denn er gehörte nicht der Nobilität an, die sonst dafür sorgte, dass die hohen Ämter in ihren Reihen blieben. Marius bekannte sich klar zu den Reformzielen der *Popularen*; er wurde 115 Praetor und im Jahr darauf Statthalter in Spanien. Seine Stunde schlug, als König Jugurtha (160-104) von Numidien die römische Provinz Africa bedrohte.

Heeresreform

Immer weiter spannten sich die militärischen Verpflichtungen Roms. Das bäuerliche Reservoir an Soldaten reichte längst nicht mehr aus. Marius öffnete daher den Heeresdienst auch für die besitzlosen römischen Proletarier, denen er bisher verschlossen gewesen war. Genug Nachwuchs bekam er dadurch aber nur, weil er seinen Männern nach ihrer auf 16 Jahre angesetzten Dienstzeit Versorgung mit Bauernland in den Provinzen und eroberten Gebieten versprach. Dafür schuf er im Jahr 100 die gesetzlichren Grundlagen und band damit seine Leute persönlich an sich. Durch die lange Verpflichtung der Soldaten konnte man bei der Ausbildung wesentlich sorgfältiger vorgehen und eine professionelle Truppe heranbilden. Von den ärmeren Männern war natürlich nicht die Stellung von Waffen zu erwarten, weswegen nun vermehrt zu einer staatlichen Ausrüstung des Heeres übergegangen wurde, das in Legionen zu je zehn Kohorten (gut 500 Mann) gegliedert war. Auch das diente der Schlagkraft.

Krönender Triumphzug

Zunächst nur als Legat unter dem amtierenden dortigen Statthalter dienend, wurde Marius 107 zum Konsul gewählt und erhielt damit den afrikanischen Oberbefehl. Unzufriedenheit mit der schleppenden Führung des seit 111 andauernden Krieges hatte ihn gegen den Widerstand senatorischer Kreise so hoch befördert. Seine Anhänger wurden nicht enttäuscht: Marius und sein damaliger Quaestor Lucius Cornelius Sulla (138–78) zwangen Jugurtha 107 zur Flucht in ein benachbartes Königreich, das ihn 105 an Rom auslieferte, so dass Marius den Besiegten 104 im Triumphzug durch Rom führen konnte. Die Grundlage für diesen militärischen Erfolg und spätere Siege legte Marius mit einer umfassenden Neuorganisation des Heeres (siehe Kasten).

Einer der besterhaltenen römischen Tempel zeugt noch heute von der einstigen Blüte der römischen Provinz Narbonensis. Das heute als Maison Carré bekannte Bauwerk wurde im Jahr 19 v. Chr. auf Geheiß des Marcus Agrippa in Nîmes begonnen.

Furchterregender Lärm

Kampf gegen Kimbern, Teutonen und Ambronen (113–101)

Die militärische Vorsorge durch Marius bewährte sich schon sehr bald. Es brandete nämlich eine Völkerwelle heran, die Roms ganze Kraft forderte: Um 120 v. Chr. waren aus Jütland, wohl wegen Landverlusten durch Sturmfluten und wegen Missernten, die germanischen Stämme der Kimbern, Teutonen und Ambronen nach Süden aufgebrochen. Sie zogen durch Schlesien und Böhmen bis nach Kärnten, wo sie erstmals auf ein römisches Heer trafen und es 113 besiegten. Am Nordrand der Alpen entlang führte sie dann der Weg über den Rhein ins Rhônetal, wo sie bei Arausio (heute Orange) die Römer 105 erneut schlagen konnten. Der Geschichtsschreiber Strabo (64 v. Chr.–23 n. Chr.) berichtet, dass auch die germanischen Frauen am Kampfgeschehen teilnahmen, indem sie „auf Rinderhäute schlugen, die über das Flechtwerk der Wagen gespannt waren, so dass ein furchterregender Lärm entstand".

Zum sechsten Mal Konsul

Zum Glück für Italien wandten sich die Germanen nach Spanien, machten dort Beute und kehrten in getrennten Haufen zurück. Rom aber war nun besser gerüstet, denn es hatte erneut schon 104 Marius zum Konsul gewählt und diese Wahl in den Folgejahren wiederholt, ein unerhörter Vorgang. Diese Ausnahme von der üblichen Rotation zahlte sich jedoch aus, denn Marius konnte die Teutonen und Ambronen in Südgallien stellen und 102 bei Aquae Sextiae (heute Aix-en-Provence) vernichtend schlagen. Im Jahr darauf wandte er sich gegen die in die obere Poebene vorgedrungenen Kimbern und beendete ihren Beutezug mit einem entscheidenden Sieg bei Vercellae (heute Vercelli). Seine Popularität wuchs damit derart, dass er auch für das Jahr 100 ein sechstes Mal zum Konsul bestellt wurde. Jetzt konnte er sein Versprechen einlösen, seine Soldaten mit Land zu versorgen.

Weitere Reformpläne aber scheiterten am Widerstand der *Optimaten*. Gestützt auf sein Heer hätte Marius sich leicht darüber hinwegsetzen können, doch für einen derartigen Staatsstreich war er nicht der Mann. Er zog sich verbittert aus der Politik zurück. Der soziale Konflikt aber brodelte weiter. Im Jahr 91 versuchte der Volkstribun Marcus Livius Drusus (um 124-91) die Wogen zu glätten durch ein Gesetz zur weiteren Landverteilung an die Kleinbauern. Zugleich plante er wie Gaius Gracchus, auch den Bundesgenossen in Italien das von diesen immer wieder geforderte römischen Bürgerrecht zu gewähren. Wie sein Vorbild scheiterte der mutige Drusus mit beidem und wurde ermordet. Daraufhin entlud sich die Erbitterung der Bundesgenossen in einem Aufstand gegen Rom (siehe Kasten).

Bundesgenossenkrieg

Die Italiker, Sammelbezeichnung für die Bundesgenossen Roms, gründeten einen eigenen Bundesstaat mit der Hauptstadt Italia im Abruzzengebiet, wählten zwei Konsuln und schufen einen 500-köpfigen Senat aus Vertretern aller Stämme und Städte. Ihre Truppen überrumpelten die Römer ein über das andere Mal, so dass diese den alten Marius zurückberiefen. Doch auch dieser hätte wenig retten können, wenn die Volksversammlung nicht endlich zur Vernunft gefunden und im Jahr 89 den einstigen Bundesgenossen und jetzigen Gegnern das Bürgerrecht angeboten hätte, wenn sie die Waffen niederlegten. Das geschah weitgehend in Nord- und Mittelitalien, doch im Süden fochten die Samniten in Erinnerung an die uralte Feindschaft weiter. Erst Lucius Cornelius Sulla konnte sie in einem mit äußerster Härte geführten Kampf bezwingen. Rom und ganz Italien bildeten nun einen Gesamtstaat, in dem die Italiker allerdings immer noch nur beschränkte Mitsprache hatten.

Eduard Bendemann (1811-1889) hat auf dem später kolorierten Holzstich (um 1860) den Moment festgehalten, in dem Feldherr Marius die Kimbern scheinbar großzügig sein Hauptquartier passieren ließ. In Wirklichkeit plante er, ihnen bald in den Rücken zu fallen.

Stabilisierung im Osten

Sulla und der erste Mithridatische Krieg (88–84)

Die Schwächung Roms durch den Bundesgenossenkrieg war bis an die Peripherie des Reiches zu spüren. Und wenn einer für günstige Gelegenheiten ein entsprechendes Gespür hatte, dann war es König Mithridates VI. von Pontos (132–63), einem Land am südöstlichen Winkel des Schwarzen Meeres. Er war schon in frühester Jugend um 120 an die Macht gekommen und hatte seitdem seinen Einfluss in alle Richtungen ausgedehnt, im Norden bis Armenien und auf die Krim, im Süden über große Teile Kleinasiens, so dass er wichtige und ergiebige Fernhandelsstraßen kontrollierte. Die römische Krise weckte seinen Appetit auf die Provinz Asia, wobei er sich im Bunde wusste mit dem Hass der Griechen auf die römischen Besatzer. Mit Freiheitsparolen und Versprechungen wie Bodenreform und Schuldenerlass machte Mithridates Stimmung, entriss Rom 88 die Provinz und griff auch nach Griechenland selbst.

In Rom hatte inzwischen ein Mann Karriere gemacht, der sich schon mehrmals militärisch ausgezeichnet hatte: Lucius Cornelius Sulla (138–78), politische Hoffnung der Optimaten, war für das Jahr 88 zum Konsul gewählt worden, womit ihm automatisch der Oberbefehl über die gegen Mithridates vorgesehenen Truppen zufiel. Kurz vor deren Einschiffung jedoch gelang es den *Popularen*, einen Beschluss der Volksversammlung zu erwirken, der dem betagten Marius das Kommando übertrug. Doch die Zeiten der Trennung zwischen Militär und Politik waren vorüber. Sulla setzte sein Heer gegen Rom in Marsch, das eigentlich kein Bewaffneter betreten durfte, verjagte die Marius-Anhänger und stellte die Autorität des Senats wieder her; Marius entkam mit knapper Not. Obwohl die Lage damit noch bei weitem nicht bereinigt war, blieb Sulla keine Zeit, da im Osten Roms Machtbasis auf der Kippe stand. Bei der sogenannten Vesper von Ephesus waren im Jahr 88 viele tausend römische Siedler und Beamte erschlagen worden.

Einigung am Hellespont

In Griechenland konnte Sulla schon 86 die abtrünnige Hauptstadt Athen nehmen, bei Chaironea (West-Böotien) die aufständischen Griechen und Truppen des Mithridates schlagen und nach Asien übersetzen. Dort erreichten Sulla alarmierende Meldungen aus Rom, wohin Marius gleich nach Sullas Abmarsch an die östliche Front zurückgekehrt war (siehe Kasten). Eilends bot der Feldherr Mithridates Friedensverhandlungen an, die 85 in Dardanos an der asiatischen Küste des Hellespont (heute Dardanellen) zu einem für beide vorteilhaften Abschluss kamen. Mithridates musste seine Flotte ausliefern und Kriegsentschädigungen zahlen, durfte aber König bleiben.

Cinna

Kaum hatte Sulla sich nach Osten aufgemacht, kehrte sein Feind und Popularen-Führer Marius nach Rom zurück. Mit ihm kam Lucius Cornelius Cinna (130-84), der für das Jahr 87 zum Konsul gewählt worden war und Sulla hatte schwören müssen, dass er den Kampf gegen die Marianer (Marius-Anhänger) fortsetzen werde. Das versuchte Cinna in Sullas Abwesenheit zu hintertreiben, wurde aber entmachtet und aus der Stadt gewiesen. Gestützt auf den volkstümlichen Marius konnte er sich wieder nach Rom wagen und seine sowie die Wahl seines Vorbilds Marius zum Konsul erreichen. Marius jedoch starb wenige Tage nach Amtsantritt am 13.1.86, und Cinna beerbte ihn. Dreimal in Folge wurde er zum Konsul gewählt und war damit praktisch Alleinherrscher in Rom, wo er blutig mit den Sympathisanten Sullas abrechnete. Als dessen Rückkehr drohte, mobilisierte Cinna ein Heer gegen ihn, wurde aber im Feldlager in Ancona während einer Meuterei getötet.

Nach hellenistischer Art ließ sich Mithridates VI. von Pontos als siegreicher König mit Löwenkopf darstellen. Er knüpfte damit an die Sage vom Zeus-Sohn Herakles (lateinisch Hercules) an, der den Nemeischen Löwen getötet hatte und sein Fell als Mantel trug, den kein Pfeil zu durchdringen vermochte.

Jammergeschrei im Zirkus

Sullas Diktatur (82–79)

Als Sulla im Frühjahr 83 in Unteritalien mit seinem Heer von 40 000 Mann landete, versäumten es die Nachfolger Cinnas, beizeiten Gegenmaßnahmen einzuleiten. So konnte der siegreiche Rückkehrer seine Truppen ordnen und einflussreiche Förderer gewinnen wie den reichen Marcus Licinius Crassus (115–53) und den jungen, vielversprechenden Gnaeus Pompeius (106-48). Sie schlugen die zersplitterten Kräfte der *Popularen* sowie die Truppen der Bundesgenossen, die um das erst vor wenigen Jahren verliehene Bürgerrecht fürchteten. 82 war Rom in Sullas Hand. Formal korrekt ließ er sich von der Volksversammlung zum Diktator wählen, entgegen allem Brauch aber ohne zeitliche Begrenzung. Opposition wurde brutal unterdrückt, Männer, die mit Marius und Cinna kollaboriert hatten, ließ Sulla durch öffentlichen Anschlag *(proscriptio)* ächten und zu Tausenden hinrichten. Plutarch (46 n. Chr.–120) berichtet:

„Da ließ Sulla etwa 6000 Männer in den Zirkus sperren und berief den Senat in den benachbarten Tempel Bellona. Während er hier mit seiner Rede begann, mussten seine Soldaten alle diese Leute niederhauen. Das Jammergeschrei so vieler Menschen, die auf engem Raum hingemetzelt wurden, drang natürlich bis zu den Senatoren. Da sagte Sulla, sie sollten lieber auf seine Rede achten und sich nicht darum kümmern, was draußen vor sich gehe. Es würden nur ein paar böse Menschen gezüchtigt."

Entmachtung der Volkstribunen

Mag auch die Zahl übertrieben sein, so gibt die Darstellung doch ein Bild vom Terror, mit dem Sulla seine Herrschaft festigte. Dazu gehörte auch die Beschlagnahme allen Eigentums der Geächteten, deren Land Sulla an seine Veteranen verteilte. In der Hinterhand hatte er damit immer eine ihm blindlings ergebene Reservearmee. Auch die Familien seiner Opfer trafen die harten Strafen, indem sie alle Vorrechte verloren und aus dem politischen Leben eliminiert wurden.

Politisch ging es Sulla in erster Linie um eine Stärkung des Senats. Die abgeurteilten Gegner ersetzte er durch Leute seines Vertrauens und verdoppelte die Zahl der Senatoren auf 600, indem er vor allem Männern aus dem Ritterstand den Zugang öffnete. Das Volkstribunat dagegen wurde entmachtet, das Vetorecht der Tribunen gegen staatliche Maßnahmen stark eingeschränkt. Außerdem durften sie fortan nur mit Genehmigung des Senats Gesetzesvorlagen der Volksversammlung zur Abstimmung vorlegen. Auf dem Höhepunkt seiner Macht trat Sulla 79 zurück (siehe Kasten).

Diktator im Ruhestand

Die Fälle, in denen ein fast allmächtiger Herrscher sein Amt freiwillig und vorzeitig aufgegeben hat, lassen sich in der Weltgeschichte an den Fingern einer Hand abzählen. Sulla war wohl der erste und einer der bedeutendsten unter ihnen. Sein eine Generation jüngerer Zeitgenosse und später noch mächtigere Caesar führte Sullas Rückzug ins Privatleben darauf zurück, dass dieser die Staatskunst nicht begriffen habe. Eher aber ist es so, dass für Machtmenschen wie Caesar ein solcher Schritt gänzlich undenkbar ist. Sulla aber, so hart, ja unmenschlich er sein Regime durchgesetzt hatte, lebte noch in altrömisch-republikanischen Vorstellungen, in denen Macht auf Zeit der Normalfall war. Auch wenn er sich keine Herrschaftsgrenze hatte ziehen lassen, so verstand er selbst seinen Auftrag, den durch den Bürgerkrieg mit den Marianern schwer erschütterten Staat in Ordnung zu bringen, durchaus als befristet. Als er die Aufgabe für gelöst hielt, sah er keine Veranlassung für das Verbleiben im Amt. Bis zum Tod 78 blieb ihm allerdings nur ein gutes Jahr der erhofften Ruhe.

Bei allem Bemühen um Ähnlichkeit suchten römische Bildhauer, ihren bedeutenden Auftraggebern natürlich auch zu schmeicheln. Den Diktator Sulla modellierte der Künstler jedenfalls nach dem markigen Muster von Götterbüsten.

Gekreuzigt an der Via Appia

Pompeius und Crassus als Erben Sullas (79–71)

Schon als 17-Jähriger nahm Gnaeus Pompeius im Jahr 89 am Bundesgenossenkrieg teil, in dem er erstmals seine große militärische Begabung zeigen konnte. Er bewies sie erneut bei der Rückkehr Sullas vom Kriegsschauplatz im Osten, als ihm der Feldherr Abteilungen seines Heeres anvertraute. Mit diesen Verbänden trug Pompeius wesentlich zum Sieg Sullas über die *Popularen* bei, so dass ihn der inzwischen zum Diktator ernannte Sulla auch mit der Bekämpfung der verbliebenen Anhänger des Marius in Sizilien und in der Provinz Africa betraute. Pompeius löste diese Aufgabe in kurzer Frist und erhielt nach anfänglichem Zögern von Sulla 79 die Genehmigung zu einem Triumphzug. Ohne die übliche Ämterlaufbahn hatte Pompeius steile Militärkarriere gemacht und übernahm nach Sullas Rücktritt und Tod die Aufgabe, nun auch gegen die Marianer in der Provinz Hispania vorzugehen. Seit 76 regierte er dort mit prokonsularischen Befugnissen und schaltete die Gegner unter Quintus Sertorius (123–72) in verlustreichen Kämpfen aus.

Kampfsportler gegen Legionäre

Sulla hatte sich bei seiner Rückkehr auch auf Marcus Licinius Crassus stützen können, der in der Abwesenheit des Pompeius inzwischen zu einem der einflussreichsten Männer Roms geworden war. Geschickter und skrupelloser als andere Bürgerkriegsgewinnler hatte er sich enorme Werte der geächteten und enteigneten Anhänger des Marius sichern können und war zum wohlhabendsten Mann des Staates aufgestiegen (Beiname *Dives* = der Reiche), der ganze Heere aus eigenen Mitteln unterhalten konnte. Eines führte er gegen die aufständischen Sklaven unter dem Gladiator Spartacus. Der gebildete durchtrainierte Mann aus Thrakien war 73 zusammen mit einer Gruppe Kampfsportler aus der Sklaverei geflohen und zog nun Unzufriedene aller Art an sich, so dass sich nach einigen Berichten bald an die 200 000 Mann um ihn versammelt hatten. Sie zogen durch das Land und besiegten dabei mehrere römische Legionen. An den Alpen machten sie Halt, und ein Teil verlief sich. Nur Reste des Heerhaufens marschierten zurück nach Süden, von wo sie sich aus Italien absetzen wollten.

Dort aber war ein römisches Heer unter Lucullus (siehe Kasten) gelandet und blockierte den Weg zu den Häfen, von Westen kam ein weiteres unter Crassus heran und im Norden stand der zurückgekehrte Pompeius mit seinen Truppen. Spartacus versuchte, den Ring gegen die Legionen des Crassus zu durchbrechen, unterlag aber den taktisch geschickt geführten Soldaten 71 in der Schlacht am Silarius zwischen Brundisium (Brindisi) und Tarent. Spartacus und die meisten seiner Kämpfer fielen; nur 6000 ergaben sich. Sie ließ Crassus zur Abschreckung entlang der Via Appia kreuzigen.

Lucullus

Wer heute den Begriff „lukullisch" hört, denkt unwillkürlich an ausgedehnte und hochfeine Tafelfreuden. Nicht zu Unrecht, denn der dahinter stehende Römer Lucius Licinius Lucullus (117–56) war ein Gourmet der Extraklasse. Zunächst einmal jedoch war er Offizier und focht unter Sulla im Bundesgenossenkrieg, bei dessen erstem Marsch auf Rom 88 und im 1. Mithridatischen Krieg (88–84). Nach einigen anderen Ämtern wurde Lucullus 74 Konsul und hatte Anteil an der Niederschlagung des Spartacus-Aufstands. Beim nachfolgenden erneuten Krieg gegen Mithridates eroberte er Pontus und drang bis tief nach Armenien vor. Dabei erwarb er sich Ruhm, Kenntnisse der orientalischen Genüsse und den Reichtum, der ihm die eher feinen als üppigen Gastmähler erst ermöglichte, für die er berühmt wurde. Seine Villen, Paläste und Gärten in und um Rom waren erlesene Treffpunkte der Kulturelite.

Vom antiken Capua, etwa vier Kilometer südöstlich der heutigen Stadt, sind viele Ruinen erhalten, auch die des einstigen Amphitheaters. Seine Gladiatorenschule war im Jahr 73 v. Chr. Keimzelle des Aufstands der Sklaven unter Spartacus.

Reformen und Ruhmestaten

Verfassungskorrektur und Neuordnung Kleinasiens (70–62)

Hatte man in Rom erwartet, dass sich die Rivalität zwischen Pompeius und Crassus zu Konflikten auswachsen würde, so sah man sich getäuscht: Die beiden waren sich weitgehend einig. Obwohl sie nicht die übliche Ämterlaufbahn absolviert hatten und Pompeius mit 36 Jahren eigentlich viel zu jung war, erzwangen sie vor der Drohkulisse ihrer Truppen die Wahl zu Konsuln für das Jahr 70 und machten sich an einen Rückbau der sullanischen Verfassung. Eine der ersten ihrer Amtshandlungen betraf die Restriktionen im Volkstribunat. Sie wurden mit einem Federstrich beseitigt und der alte Zuschnitt mit Vetorecht und Gesetzesinitiative wiederhergestellt. Auch das alleinige Recht des Senats zur Besetzung der Gerichte vor allem bei Prozessen um Erpressungsfälle wurde abgeschwächt durch Zulassung von Rittern als Geschworene. Und ausdrücklich bestätigten die beiden Konsuln die nach Sullas Tod wieder eingeführte Getreidezuteilung an besitzlose Familien.

Im Anschluss ans Konsulat hätte es sich für Pompeius angeboten, erneut als Prokonsul die Verwaltung einer Provinz anzustreben. Doch seinem Ehrgeiz genügte das nicht. Ihn dürstete nach Feldherrnruhm und nach dem Kommando im Osten gegen Mithridates. Dringender jedoch war zunächst der Kampf gegen das Seeräuberunwesen im Mittelmeer (siehe Kasten). Erst danach konnte Pompeius gegen den Willen des Senats aufgrund eines Volksbeschlusses 66 den zwar erfolgreichen, aber umstrittenen Lucullus in der Führung der Operationen auf dem kleinasiatischen Kriegsschauplatz ablösen. Es gelang ihm rasch, Bithynien zurückzugewinnen, Mithridates aus Pontus zu verdrängen und dessen Armee zu vernichten. Von der Schwarzmeerküste wandte Pompeius sich darauf nach Kappadokien, Kilikien, Syrien, Armenien und Palästina.

Wirtschaftliche Belebung

Umsichtig schuf er 64/63 in den neuen Gebieten von Rom abhängige Fürstentümer oder neue Provinzen wie eben Syrien, das damals auch den heutigen Libanon umfasste. In den von Steuerpächtern ausgeplünderten Regionen Kleinasiens setzte er die Abgaben herab und sorgte für wirtschaftliche Belebung. Durch diese weitsichtige Politik erwarb er sich seinen Beinamen Magnus (= der Große) und verschaffte der römischen Macht neuen Glanz, die nun im Osten direkt an das Reich der Parther grenzte. 62 kehrte Pompeius nach Italien zurück. Bei seinem großen Prestige glaubte er, in Rom leichtes Spiel zu haben und entließ sein Heer. Verbittert musste er jedoch erleben, dass der Senat nicht daran dachte, die Veteranen des nun machtlosen Pompeius, wie von diesem versprochen, zu versorgen.

Seeräuber

Sie selber sahen sich als Patrioten, die Rom nur abnahmen, was es aus den eroberten Gebieten gepresst hatte. Für die Römer aber waren sie Kriminelle, die den Nachschub Italiens gefährdeten: Die Seeräuber waren während der Bürgerkriegsphase vor allem im östlichen Mittelmeer zum großen Problem geworden. Sie brachten nicht nur Frachtschiffe auf, sondern entführten auch wichtige Personen und erpressten Lösegeld, trieben Sklavenhandel und überfielen Hafenstädte. Kleine Operationen gegen sie hatten wenig gebracht. Daher beauftragte die Volksversammlung 67 Pompeius mit einem entscheidenden Schlag gegen die Freibeuter. 500 Kriegschiffe und mehrere Legionen standen ihm dafür zur Verfügung, und er erhielt die Vollmacht, bis fünfzig Meilen tief ins Landesinnere zu operieren. Binnen weniger Monate räucherte Pompeius die Schlupfwinkel der Piraten aus, vernichtete ihre Schiffe, tötete viele, ließ den Gefangenen gegenüber aber Gnade vor Recht ergehen und wies ihnen Siedlungsland zu.

Ungewöhnlich weiche Züge weist der zeitgenössische Porträtkopf des Gnaeus Pompeius Magnus auf. Die 37 Zentimeter hohe Plastik aus grobkörnigem Marmor gehörte zu einer Vollstatue, die den Feldherrn in Toga oder Rüstung zeigte.

Den Staat im Griff

Crassus, Pompeius, Caesar – das Triumvirat (60/59)

Die Fundamente der römischen Republik bröckelten an allen Ecken. Die Ämterlaufbahn wurde oft nicht eingehalten, Heerführer nutzten ihre Truppen zu politischem Druck, Alleinherrscher wie Cinna oder Sulla hatten das Kollegialitätsprinzip in der Staatsführung untergraben. Da witterten politische Abenteurer Morgenluft wie der adlige, hochverschuldete Gaius Iulius Caesar (100–44), der als Anwalt gescheitert, Anhänger der *Popularen* und von einem unbändigen Ehrgeiz getrieben war. Er wälzte Staatsstreichpläne, ließ sich mit dubiosen Figuren wie Catilina (siehe Kasten) ein und fand im reichen Crassus und im ruhmreichen Pompeius Gönner und ähnlich gesinnte Machtmenschen. Diese nahmen ihrerseits den noch wenig profilierten Caesar nicht ganz ernst, nutzten aber gern seine Energie und seinen Ideenreichtum. Im Jahr 60 trafen die drei eine Vereinbarung: Sie wollten dafür sorgen, dass im Staat nichts beschlossen würde, das einem von ihnen nicht gefiel. Dieses später sogenannte *Triumvirat* (Dreimännerbund) setzte für das Jahr 59 Caesar als Konsul durch.

Lohn für soziale Amtsführung

Zu seinen ersten Aktivitäten gehörte die Vorlage eines Ackergesetzes, das gegen den Widerstand des Senats angenommen wurde. Damit konnte Caesar endlich die Versorgung der Veteranen des Pompeius einlösen und obendrein noch 20 000 Kolonistenfamilien mit mehreren Kindern auf dem Land ansiedeln. Die pompeianischen Regelungen in Asien wurden zudem offiziell bestätigt. Weitere Gesetze galten dem Kampf gegen die Korruption der Beamten, vor allem in den Provinzen. Alles in allem ein Maßnahmenbündel, das den bisher eher durch Skandalgeschichten bekannten Caesar so populär machte, dass ihm nach Ende seiner Amtszeit von der Volksversammlung die Statthalterschaft im diesseitigen Gallien (*Gallia cisalpina* = Poebene bis zu den Alpen) mit drei Legionen auf fünf Jahre angetragen wurde. Pompeius sorgte dafür, dass der Auftrag auch auf die Provinz Gallia Narbonensis (heute Südfrankreich) ausgedehnt und Caesars Heer um eine weitere Legion auf insgesamt etwa 25 000 Mann aufgestockt wurde.

Die Verbindung zwischen Pompeius und Caesar erhielt auch eine private Basis durch die Ehe des Iuliers mit der Pompeius-Tochter Iulia. Motiv des Feldherrn für so viel Fürsorge dürfte gewesen sein, dass er mit dem ehrenvollen gallischen Auftrag den ehrgeizigen Schwiegersohn aus Rom entfernte und ihm trotzdem so eng verbunden blieb, dass er notfalls auf dessen Truppen zurückgreifen konnte. Wer mochte wissen, ob es mit dem Senat oder aber mit Crassus nicht doch irgendwann zum Zerwürfnis kommen würde?

Catilina

Die Schreckensherrschaft Sullas spülte fragwürdige Figuren nach oben. Eine davon war der aus verarmtem Adel stammende Lucius Sergius Catilina (108–62), der sich vielleicht eben wegen dieses Herkommens an den Gütern der verfolgten Popularen *besonders massiv bereicherte. Viele Freunde machte er sich damit nicht, und mit seiner ausbeuterischen Amtsführung als* Proprätor *in der Provinz Asia im Jahr 67 geriet er sogar in die Gerichtsmühlen. Daran scheiterten seine Bewerbungen um das Konsulat, und er sann auf Umsturz, für den sich vorübergehend auch Crassus und Caesar interessierten. Sie distanzierten sich bald, Catilina aber konspirierte weiter. Seine Pläne wurden durch anonyme Briefe dem im Jahr 63 amtierenden Konsul Marcus Tullius Cicero (106–43) bekannt, der mit flammenden Reden Senat und Volksversammlung warnte. Catilina wurde zum Staatsfeind erklärt. Er kam bei einem Gefecht mit konsularischen Truppen bei Pistoria (Pistoia) ums Leben.*

„Quousque tandem abutere, Catilina, patientia nostra? – Wie lange noch willst du, Catilina, unsere Geduld missbrauchen?" Mit diesen Worten begann Konsul Cicero im Senat seine Anklagerede über die staatsfeindlichen Umtriebe des Verschwörers. Und diesen Moment hat der Maler Cesare Maccari (1840–1919) auf seinem realistischen Gemälde festgehalten.

Der Stratege als Stilist

Eroberung Galliens durch Caesar (58–52)

Es entsprach nicht Caesars Mentalität, das Erreichte und die fast königliche Stellung in seinen Provinzen zu genießen. Er machte sich sogleich an die Aufstockung seiner Streitkräfte und griff mit ihnen in die Geschicke auch des jenseits seiner Grenzen liegenden Galliens ein. Er erkannte, dass er sich hier eine unvergleichliche Machtbasis schaffen konnte, und nutzte Konflikte unter den gallischen Stämmen oder mit den von rechts des Rheins andrängenden Germanen zu Interventionen. Da die Römer nur „gerechte" Kriege führen durften, suchte und fand Caesar dafür Begründungen und entwickelte sich nicht nur zum exzellenten Strategen, sondern auch zum genialen Propagandisten. Wir kennen den Verlauf seiner Operationen vornehmlich aus seiner eigenen Schrift *„De bello Gallico"* (Über den gallischen Krieg), die diesen Befund bestätigt und Caesar als großartigen Stilisten in beiderlei Sinn ausweist: Das Werk überhöht seine Leistungen ins Heldische und besticht zugleich mit Präzision der Darstellung und Faktendichte.

Neue Provinz zwischen Rhein und Atlantik

Rom war mit den gallischen Haeduern verbündet. Als diese durch die unter germanischem Druck nach Süden abwandernden Helvetier in Gefahr gerieten, hatte Caesar 58 den erwünschten Vorwand zum Vorstoß nach Norden und Nordwesten. Er besiegte die Helvetier und wandte sich anschließend gegen die germanischen Sueben unter ihrem Führer Ariovist, die nach Gallien vorgedrungen waren und nach Caesars Ansicht mit ihrem Landhunger Roms dortige Position bedrohten. Die Römer schlugen den als besonders finster und gewalttätig beschriebenen Germanenfürsten und sicherten die von Caesar als strategisch enorm wichtig eingeschätzte Rheingrenze. Ihr folgte er auch im nächsten Jahr 57 bei seinen „Befriedungs"-Zügen gegen die angeblich verschwörerischen Belger (nach denen das Land noch heute heißt). Weitere Stammeskonflikte forderten bis 53 immer erneutes Eingreifen, so dass schließlich das gesamte Gebiet zwischen Rhein und Atlantik in römischer Hand war. Mit zwei Flottenvorstößen nach Britannien demonstrierte Caesar, dass auch das Meer ihn nicht aufhalten konnte. Seinen Sieg akzeptierten die meisten gallischen Stämme allerdings erst nach wiederholten Aufständen, die er bis 53 erstickte. Die inzwischen über fünf Jahre anhaltenden Feldzüge hatten das Land schwer verwüstet und die Kraft der auch von blutigen internen Kämpfen mitgenommenen Gallier erschöpft. Glaubte Caesar jedenfalls, bis ihm im Folgejahr mit Vercingetorix erneut ein gallischer Gegner erwuchs (siehe Kasten).

Vercingetorix

Der keltische Stamm der Arverner galt als besonders kriegerisch, und sein Führer Vercingetorix (82–46) als ein zu allem entschlossener Mann. Er rief die Stämme vor allem Zentral- und Ostgalliens Anfang 52 zu den Waffen und eröffnete die Feindseligkeiten gegen Caesars Legionen. Mit einer geschickten Mischung aus Taktik der verbrannten Erde und Nadelstichen gegen Caesars Nachschub verleitete er die Römer zur Verfolgung bis in unwegsame Gegenden, wo er ihnen manche Schlappe beibringen konnte. Er strapazierte damit allerdings auch die Geduld seiner Verbündeten, die Caesar lieber zur Schlacht stellen wollten. Das geschah entsprechend halbherzig und führte zu einem Sieg der römischen Waffen. Vercingetorix zog sich mit den Resten der Aufständischen nach Alesia (heute Alise-Ste-Reine bei Dijon) zurück. Caesar ließ einen doppelten Belagerungsring um den Ort anlegen, so dass er gegen Entsatzversuche wie gegen Ausbrüche der Eingeschlossenen gesichert war. Vercingetorix musste aufgeben.

Das „Archéodrome de Beaune“ in Merceuil (Côte d'Or) zeigt die Rekonstruktion eines römischen Befestigungswalls mit Graben und Wachttürmen, wie ihn Caesar bei der Belagerung der Stadt Alesia gegen Ausbruchs- und Entsatzversuche errichten ließ.

Verderbliche Ruhmsucht

Niederlage des Crassus gegen die Parther (55–53)

Entschlossen arbeiteten Pompeius und Caesar an ihren Karrieren. Was aber war mit dem dritten im Bunde? Crassus schmückte zwar der Ruhm, den Sklavenkrieg siegreich beendet zu haben, doch reichte der längst nicht an den von Pompeius und inzwischen auch nicht an den des Gallien-Eroberers Caesar heran. Pompeius hatte wenig dagegen, dass Crassus sich Lorbeeren im Osten verdienen wollte, war er damit doch für längere Zeit als Rivale vor Ort aus dem Weg. Crassus versprach sich von einem Krieg gegen das mächtige Reich der Parther (siehe Kasten) eine Beruhigung der östlichen Provinzen und Satellitenstaaten sowie politischen Profit. Als Konsul des Jahres 55 begann er eine Expeditionsstreitmacht für seine orientalischen Pläne auszurüsten. Über Kritik an seinem militärisch wie politisch fragwürdigen Unternehmen setzte er sich hinweg und brach Ende 55 von Brundisium (Brindisi) aus nach Kleinasien auf.

In Antiochia übernahm Crassus die Statthalterschaft über die Provinz Syrien, bezog Quartier und eröffnete mit einem Vorstoß über den Euphrat 54 die Feindseligkeiten. Feinde aber ließen sich so gut wie nirgends blicken. Der parthische Großkönig hatte seine Rüstungen noch nicht abgeschlossen und vermied im Vertrauen auf die Weite seines Landes den Zusammenstoß. So konnte Crassus einige Städte in Mesopotamien einnehmen, stationierte dort Besatzungen und zog sich in seine Provinz ins Winterquartier zurück. Vielleicht war das der entscheidende Fehler, denn mit mehr Entschlossenheit wäre womöglich die Tigrisgrenze zu erreichen und zu sichern gewesen. So gewannen die Parther Zeit und gingen zum Gegenangriff über, ehe Crassus erneut im Zweistromland erscheinen konnte. Sie vernichteten seine Besatzungen in den Städten und schlugen seine armenischen Bundesgenossen.

Rückzug im Pfeilhagel

Crassus wiederholte 53 seinen Vorstoß vom Vorjahr, traf nun aber auf Gegenwehr, wenn auch nur auf hinhaltende, die ihn verleitete, den Gegner bis tief in wüstes Gelände zu verfolgen. Erst dreißig Kilometer südlich von Carrhae (heute Ruinenstätte in der südöstlichen Türkei) stellten sich die Parther am 6.5.53 zur Schlacht. Zwar scheiterte ihr Versuch das römische Zentrum zu durchbrechen, doch konnten sie einen Teil des gegnerischen Heeres unter Publius, Sohn des Crassus, vom Gros trennen und niedermachen. Die geschwächte römische Restmacht musste sich unter dem Pfeilhagel der parthischen Bogenschützen nach Carrhae zurückziehen. Von dort versuchte Crassus ins Bergland zu entkommen, geriet aber in eine Falle und erlitt dasselbe Schicksal wie sein Sohn. 20 000 Römer waren gefallen, 10 000 gefangen und nur 10 000 nach Antiochia entkommen.

Parther

Um 250 v. Chr. gewann im iranischen Chorasan ein Reitervolk die Macht, das nach der dortigen Satrapie (Provinz) Parthia des Reiches der Seleukiden Parther genannt wurde und den Namen übernahm. Sie dehnten ihre Herrschaft in der Folgezeit nach Mesopotamien (heutiger Irak) aus und nach Osten in Ausläufern bis nach Indien. Hauptstadt wurde Ktesiphon am Tigris. Mit Rom in engere Berührung kam ihr Reich schon im Jahr 92 in Gestalt des damals in Kilikien (südliches Kleinasien) amtierenden Propraetors Sulla und im Jahr 63 durch Pompeius, der sich mit den Parthern auf die Grenze am Euphrat einigte. Zu Konflikten kam es kaum einmal, weswegen die Parther über den in ihren Augen völlig grundlosen Angriff des Crassus besonders erbittert waren. Ihr glänzender Sieg sollte ihnen über anderthalb Jahrhunderte Ruhe vor römischen Eroberungen bescheren.

Die „Große Niederlage der Römer" bei Carrhae im Sommer 53 n. Chr. war der erste Zusammenstoß der beiden Großmächte Rom und Parthien und eine der bittersten militärischen Niederlagen Roms. Kupferstich, um 1630, Matthäus Merian (1593–1650).

Über den Rubikon

Caesars Sieg im Bürgerkrieg gegen Pompeius (49–45)

Trotz der großen Beanspruchung in Gallien war Caesar über die Geschehnisse in Rom stets auf dem Laufenden. In den letzten Jahren seiner Statthalterschaft entwickelte sich die Lage dort ungünstig für ihn, denn Crassus, bisher ein Gegengewicht gegen Pompeius, war bei seinem parthischen Abenteuer umgekommen, und der Senat berief Pompeius im Februar 52 wegen überhand nehmender krimineller Umtriebe zum alleinigen Konsul *(consul sine collega)* mit außerordentlichen Vollmachten. Ganz legal war Caesars einstiger Verbündeter zum ersten Mann im Staat geworden, der dafür sorgte, dass Caesar aus seinen Provinzen abberufen wurde. Auch die privaten Bande gab es seit dem Tod der Iulia nicht mehr; Caesar sah in Pompeius nicht mehr den Schwiegervater, sondern nur noch den Rivalen.

Marsch auf Rom

Caesar weigerte sich daher sein Kommando abzugeben, ehe nicht auch Pompeius auf Vollmachten und Truppen verzichtet habe. Natürlich wies der Senat im Auftrag des Pompeius dieses Ansinnen zurück und beharrte auf der Abberufung Caesars. Als das nichts fruchtete, erging Anfang 49 die Kriegserklärung gegen den renitenten Statthalter. Mit dem sprichwörtlich gewordenen Satz *„Alea iacta est"* (der Würfel ist geworfen) überschritt Caesar mit nur einer Legion den Grenzfluss Rubico (heute Rubicone, deutsch Rubikon) zwischen seiner Provinz Gallia cisalpina und dem südlicheren Italien. Bei seinem Marsch auf Rom erhielt der inzwischen hochpopuläre Eroberer Zuzug von allen Seiten; selbst Männer, die für das Senatsheer vorgesehen waren, liefen zu ihm über. Pompeius geriet in aussichtslose Defensive, räumte die Stadt und setzte sich mit dem Gros der Senatoren nach Griechenland ab, wo er ein neues Heer rekrutierte.

Mangels Flotte musste Caesar ihm eine Atempause gönnen und nutzte sie für eine Expedition in die Provinz Spanien, die ihm nach schnellem Vormarsch zufiel. Dann erst hatte er die nötigen Schiffe zusammen und setzte mitten im Winter 48 nach Griechenland über, wo ihn Pompeius mit gut gerüsteten Streitkräften erwartete und bei Dyrrhachium (heute Durrës/Albanien) blockierte. Probleme mit dem Nachschub zwangen Pompeius zum Abzug nach Osten. Caesar nahm die Verfolgung auf, stellte und schlug den Gegner im August desselben Jahres bei Pharsalus (siehe Kasten). Pompeius entkam und floh nach Ägypten, wo er von Hofbeamten getötet wurde, die sich damit den Dank des triumphierenden Caesars verdienen wollten. Letzte Anhänger des Pompeius besiegte Caesar 46 bei Thapsus südlich von Karthago und im Jahr darauf bei Munda in Südspanien.

Schlacht bei Pharsalus

Die Entscheidung im Bürgerkrieg zwischen Caesar und Pompeius fiel in Thessalien beim Ort Pharsalus (griechisch Pharsalos) in einer auf Caesars linker Seite von einem Flüsschen begrenzten Ebene. Es zeigte sich dabei, dass zahlenmäßige Überlegenheit noch kein Garant für den Sieg ist. Obwohl der von Westen herankommende Pompeius 40000 Fußsoldaten gegen nur 30000 seines Gegners aufbieten konnte und über eine mehrfach stärkere Kavallerie verfügte, konnte er das nicht ausnutzen. Caesars Streitmacht bestand zum größeren Teil aus erfahrenen und ihrem Anführer blind ergebenen Berufssoldaten, während Pompeius sich auf seine frisch geworbene Truppe nicht in allen Teilen verlassen konnte. Geschickt hielt Caesar zudem auf seinem rechten Flügel Reserven bereit, die den dort wie erwartet und gewünscht durchbrechenden Reitern seines Gegners in die Seite stießen und in den Rücken fielen. Mit raschem Schwenk umfassten sie anschließend das Zentrum und vollendeten so den Sieg.

Gleich mehrere Mitschriften hat Caesar nach Vorstellung des italienschen Malers Filippo Pelagio Palagi (1775–1860) von seinen Diktaten über den „Gallischen Krieg" anfertigen lassen (Gemälde von 1812).

Arbeitsplätze und Auszeichnungen

Alleinherrscher Caesar als Sozial- und Reichsreformer (49–44)

Er wolle lieber Erster in einem Dorf als Zweiter in Rom sein, soll Caesar einmal gesagt haben. Nun war er Erster in Rom schon seit 49, als Senat und Konsuln vor ihm geflohen waren. Er ließ sich legal zum Diktator bestellen, wobei er wie schon Sulla eine Befristung seines Auftrags vermied. Im inzwischen weit gedehnten Reich, wäre mit einer Regierungszeit von einem halben Jahr wenig auszurichten gewesen. Zugleich ließ er sich seit 48 Jahr für Jahr zum Konsul wählen. Ernennungen und Ermächtigungen waren angesichts seiner ständig gewachsenen Autorität nur noch Formsache. Ohne ihn kamen Beschlüsse überhaupt nicht mehr zustande. Wenn das umfangreiche Reformwerk, das er ohne Zweifel anstrebte, trotzdem Stückwerk blieb, dann wegen der hohen militärischen Beanspruchung in den wenigen Jahren, die ihm nach Ende des Pompeius noch blieben. Es ist eher erstaunlich, wie viel Caesar dennoch auf den Weg brachte:
Als erklärter Anhänger der *Popularen* wollte Caesar das Reformwerk der Gracchen vollenden und die sozialen Spannungen vermindern, die das römische Zusammenleben belasteten. Anders als die Volkstribunen ordnete er dafür an, was ihm wichtig schien: Einer großen Zahl der hauptstädtischen Proletarier ließ er ebenso Land in neuen Kolonien in Italien, aber auch in den Provinzen zuweisen wie seinen Veteranen, die ihn an die Staatspitze getragen hatten. Durch einen großzügigen Ausbau Roms, eine umfangreiche Regulierung des Tibers und die Erweiterung des Straßennetzes sorgte er zudem für Arbeitsplätze und Einkommen. Die Zahl der Empfänger von Gratis-Getreide in Rom konnte er so auf 150 000 glatt halbieren.

Erweiterung des Senats

Neben der sozialen Frage beschäftigte Caesar die Verbreiterung der Machtbasis Roms. Er wollte dem Staat für seine immer weiter gespannten Aufgaben auch die besten Kräfte der Provinzen nutzbar machen und verlieh allen Männern mit ihren Familien das römische Bürgerrecht, die ins Heer eintraten. Es wurde auf seine Weisung auch anderen verdienten Persönlichkeiten aus fernen Reichsteilen, etwa Ärzten oder Wissenschaftlern, zuerkannt. Ja, die Bewohner ganzer Städte, die sich für die römische Sache engagiert hatten, wurden auf diese Weise ausgezeichnet. In ähnliche Richtung zielte Caesars Erweiterung des Senats, dessen Reihen sich im Bürgerkrieg stark gelichtet hatten. 900 Senatoren sollten es künftig sein, darunter auch Wohlhabende aus den italischen Städten und fähige Provinziale. Und er gab dem Reich eine einheitliche Zeitrechnung (siehe Kasten).

Julianischer Kalender

Terminus war bei den Römern ein Gott, doch sich auf einen Termin zu einigen so einfach nicht. Der von den Griechen übernommene Kalender ging nach dem Mond, weswegen die Jahre relativ zum Sonnenlauf rasch zurückblieben. In unregelmäßigen Abständen wurden daher durch die Priesterschaft Schaltmonate eingefügt, was bei den langen Kommunikationswegen immer wieder zu Verwirrung führte. Bei der Verfolgung von Pompeius hatte Caesar 48 in Ägypten nicht nur die schöne Königin Kleopatra (69–30) kennen gelernt, sondern auch den dort üblichen Sonnenkalender. Im Jahr 47 war das römische Jahr bereits 67 Tage vom tropischen Jahr entfernt, und Caesar beschloss daher, jetzt einen Schnitt zu machen. Der ägyptische Astronom Sosigenes arbeitete den Plan dazu für ihn aus. Das Folgejahr wurde durch zusätzliche Monate verlängert, alle späteren auf 365 Tage und alle vier (zunächst fälschlich drei) auf 366 (Februarverlängerung) festgelegt. Dieser nach Caesar benannte Julianische Kalender war bis 1582 im Abendland in Geltung, in einigen Ländern noch länger (z. B. Russland bis 1918).

So muss er ausgesehen haben: Die zeitgenössische Büste des Diktators Gaius Iulius Caesar hat sein Bild bis heute geprägt. Man spricht sogar bei ähnlichem Haarschnitt von Cäsar-Frisur.

Werk der Rache

Caesars Ende durch Mörderhände (15.3.44)

Was unterschied Caesars Machtstellung noch von der eines absoluten Herrschers oder Königs im antiken Sinn? Das fragten sich nicht nur seine Gegner, sondern auch Menschen, die seine Leistungen und sein Genie bewunderten. Der republikanische Gedanke, obschon durch Missbrauch ausgehöhlt, war noch lebendig, und man verstand den Staat stärker als ein von der Mehrheit getragenes Gemeinwesen denn als ein Machtinstrument weniger oder gar eines Einzelnen. Mit Sorge sahen daher viele, dass Caesars Regierungsstil zusehends monarchische Züge annahm. Er betonte seine altadlige Herkunft aus dem Geschlecht der Julier, das sich auf den trojanischen Helden Aeneas zurückführte; sein Geburtsmonat *Quintilis* wurde in *Iulius* (Juli) umbenannt; seine Statue wurde als *Iupiter Iulius* in Tempeln aufgestellt; ein *Forum Iulium* entstand; das geplante Rathaus sollte *Curia Iulia* heißen. Fehlte nur noch die Krönung, die Caesar jedoch in Kenntnis der Volksstimmung ablehnte. Immerhin wurde ein Senatsbeschluss vorbereitet, nach dem er außerhalb Italiens den Königstitel führen dürfe.

Verderblicher Plan

Längst hatte sich gegen den inzwischen auf Lebenszeit bestellten Diktator Caesar eine Verschwörergruppe zusammengefunden um die Adligen Gaius Cassius Longinus und Marcus Iunius Brutus, der als seinen Urahn den legendären Brutus nannte, der Rom von den etruskischen Königen befreit hatte. Ganz verborgen kann das Komplott Caesar nicht geblieben sein. Jedenfalls hatte er vor, Rom vorübergehend zu verlassen, vielleicht weil er die Stimmung beruhigen wollte, vielleicht aber auch um neuen Ruhm an seine Fahnen zu heften. Er wollte dort, wo Crassus gescheitert war, Roms Macht zur Geltung bringen: im Osten gegen die Parther. Doch auch dieser Plan wurde ihm von den Verschwörern als weiterer Schritt Richtung Monarchie ausgelegt, hieß es doch in den Weissagungen der Sibyllinischen Bücher, dass nur ein König die Parther werde besiegen können. Es kam nicht mehr dazu. Es kamen aber die Iden des Märzes (15.3.) 44, und Caesar kam zur Senatsversammlung. Plutarch berichtet:

„Beim Eintritt Caesars erhob sich der Senat zur Ehrbezeigung. Die Mitverschworenen des Brutus traten teils hinter Caesars Stuhl, teils kamen sie von vorn heran. Da ergriff einer Caesars Toga mit beiden Händen und zog sie ihm vom Hals; das war das verabredete Zeichen zum Angriff … Wohin Caesar blickte, begegnete er Dolchstößen und erhobenen Klingen. Gesicht und Augen wurden ihm durchbohrt. Er sank am Fußgestell nieder, auf dem die Bildsäule des Pompeius stand. Diese wurde bei dem Mord stark mit Blut bespritzt, so dass es schien, als leite Pompeius selbst das Werk der Rache …"

Vorzeichen

Dass sich um eine so dramatische Tat wie den Caesarmord schon bald Legenden spannen, nimmt nicht wunder. Der Biograf Sueton (70 n. Chr.–130) schildert, Caesar sei vielfach vorgewarnt gewesen. Er soll ein Tier geopfert haben, dem das Herz fehlte; seine Frau Calpurnia habe in der Nacht vor der Tat von der Katastrophe geträumt und ihn bestürmt, daheim zu bleiben; er selbst habe sich im Traum über den Wolken schwebend an der Seite von Göttervater Jupiter gesehen. Außerdem habe man Caesar auf dem Weg zum Senat eine Schriftrolle mit den Einzelheiten der Verschwörung gereicht, die er aber zu späterer Lektüre einem Mitarbeiter gegeben habe. Zuletzt sei Caesar dem Seher Spurinna begegnet, der ihn eindringlich vor den Iden des Märzes gewarnt hatte. Auf ihn soll der Diktator zugegangen und abfällig gesagt haben: „Die Iden des Märzes sind da!" Darauf Spurinna: „Da sind sie, aber noch nicht vorüber!"

Zahlreiche Künstler haben sich bemüht, den dramatischen Moment zu bannen, in dem die Verschwörer im Senat auf Caesar eindrangen. Das Bild von Friedrich Heinrich Füger (1751–1818) zeigt den fallenden Diktator, und man meint seine Worte zu hören: „Et tu Brute? – Auch du, (mein Sohn) Brutus?"

Entscheidungskampf

Das 2. Triumvirat und die Caesarmörder (44–42)

Die Verschwörer hatten sich ganz auf die Beseitigung des Tyrannen konzentriert, aber so gut wie keine Vorsorge getroffen für die Zeit danach. „Wiederherstellung der Republik" war als Programm etwas zu vage und rechnete auch nicht mit der Reaktion derer, die von Caesars Diktatur profitiert hatten. Trotz der Vorbehalte im Volk und stärker noch in den senatorischen Kreisen gegen sein monarchisches Gehabe, fehlte nun Caesars Orientierung und Führungskraft schmerzlich. In das Machtvakuum stieß als erster Marcus Antonius (82–30), langjähriger Vertrauter Caesars und Mitkonsul des Jahres 44; er nutzte die Beisetzungsfeierlichkeiten zur Stimmungsmache gegen die Mörder. Erstaunt mussten die Verschwörer feststellen, dass sie nirgendwo auf Dank für ihre in so edler Absicht unternommene Tat rechnen konnten. Sie setzten sich aus Rom ab, wo jetzt neben Antonius der noch nicht 19-jährige Großneffe und Adoptivsohn Caesars, Gaius Octavius, Ansprüche auf das politische Erbe Caesars anmeldete.

Blutige Abrechnung

Er nannte sich nun, vom großen Toten testamentarisch autorisiert, Gaius Iulius Octavianus Caesar, kurz Octavian, und brachte so die Veteranen des Getöteten auf seine Seite. Und die Massen begeisterte er dadurch, dass er die ebenfalls im Testament versprochene Auszahlung von 300 *Sesterzen* (etwa der Monatssold eines *Centurio*) an jeden aus eigenen Mitteln ermöglichte, weil ihm Konsul Antonius bisher die Herausgabe des Großonkel-Nachlasses verweigert hatte. Für einen ernsthaften Konflikt aber war es noch viel zu früh, und so sorgte Octavian zunächst dafür, dass er zum Konsul des Folgejahres gewählt wurde, und bahnte dann Verhandlungen mit Antonius über die Bestrafung der Verschwörer an. Im November 43 waren sie sich einig und nahmen als Dritten im Bunde Caesars altgedienten Reiteroberst Lepidus (um 90–12 v. Chr.) auf. Dieses *2. Triumvirat* teilte die Macht im Staat für die nächsten Jahre unter sich auf und veröffentlichte per Anschlag *(proscriptio)* wie einst Sulla Listen von geächteten Gegnern, die nun zu Tausenden Opfer der Verfolgungen wurden, darunter Cicero (siehe Kasten).

Zum Entscheidungskampf stellten Octavian und Antonius die Truppen der Attentäter Brutus und Cassius im Herbst 42 im Norden des makedonischen Philippi unweit des heutigen Kavalla. Octavian geriet gegen Brutus schnell in eine bedrohliche Lage, doch konnte Antonius sich gegen Cassius durchsetzen. Daraufhin eilte er dem bedrängten Verbündeten zur Hilfe, so dass auch Brutus kapitulieren musste. Beide Caesarmörder wählten den Freitod. Die Sieger teilten das Reich untereinander auf: Antonius erhielt den Osten, Octavian sollte von Rom aus den Westteil regieren; Lepidus wurde mit Africa abgespeist und schließlich bald ganz entmachtet.

Cicero

Der glänzende Rhetor, Publizist, Philosoph und Politiker Marcus Tullius Cicero stand Caesar kritisch gegenüber; an der Verschwörung gegen ihn aber hatte er nicht teilgenommen. Das half ihm gegen dessen Rächer allerdings wenig, die Cicero als entschiedenen Verteidiger der Republik kannten und die sein unbestechliches Urteil ebenso fürchteten wie seine Rednergabe und seinen Mut. Cicero bewies ihn im Senat durch scharfe Attacken gegen Antonius und dessen offenbares Streben nach der Alleinherrschaft (14 sogenannte philippische Reden). Hinzu kam Ciceros gescheiterter Versuch, die Rivalität zwischen Antonius und Octavian zu schüren. Das verübelten sie ihm zusätzlich und setzten ihn auf ihre Todeslisten. Am 7.12.43 fiel er ihren Häschern auf der Flucht zum Opfer. Rom hatte einen seiner klügsten und kultiviertesten Köpfe verloren.

Eine weniger bekannte Episode aus dem Leben Ciceros inspirierte den Maler Thomas Christian Wink (1738–1797) zu diesem Gemälde: Als Quaestor in Syrakus entdeckte Cicero nach eigener Darstellung im Jahr 75 v. Chr. das überwucherte Grab des von ihm bewunderten Naturforschers Archimedes (um 285–212).

Mars und Venus

Endkampf zwischen Octavian und Antonius (42–31)

Mit dem Untergang der Caesarmörder war der Bürgerkrieg noch lange nicht beendet: Ägypten gehörte zum Machtbereich des Antonius, und Königin Kleopatra (siehe Kasten) beeilte sich, dem in Tarsos (Kleinasien) residierenden Römer ihre Aufwartung zu machen. Wunderdinge erzählen die Quellen von dem Zusammentreffen der Macht und der Schönheit oder, mythologisch gesagt, von Mars (Kriegsgott) und Venus (Göttin der Liebe). Den Prunk im einzelnen zu beschreiben, mit dem sich Königin und Kriegsherr gegenseitig bewirtet haben sollen, führt hier zu weit. Wenn nur ein Bruchteil davon zutrifft, was darüber fabuliert worden ist, dann müssen Antonius und Kleopatra in einem Rausch der Sinne versunken sein.

Dass sie sich ihm nicht gänzlich ergeben konnten, lag an Octavian, der nur darauf gelauert hatte, den Ostrivalen zu demontieren. Das Kleopatra-Abenteuer kam ihm gerade recht, konnte er doch damit Stimmung gegen Antonius machen, dessen Ehefrau in Rom hatte zurückbleiben müssen. Antonius kümmerte das Gerede wenig. Er brachte seinerseits Gerüchte über homosexuelle Neigungen des Gegners in Umlauf. Schließlich schien es ihm doch geraten, sich wieder in der Welthauptstadt blicken zu lassen und damit seine dortige Anhängerschaft zu stärken. Noch einmal gelang zwischen den Kontrahenten ein Arrangement: Im Vertrag von Brindisi legten sie ihre Streitigkeiten bei. Ende 39 verließ Antonius Rom

Seeschlacht bei Actium

Er zog über Athen 37 wieder nach Ägypten zu Kleopatra und schenkte ihr ganze römische Provinzen; ihren 48 mit Caesar gezeugten Sohn Kaisarion erkannte er ausdrücklich an. Das musste Octavian erbosen, der ja nur von Caesar adoptiert war und sich nun einem legitimen Erben des großen Diktators gegenüber sah. Die Waffen sollten nun doch sprechen. Im Sommer 32 verlegte Antonius seine Streitmacht nach Griechenland, von wo er zum Sprung nach Italien ansetzen wollte. Er legte seine Flotte in den sicheren Golf von Ambrakia an der griechischen Westküste südlich von Korfu. Doch ehe er sich gesammelt hatte, war ihm Octavian zuvorgekommen und hatte seinerseits den Sprung nach Griechenland gewagt. Von Norden rückte er gegen die Stellung des Antonius bei Actium vor, während sein Admiral Marcus Vipsanius Agrippa (63–12), die Ausfahrten aus dem Golf blockierte. Antonius saß in der Falle. Beim Ausbruchsversuch am 2.9.31 verlor er seine Flotte, konnte sich aber mit Kleopatra nach Ägypten retten. Dort ereilte sie die Rache Octavians; die Liebenden begingen Selbstmord.

Kleopatra

Schon Jahre vor der Entscheidung hatte Antonius seinen letzten Willen in Rom hinterlegen lassen, der Wasser auf die Mühlen des Octavianus war. Ob er allerdings das Original bekannt machte, eine frisierte Fassung oder gar eine Fälschung, lässt sich nicht mehr zweifelsfrei feststellen. Antonius hatte darin verfügt, er wolle in Alexandria beigesetzt werden. Ein unverständlicher Affront gegen die römischen Patrioten, die bisher noch zu ihm gehalten hatten. Hatte ihn Kleopatra tatsächlich derart um den Verstand gebracht? Den antiken Historikern schien das so, sie nannten es „Zauberei". Heutzutage sprechen wir in solchen Fällen eher von Hörigkeit. Am besten trifft es wohl der Dichter. Bei Shakespeare heißt es über Kleopatra: „Alter macht sie nicht welken, täglicher Genuss lässt ihre ständig neuen Reize nicht zur Gewohnheit werden. Andere Frauen stillen den Liebeshunger durch Hingabe; sie facht nur heftiger noch die Glut an, je reichlicher sie sich schenkt. Durch sie wird das Verworfenste geadelt, so dass die Priester sie noch segnen, während sie sündigt."

Anfang vom Ende des Marcus Antonius: Seeschlacht bei Actium im Jahr 31. Nur wenigen Schiffen, darunter das mit Kleopatra und Antonius an Bord, gelang es, die Blockade durch die Flotte des Vipsanius Agrippa zu durchbrechen. Lorenzo A. Castro (um 1650–1700) malte das Drama 1672.

Vater des Vaterlandes

Der Prinzipat des Augustus (27 v. Chr.–14 n. Chr.)

Im Sommer des Jahres 29 konnte Octavian als nun alleiniger Herr des Riesenreichs triumphierend in Rom einziehen. Seine absolute Autorität wurde nicht nur nicht mehr beargwöhnt wie noch die seines Adoptivvaters, sondern begrüßt. Es war offenkundig geworden, dass nur eine unangefochtene Zentralmacht den inneren Frieden und die äußere Sicherheit würde stabil halten können. Einen Rückweg zur Republik gab es zwar nicht mehr, aber jede neue Herrschaft hatte sich in ihrer Tradition zu bewähren. Octavian verstand darunter, dass er künftig als Erster Bürger *(princeps)* gemeinsam mit dem Senat die Kräfte von Volk und Reich bündeln und einen friedlichen Neuanfang gestalten wollte. Volle vier Jahrzehnte sollte er dazu Gelegenheit haben und diese Frist so nutzen, dass der Glanz seiner Herrschaft bis heute strahlt. Vielen Menschen scheint es kein Zufall zu sein, dass die Zeitenwende nicht nur durch Christi Geburt markiert wird, sondern auch durch den Höhepunkt der Herrschaft des Augustus.

Militärmonarchie

Mit diesem Titel, zu deutsch „der Erhabene", stattete der Senat Octavian aus, als er ihm die Macht, die dieser formal am 13.1.27 dem Volk zurückgegeben hatte, wieder verlieh. Dazu gehörte nun auch die prokonsularische Befehlsgewalt auf zunächst zehn Jahre in den Provinzen Spanien, Gallien, Syrien und Ägypten, das er selbst für Rom erworben hatte. In diesen Gebieten standen fast alle Truppen des Imperiums und unterstanden damit allein ihm. Seine ohnehin unangefochtene Macht ruhte damit auch auf der militärischen Säule. Im Jahr 23 kam noch die Verleihung der lebenslangen tribunizischen Gewalt hinzu, mit der er jederzeit Gesetze einbringen und durchsetzen konnte. Zudem war damit die heilige Unverletzlichkeit *(sacrosanctitas)* verbunden und der Auftrag, stets als Anwalt des Volkes zu handeln. Diese umfassende Legitimierung krönte schließlich im Jahr 12 v. Chr. die Würde des obersten Priesters (siehe Kasten).

Es lief alles auf eine Vergöttlichung des Staatslenkers hinaus, die Augustus für sich aber ablehnte. Gefallen aber ließ er sich 2 v. Chr. die Erhebung zum Vater des Vaterlandes *(pater patriae)*, die ihn an die Seite des Reichsgründers Romulus stellte und damit ebenfalls in sakrale Höhen entrückte. Ebenso behinderte er nicht die Verehrung seines Geistes *(genius)*, wie sie in den Tempeln Roms üblich wurde. Darin wirkten Einflüsse aus dem Osten, wo die Übergänge zwischen irdischer und himmlischer Sphäre fließender waren und die römische Nüchternheit nicht hemmend wirkte. Hier in Rom sah man die enorme Machtfülle des ersten Kaisers (nach dem Namen Caesar gebildetes Wort) vorerst noch als legale Ballung republikanischer Befugnisse.

Pontifex Maximus

Die ursprünglich beim König liegende zentrale Kultgewalt wurde in der römischen Republik vom Kollegium der Pontifices *(Priester, wörtlich: Brückenbauer [zwischen Menschen- und Götterwelt]) wahrgenommen. Zu ihrer Zuständigkeit gehörte auch die Aufzeichnung der für den Staat wichtigsten Ereignisse, die Verwahrung der Prozessformeln und das Kalenderwesen. Vorsitzender des Gremiums war der* Pontifex Maximus, *der auf Lebzeiten gewählt wurde (Caesar beispielsweise im Jahr 64, nach dessen Ende 44 Lepidus). Da Politik und Religion eng verflochten waren, verfügte der oberste Priester über einigen Einfluss. Für Augustus war die Übernahme des Amtes nach dem Tod des Lepidus, seines einstigen Verbündeten im 2.* Triumvirat, *zur Abrundung seiner Macht wichtig. Bis ins 4. Jahrhundert führten die Kaiser den Titel; in christlicher Zeit ging er auf die Autorität des Bischofs von Rom, des Papstes, über.*

Um 20 v. Chr. entstand die berühmte Augustusstatue von Prima Porta (nördlich von Rom). Sie zeigt den „Erhabenen" barfuß und barhäuptig, wie es auch bei Götterstatuen üblich war. Zu seinen Füßen reitet eine Amorfigur auf einem Delphin, was ebenfalls göttliche Herkunft signalisieren sollte. Die Reliefs auf dem Brustpanzer stellen die Rückgabe der Feldzeichen des Crassus durch die Parther an Augustus dar.

Nachrichtenbörse Bad

Neue bauliche Akzente für Rom durch Agrippa (27–12)

Die Bürgerkriege des 1. Jahrhunderts v.Chr. hatten zu einem Stau von Bauvorhaben vor allem bei der Ausgestaltung der Welthauptstadt Rom geführt. Sie legte Augustus in die Hände des Marcus Vipsanius Agrippa, der uns schon als sein Flottenchef in der Schlacht bei Actium begegnet ist. Agrippa wiederum sicherte sich die Hilfe des genialen Architekten Vitruvius (siehe Kasten) und machte sich mit gewohnter Energie an die Arbeit: Das etwa 250 Hektar große Marsfeld *(campus Martius)* war jahrhundertelang Exerzier- und Sportplatz. Dort, vor Eintritt des Flusses in die Stadt, badete die Jugend bis zu Beginn des 1. Jahrhunderts v.Chr. im Tiber. Dann gab der Senat das Gebiet zur allgemeinen Nutzung und damit zur Verschmutzung frei. Agrippa mochte das nicht länger mitansehen und gestaltete den Platz zu einem – modern gesprochen – Freizeitpark aus, indem er Garten- und Sportanlagen schuf, diverse Gebäude, darunter das bis heute kaum veränderte Pantheon, errichten ließ. Hauptattraktion wurden die Agrippa-Thermen, große Badeanlagen mit Umkleide-, Aufwärm- und Abkühlräumen, Warmwasser- *(caldarium)*, Kaltwasser- *(frigidarium)* und Heißluftbad *(pyriaterium)*. Nur das letztere ging zunächst in Betrieb, als die Thermen 25 v.Chr. fertiggestellt waren, weil es noch an Frischwasserzufuhr mangelte. Erst als im Jahr 19 die Aqua Virgo genug Wasser lieferte, konnte die gesamte Anlage genutzt werden.

Fußbodenheizung

Dieser neueste Aquädukt, den ebenfalls Agrippa erbauen ließ, bot den Römern bestes Wasser aus den Sabiner Bergen. Die Leitung speiste den Badesee *(stagnum)* und die 85 mal 135 Meter großen Thermen. Eine große (25 Meter Innendurchmesser) runde, kuppelüberwölbte Haupthalle mit direkter Verbindung zum Pantheon bildete den Mittelpunkt. Hier spielte sich das gesellige Leben ab, hier erörterten Patienten mit ihren Ärzten die Anwendungen, hier wurden Nachrichten ausgetauscht. Bildwerke in Nischen und freistehende Skulpturen gliederten den Raum. Licht spendeten die Eingänge und einige Fenster, erstmals mit Scheiben aus Flachglas. Türen führten zu den mit Marmorfußböden ausgestatteten Bädern, zur Kasse und zu den Behandlungsräumen, wo Öl erhältlich war und Massagen angeboten wurden. Man beheizte den Bau von tiefergelegenen Feuerungsräumen aus für die Wand- und Hohlfußbodenheizung sowie für die Warmwasseraufbereitung. Aufwendige Systeme von Rohren für die Wasserzufuhr (ca. 18000 Kubikmeter am Tag) und aus Rinnen für die Entwässerung sicherten den Betrieb.

Vitruv

Persönlich ans bauliche Werk gehen für Agrippa konnte der alte Vitruvius (vor 84) kaum noch, denn er starb bald nach der Erhebung Ocatvians zum Augustus. Doch Vitruv, wie er verkürzt genannt wird, hinterließ ein Werk, das Maßstäbe bis in die Neuzeit setzte: „Zehn Bücher über Architektur"* (De architectura libri decem). *Darin hat der Ingenieur, der schon Caesar beriet, das gesamte bautechnische Wissen der Zeit zusammengefasst, und nicht nur das. Er verlangt vom Baumeister auch Kenntnisse auf anderen Gebieten, damit er menschengerecht bauen könne: Ohne medizinische Bildung etwa sei ein Architekt ebenso wenig denkbar wie ohne Grundwissen über Bau- und Wasserrecht. Besonders beeindruckend ist die Themenvielfalt, die Vitruv beispielsweise auf sanitärem Gebiet behandelt, von der Qualität, Sammlung und Entsorgung von Regenwasser über den Brunnenbau, über die technischen Anforderungen gemauerter Wasserleitungen wie solcher aus Blei, Ton oder Holz, über die Anlage von Thermen bis hin zur optimalen Nutzung von Heilquellen.*

Apollo als Gott der Musen schmückt eine Wand im Haus des Augustus auf dem Palatin, das nach aufwändiger Restaurierung Anfang 2008 zur Besichtigung freigegeben worden ist (maximal in Fünfergruppen). Dass auch bei diesem zwar schlichten, aber repräsentativen Bau Vitruv mindestens beratend tätig war, steht sehr zu vermuten.

Epos der römischen Tugenden

Blüte der lateinischen Poesie im Zeitalter des Augustus

Nicht nur die Baukunst hatte unter der Revolution gelitten, auch die Poesie kümmerte dahin; Ausnahme Catull (siehe Kasten). Zwar hatten bedeutende Prosa-Stilisten wie der Redner Cicero, der Historiker Sallust und der Diktator Caesar selbst Beachtliches publiziert, doch die „schöne" Literatur erblühte erst wieder unter der Friedenssonne der augusteischen Epoche: Publius Vergilius Maro (70–19), kurz Vergil genannt, schuf seit 29 mit der *„Aeneis"* das große Epos der römischen Tugenden, versammelt in der Gestalt des pflichtbewussten Helden Aeneas, angeblich durch seinen Sohn Iulus Ahnherr des Geschlechts der Julier, zu dem Caesar und Augustus zählten. Andere Völker mögen kulturell noch so Wertvolles hervorbringen, heißt es bei Vergil, das Imperium müsse andere Prioritäten setzen. Und er fährt mit direktem Bezug auf den Kaiser fort: „Du sei, Römer, bedacht, mit Macht die Völker zu lenken –/ das ist die Kunst, die dir ziemt – und sie zu gewöhnen zum Frieden,/ mild dem gehorchenden Volk und dämpfend des Übermuts Willkür."

Catull

Der aus Oberitalien stammende Gaius Valerius Catullus, eingedeutscht Catull, geboren um 85, schrieb in der Umbruchzeit der Republik zunächst Liebesgedichte nach dem Muster der alexandrinischen Poesie, fand dann aber zu einem sehr eigenen frisch-empfindsamen Ton in den Versen an seine Geliebte Lesbia, ein Namensspiel mit der berühmten griechischen Dichterin Sappho (6. Jahrhundert v. Chr.), die auf der Insel Lesbos lebte. In den etwa 120 überlieferten meist kurzen Gedichten, den scheinbar leichthändig hingestreuten „Kleinigkeiten" (nugae), *gelangen dem früh vollendeten Dichter (†54 v. Chr.) einfache und doch anrührende Strophen: „Wie viele Küsse von dir mir genügen, fragst du, Lesbia? Wie groß die Zahl der libyschen Sandkörner ist, … wie viele Sterne in klarer Nacht vom Himmel schauen, … so viele Küsse erst wären dem liebeskranken Catull genug."*

Natur- und Liebesstrophen

Befreundet mit Vergil war der Lyriker Quintus Horatius Flaccus (65–8), verknappt Horaz genannt. Wie der Epiker, so war auch er von Maecenas (70–8), Urbild aller Mäzene und Freund des Augustus, in dessen Poetenkreis aufgenommen worden. Seine in Anlehnung an klassische griechische Vorbilder verfassten „Oden" *(Carmina)* haben die lyrische Weltliteratur nachhaltig beeinflusst. Horaz schrieb neben kunstvollen Natur- und Liebesstrophen auch Dankgedichte an den Kaiser, dessen maßvolle Politik die Künste wieder gedeihen lasse und dessen Herrschaft weitgehend ohne Gewalt auskomme: „Solang August die Welt als Hort bewacht,/ wird nirgends blinde Wut sich Waffen schmieden;/ kein Bürgerkrieg, kein Aufruhr, keine Macht/ zerstört fortan uns den geschenkten Frieden."

Etwas jünger und weniger staatsfromm war Publius Ovidius Naso (43 v. Chr.–17 n. Chr.) oder kurz Ovid. Er hatte großen Erfolg mit Liebesgedichten *(„Amores")* und mit Liebesbriefen von Göttern und Helden *(„Heroides")*. Aufsehen erregte seine Liebeskunst *(„Ars amatoria")*, in der er Tipps zum Kennenlernen und zum Gewinnen eines Partners sowie zur Stabilisierung der Bindung gibt; erotische Details sind zwar diskret und knapp gehalten, doch waren sie wohl die eigentliche Sensation. Das sah zu seinem Missfallen auch der auf Sittenstrenge bedachte Kaiser Augustus so und schickte den Dichter im Jahr 8 v. Chr. in die Verbannung. Trotz vieler Eingaben durfte Ovid nicht wieder nach Rom zurück. Mit seinem Hauptwerk, den „Metamorphosen", schuf er ein farbiges Bild der griechisch-römischen Mythenwelt.

Um die Zeitenwende ist dieses Wandgemälde in Pompeji entstanden. Es zeigt ein sinnendes Mädchen mit Schreibtäfelchen und Griffel, deswegen „Sappho" genannt nach der altgriechischen Dichterin. Catull war einer ihrer Bewunderer und nannte die Geliebte Lesbia in seinem Gedichten nach Sapphos Heimatinsel Lesbos.

Gegen den Sittenverfall

Augustus und der Frieden (27 v. Chr.–14 n. Chr.)

So wichtig sein Adoptivvater Caesar für den Aufstieg des Augustus gewesen war, so anders verstanden beide ihre Herrschaft. Nicht eine Art hellenistischer Monarchie schwebte dem Neffen vor, sondern eine Erneuerung des ursprünglichen Römertums, sittlich, kultisch und vom Gemeinschaftsgedanken getragen. Entsprechend respektvoll als Erster unter Gleichen behandelte er die Senatoren und überließ ihnen wichtige Verwaltungsaufgaben, ohne dass er freilich die Zügel aus der Hand gab. Zugleich achtete er streng auf ihre Eignung und entfernte Männer aus dem Gremium, die ihm unqualifiziert oder bestechlich erschienen. Durch Ehegesetze und Vorschriften zur Lebensgestaltung versuchte er Verschwendungssucht, Sittenverfall und Kinderlosigkeit in den führenden Schichten zu bekämpfen. Damit hatte er wenig Erfolg, wie sich auch Religiosität nicht kommandieren ließ, so dass es lediglich bei einer formalen Wiederbelebung der alten Kulte blieb. Deren Erosion war bereits zu weit fortgeschritten.

Die Bemühungen trugen dennoch insoweit Früchte, als das römische Vorbild auf die Provinzen ausstrahlte, wenn auch vornehmlich auf die westlichen, die wenig vom Hellenismus beeinflusst waren. Von dort, insbesondere aus Spanien und Gallien, sollte bald der Nachwuchs für hohe Posten in Staat, Heer und Gesellschaft kommen. Entscheidend dafür war auch, dass Augustus die senatorische Misswirtschaft in den Provinzen brach, indem er nicht mehr ausgedienten Amtsträgern die dortige Herrschaft überließ, sondern ein Berufsbeamtentum schuf, das dank fester Bezüge und Aufsicht durch Ämter in Rom die Untertanen schonender behandelte. Kaiserliche *Legaten* und *Prokuratoren* als Leiter der Finanzen lösten *Prokonsuln* und *Proprätoren* ab.

Konzentration auf Grenzsicherung

So konsolidierte sich das Reich auch an der Peripherie, und sie hatte damit teil am augusteischen Frieden (*pax Augusta* oder *pax Romana*), wenn auch nicht in dem Maß wie das Kerngebiet und Rom selbst. Im Jahr 9 v. Chr. wurde ein Altar des Friedens *(ara pacis)* auf dem Marsfeld geweiht, wo Augustus auch sein Mausoleum errichten ließ (siehe Kasten). Er war eben kein Kriegsherr, und er hielt das Volk für erschöpft von den unzähligen bewaffneten Konflikten der letzten Jahrzehnte. Militär diente der Grenzsicherung, was manchmal auch Vorschieben der Grenzen hieß, in erster Linie aber die ungestörte Entwicklung des Staates garantieren sollte. Augustus setzte daher die Sollstärke des Heeres auf 25 Legionen (mit fremden Hilfstruppen insgesamt etwa 300 000 Mann) Berufssoldaten herab und stationierte sie fast ausschließlich in den kaiserlichen Provinzen; in Rom stand ihm nur die Leibgarde der Prätorianer zur Verfügung.

Grabmal des Augustus

Schon bald nach seinem umjubelten Einzug in Rom nach dem Sieg über Antonius im Jahr 29 gab der kommende erste Kaiser des Reiches den Auftrag, ihm ein Grabmal auf dem Marsfeld zu errichten (23 fertiggestellt). Er wählte einen Rundbau (tumulus)*, wie er bei den Etruskern üblich gewesen war, sprach aber selbst von „Mausoleum", womit er Bezug nahm auf eines der sieben Weltwunder der Antike, die fünfzig Meter hohe Beisetzungsstätte des Königs Mausolos von Karien († 353 v. Chr.) in Halikarnassos. Ganz so groß fiel das Augustus-Grab nicht aus, erreichte aber mit dem zwölf Meter hohen Sockel und einer Statue auf der Spitze auch 44 Meter. Der Durchmesser betrug 87 Meter, und man erreichte die Grabkammer* (cella) *durch einen langen Gang und eine Vorhalle. Ehe der Kaiser hier 14 n. Chr. die letzte Ruhe fand, ließ er darin Verwandte und 12 v. Chr. auch seinen Freund Agrippa beisetzen.*

Reich mit Reliefs geschmückt war der augusteische Friedensaltar (ara pacis), *der 9 v. Chr. auf dem Marsfeld eingeweiht wurde. Die Szene zeigt Mutter Erde* (terra mater) *mit Kindern, Blumen, Früchten und Vieh sowie Personifikationen des Himmels (links) und des Meeres.*

Puffergebiete im Norden

Bereinigung des Vorfelds in Germanien (16 v. Chr.–9 n. Chr.)

Wie schon an der Grenzsicherungspolitik gesehen, die durchaus auch einmal offensiv betrieben wurde, war radikale Friedfertigkeit selbst einem dezidierten Nichtsoldaten wie Augustus fremd. Nach seinem Selbstverständnis hatte das Reich ein Recht zur Vorwärtsverteidigung und bei Grenzverletzungen auch zu Strafexpeditionen. Im Osten kam der Kaiser den Parthern gegenüber mit vertraglichen Regelungen aus. Im Norden dagegen mussten erst noch sichere Auffanglinien gefunden werden. Die Grenze verlief den Rhein hinauf durch die Alpen zur Adria, so dass ein Eindringen germanischer oder keltischer Stämme selbst nach Italien nicht auszuschließen war. Erst die Donaugrenze würde ein Vorfeld schaffen, in dem etwaige Vorstöße sich abwehren ließen.

Zum Bodensee und nach Thüringen

Im Jahr 16 v. Chr. unternahmen daher die kaiserlichen Stiefsöhne Claudius Drusus (38–9 v. Chr.) mit dem späteren Beinamen Germanicus und Tiberius Iulius Caesar (42 v. Chr.–37 n. Chr.), später Thronerbe, Feldzüge bis zum Bodensee und zur oberen Donau. Die Provinzen Raetia und Noricum (Österreich) wurden dabei dem Reich angegliedert. Doch auch die Rheingrenze schien Augustus nicht hinreichend sicher, da immer wieder germanische Einbrüche im östlichen Gallien abgeriegelt werden mussten. Er nahm daher die Rheingrenze ins Visier und ließ Drusus seit 12 v. Chr. vom Mittel- und Niederrhein her zur nördlichen Elbe vorrücken. In dreijährigen Operationen erreichten dessen Truppen die Saale in Thüringen. Als Drusus nach einem Sturz vom Pferd starb, übernahm auch hier Tiberius das Kommando und vollendete die Sicherung des Glacis. Die römischen Legionen kontrollierten damit auch das Gebiet des heutigen Nordwestdeutschlands nördlich der Mittelgebirge.

Eine ganze Reihe germanischer Stämme, darunter auch die Cherusker, gerieten unter römische Provinzialverwaltung und mussten Hilfstruppen, oft auch Geiseln aus vornehmen Familien stellen. Der Stamm der Markomannen im Maingebiet unter ihrem König Marbod wich hingegen nach Böhmen zurück und gründete dort ein erstes größeres germanisches Staatswesen. Wäre es nach Tiberius gegangen, hätte es sich gar nicht erst entwickeln können, denn er plante bereits den Angriff über die umgebenden Gebirgszüge hinweg. Als er im Jahr 6 n. Chr. seine Verbände dazu umgruppierte, erreichten ihn jedoch Meldungen von Aufständen in Illyrien (Dalmatien) und Pannonien (Ungarn, siehe Kasten). Alle Kräfte wurden jetzt dort gebraucht. Marbod gewann eine Atempause, und die Germanen im bereits römisch kontrollierten Gebiet witterten neue Chancen.

Pannonischer Aufstand

Das Bild vom Friedenskaiser Augustus erhält erhebliche Kratzer in der Außenperspektive. Nach Norden expandierte Rom so stark wie allenfalls zur Zeit der Eroberung Galliens durch Caesar. Pannonien etwa, das Gebiet nördlich der Adria bis zur Drau, war erst unter Augustus in römische Hand gebracht worden. Durch die germanischen Expeditionen und die geplante Offensive gegen Marbod fehlte aber die nötige militärische Kontrolle, so dass die Pannonier Unabhängigkeitshoffnungen zu nähren begannen. Nicht einmal unberechtigte, wie sich zeigen sollte, denn die Römer unter Tiberius wären um ein Haar zu spät gekommen, den Abfall der Provinz zu stoppen. Erst dem Einsatz von rund 100 000 Mann gelang es, eine Offensive der Aufständischen Richtung Italien zum Stehen zu bringen. Drei Jahre (6–9 n. Chr.) wogte das Ringen hin und her, ehe die Weltmacht das kleine Volk erneut bezwungen hatte. Bei koordiniertem Kampf der Dalmatier und Pannonier wäre das Gebiet nicht zu retten gewesen.

Mit den römischen Legionen kam auch die römische Kultur in die neuen Provinzen. Das Fresko einer jungen Frau mit Lorbeerkranz wurde im antiken Virunum am Südhang des Magdalensberges im heutigen Kärnten (Noricum) in Österreich ausgegraben. Im 1. Jh. n. Chr. gegründet, entwickelte sich die Stadt schnell zu einem wichtigen Handelsplatz.

Hinterhalt gegen die Übermacht

Triumph des Arminius über die Römer bei Kalkriese (9 n. Chr.)

Zum Eroberungsprogramm der Römer gehörte immer das Bemühen, die Unterworfenen an die römische Kultur heranzuführen und damit eine innere Bindung an das Reich herzustellen. Das geschah durch Rekrutierung von Hilfstruppen ebenso wie durch die Verbringung von Kindern und Jugendlichen aus vornehmen Familien nach Rom. So erging es auch einem Fürstensohn der Cherusker, den die Römer Arminius nannten; sein überlieferter deutscher Name Hermann dürfte eine weit spätere Benennung sein. Um 18 v. Chr. geboren, kam er wohl schon als Sechsjähriger nach Rom und blieb dort bis 7 n. Chr. Er trat in den Heeresdienst ein und erwies sich als offenbar so talentiert, dass er die Ritterwürde und das römische Bürgerrecht erlangte. Ein Sendbote des Römertums aber wurde nicht aus ihm. Er kehrte zu seinem Stamm zurück, der zwischen Rhein und Weser siedelte und nutzte sogleich die Unruhen in Pannonien (Ungarn) zum Schmieden einer germanischen Widerstandsfront aus insgesamt elf Stämmen gegen die Besatzer, gegen ihr Rechts- und vor allem gegen ihr Steuersystem.

Die Römer hielten sich aber vornehmlich in festen Plätzen auf, und waren trotz der Schwächung durch Abgabe von Truppen an die Donaufront kaum angreifbar. Eine Gelegenheit bot sich erst, als drei Legionen (gut 20 000 Mann) unter dem Befehlshaber Varus (siehe Kasten) im Jahr 9 n. Chr. von der Weser in die Winterquartiere verlegt wurden. Doch auch auf dem Marsch auf vorgezeichneten Wegen wäre ein Angriff gegen die materiell überlegenen Truppen riskant gewesen. Mit einem Gerücht über römerfeindliche Ausschreitungen etwas abseits der gewohnten Route lockte Arminius den Gegner in unwegsames Gelände, wo sich dessen Reiterei nicht entfalten und die Germanen den Überrumpelungseffekt am besten ausnutzen konnten. In einer viertägigen Schlacht wurden die Legionen fast vollständig vernichtet; Varus gab sich verwundet den Tod.

Tödliche Falle

Wo sich die Katastrophe für die Römer abgespielt hat, ist bis heute strittig. Viel spricht für den Ortsteil Kalkriese der Stadt Bramsche im Osnabrücker Land. Die Bezeichnung „Schlacht im Teutoburger Wald" trifft wohl nur hinsichtlich der dichten Bewaldung des Kampfgebiets zu, die aus dem germanischen Hinterhalt die tödliche Falle machte. Trotz der ungeheuren Verluste geriet die römische Macht allenfalls regional ins Wanken und wäre auf Sicht auch rechtsrheinisch wieder zu festigen gewesen. Unter dem Augustus-Nachfolger Tiberius jedoch, der Germanien von der eigenen Kriegführung her genau kannte, setzte sich die Meinung durch, dass die Rhein-Donau-Grenze für die Reichssicherung genüge. Von Arminius ging zudem keine Gefahr mehr aus; er fiel im Jahr 21 einem Anschlag zum Opfer.

Publius Quinctilius Varus

Die römische Geschichtsschreibung ist sich einig im Urteil über Publius Quinctilius Varus, den Verlierer der Schlacht gegen Arminius: Ihm wird politisches, menschliches und militärisches Versagen vorgeworfen. Dahinter steckt aber eher eine Sündenbockstrategie. Zumindest teilweise, denn der um 47 v. Chr. geborene Varus hatte sich als Statthalter in der an das Partherreich grenzenden Provinz Syria (6–4 v. Chr.) durchaus in schwierigen Situationen bewährt und sogar die Krise im von Rom abhängigen Juda nach dem Tod des Königs Herodes (4 v. Chr.) entschlossen gemeistert. Wenn man ihm in Germanien Fehlverhalten vorwerfen konnte, dann allenfalls insofern, dass er dem Arminius als römisch erzogenem Fürsten trotz mancher Warnung zuviel Vertrauen schenkte. Dadurch erst zog sich der mit einer Augustus-Nichte verheiratete Varus das Image eines Versagers zu.

Eines der zahlreichen Beweisstücke, die für einen Schlachtort bei Bramsche-Kalkriese im Osnabrücker Land sprechen, ist diese dort 1987 gefundene Gesichtsmaske eines römischen Legionärs. Sie lässt gute Rückschlüsse auf das individuelle Aussehen des Trägers zu, der bei der Kavallerie diente.

Mit Gift und Dolch

Die Epoche des Augustus-Nachfolgers Tiberius (14–37)

Je länger Augustus Roms Geschicke lenkte, desto besorgter fragten sich die Menschen, wie es nach ihm weitergehen sollte, und am besorgtesten fragte sich das der Kaiser selbst. Er hatte keine direkten männlichen Nachkommen, in denen seine Tugenden nach römischem Ahnenglauben weiterleben würden. Blieben die beiden von ihm adoptierten Söhne Livias (58 v. Chr.–29 n. Chr.), seiner dritten Frau, die er nach einer von ihm erzwungenen Scheidung 38 geheiratet hatte: Tiberius, geboren 42, und Drusus, geboren 38 v. Chr. Sie entsprachen auch nur in Maßen seinen Vorstellungen vom idealen Nachfolger, waren aber wenigstens militärisch tüchtig. Die Wahl zwischen ihnen entfiel dann, weil Drusus schon 9 v. Chr. bei einem Reitunfall umkam.

Obwohl Tiberius wegen seiner schroffen Umgangsformen wenig beliebt war, rührte sich keinerlei Opposition gegen ihn im Senat, denn die alles überstrahlende Autorität des Augustus verbot auch noch nach seinem Tod jede Kritik an seinen Verfügungen. Unter dem nach der Adoption 4 v. Chr. angenommenen Namen Tiberius Iulius Caesar, der den aus der Familie der Claudier stammenden Mann auch als Angehörigen der Sippe der Julier auswies, trat der zweite Kaiser 14. n. Chr. sein Amt an. Es wurde erneut eine lange Regierungszeit (bis 37), aber eine düstere, überschattet von politischem Mord und üblen Intrigen. So konnten zwielichtige Figuren wie Seianus (20 v. Chr.–31 n. Chr.), Kommandeur der Prätorianer, ungeahnte Machtfülle gewinnen und eine Art Nebenregierung aufbauen.

Aufstieg und Fall eines Günstlings

Diesem Gardepräfekten gelang es, den Kaiser, der sich in Rom immer weniger wohl fühlte, im Jahr 27 zur Verlegung seiner Residenz auf die idyllische Insel Capri zu verleiten. Dadurch konnte Seianus in der Hauptstadt fast beliebig agieren und tatsächliche wie angebliche Rivalen, auch solche aus der kaiserlichen Familie, mit Gift oder Dolch beseitigen. Erst als Tiberius erkannte, dass der Ehrgeizling auch vor Plänen nicht zurückschreckte, die ganze Macht („den Purpur") zu usurpieren, ließ er ihm vom Senat den Prozess machen und ihn mit seinen Kindern hinrichten; der Leichnam wurde zur Abschreckung öffentlich ausgestellt. Von der *pax Augusta* im Innern des Reiches konnte keine Rede mehr sein.

Jesus Christus

Hellenistische Kulte aus dem Osten verdrängten mehr und mehr die angestammten römischen. In die Regierungszeit des Tiberius fiel nun das religiöse Wirken eines Mannes, nach dessen (um etwa vier Jahr zu spät datierter) Geburt das Abendland die Zeit einteilt: Jesus aus Nazareth in Palästina. Seine Botschaft bestand im Wesentlichen im Anspruch, er sei Christus (= der Gesalbte), der von Gott, seinem Vater, gesandte „Menschensohn". Der Zulauf, den Jesus bald fand, beunruhigte das jüdische Establishment. Er aber setzte aufs Volk, und zwar nicht nur auf das „auserwählte Volk" Israel, sondern auf alle Menschen, die ihm zu folgen und an ihn zu glauben bereit waren und sind. Jesus geriet in die Mühlen der jüdischen Glaubensjustiz, die ihn beim römischen Prokurator Pilatus bezichtigte, er beanspruche „König der Juden" zu sein. Das war Hochverrat und führte zur Hinrichtung Jesu 30 n. Chr. am Kreuz. Die christliche Überlieferung nimmt dieses Ende als Anfang in zweierlei Sinn: Jesus überwand nach seinem Hinscheiden den Tod, erschien vielen Zeugen nach drei Tagen (Ostern) wieder als Auferstandener und wurde schließlich zu Gott erhoben (Himmelfahrt). Sein Leiden und Sterben verstehen die Christen als Erlösung der Menschen. Sie wird vollendet sein, wenn Christus am Ende aller Tage wiederkommt „zu richten die Lebendigen und die Toten".

Friedenskaiser Augustus verdankte seinem Adoptivsohn Tiberius viel. Er sicherte die unruhige Nordgrenze des Reiches und wurde um 10 n. Chr. dafür mit einem Triumphzug geehrt. Das Onyx-Relief zeigt oben Tiberius vor dem Vater und der Göttin Roma, unten mitgeführte germanische Gefangene.

Prätorianer als Kaisermacher

Verfall der julisch-claudischen Dynastie (37–68)

Wer beim Tod des Tiberius aufgeatmet hatte, durfte das bald bereuen: Da der als Nachfolger vorgesehene Claudius Germanicus schon 19 n. Chr. gefallen war, kam nun dessen Sohn Gaius Caesar Augustus, geboren 12 n. Chr., zum Zuge, besser bekannt unter dem schon als Kind empfangenen Spitznamen Caligula (= [Soldaten-]Stiefelchen). Berüchtigt wurde er nach durchaus vernünftigen politischen Anfängen durch wirre Fantasien und einen ausgeprägten Verfolgungswahn. Er sah sich selbst als Gott und erstickte jedwede Kritik als Lästerung im Keim durch Schauprozesse, in denen Todesurteile von vornherein feststanden. Dass sein seit dieser Zeit als Cäsarenwahnsinn bezeichneter Blutrausch nicht schlimmere Folgen hatte, lässt sich nur mit der inzwischen erreichten Stabilität des Reiches erklären. Der von Caligula schwer gedemütigte Senat und die Prätorianer organisierten schließlich im Jahr 41 seine Ermordung.

Fatale Adoption

Hoffnungen auf eine Rückkehr zur Republik aber erfüllten sich nicht. Die Garde erhob den schon fünfzig Jahre alten Claudius, einen Onkel des Kaisers, zum Nachfolger. Gegen die Elitetruppe wagte niemand einzuschreiten. Der neue Kaiser erwies sich als besonnener Regent, der allerdings eine blühende Günstlingswirtschaft entwickelte und Verwaltungsaufgaben mit Vorliebe seinen Freigelassenen übertrug, die ihm besonders verpflichtet waren; der Senat geriet erneut an den Rand. Vielleicht ist auf diesen Einfluss die von Claudius verfügte Besserstellung der Sklaven zurückzuführen. Verdienste erwarb sich der Kaiser als Bauherr zweier Aquädukte (siehe Kasten). Viermal war er verheiratet, darunter mit der sittenlosen Messalina, die er 48 hinrichten ließ und danach mit Agrippina, die den damals elfjährigen Sohn Lucius Domitius Ahenobarbus (Geschlechterbeiname „Rotbart") in die Ehe mitbrachte. Sie beseitigte ihren Mann 54 durch Giftmord, damit der vom Kaiser adoptierte Sohn die Nachfolge antreten konnte.

Der als Kaiser Nero genannte junge Mann, „dankte" es ihr, indem er sie 59 seinerseits aus Angst vor ihren Machtgelüsten umbringen ließ und auch sonst vor politischem Mord nicht zurückschreckte. Trotz einiger außenpolitischer Erfolge eskalierte der Konflikt mit dem Senat, der Neros Prunksucht und Schuldenwirtschaft missbilligte. Obwohl der Kaiser beim Ausbruch des großen Brandes von Rom im Jahr 64 in Antium kurte, wurde dem Möchtegern-Dichter und -Sänger die Brandstiftung und der Tod zahlloser Bürger angelastet. Doch erst als selbst die Prätorianer den Despoten fallen ließen, war Nero 68 am Ende und gab sich selbst den Tod.

Wasserversorgung

Zwei Aquädukte konnte Claudius an seinem 62. Geburtstag, dem 1.8.52, nach 14-jähriger Bauzeit einweihen, die nach ihm benannte Aqua Claudia und die Aqua Anio Novus. Der Schriftsteller Plinius d.Ä. (23–79) schwärmte über die Bauwerke, „dass es auf der ganzen Erde nichts Bewundernswürdigeres gibt". Die auf den letzten Kilometern übereinander geführten, 69 und 86 Kilometer langen Leitungen erreichten Rom durch unterirdisch begehbare Stollen und über schlanke Stützbogen in rund dreißig Metern Höhe, so dass sie selbst Hügelbauten Roms mit Wasser beliefern konnten. Es kam aus dem Quellgebiet des linken Tiber-Nebenflusses Aniene und aus dem Fluss selbst, der dafür aufgestaut wurde zum Absetzen der Schwebstoffe. Ganz klar kam das Wasser immer noch nicht bis zur Stadt, wo nochmals Absetzbecken zwischengeschaltet werden mussten, ehe die Leitungen in der Nähe der Porta Maggiora in den Verteilungsbau (castellum dividiculum) *mündeten.*

Ganzfigur des unreifen Jünglings Nero (um 50 n. Chr.). Diese Unreife verließ ihn auch als Kaiser nicht. Er gierte nach Beifall, war bar allen Mitleids, verlor unter den Schmeicheleien der Höflinge jede Selbstkritik und litt in seiner scheinbaren Allmacht unter wachsendem Realitätsverlust.

Zeitgemäß brutal

Der Brand, die Christen und der kaiserliche Prunk

Dass Nero beim Ausbruch des verheerenden Brandes in Rom 64 sozusagen ein Alibi hatte, konnte die Gerüchtmaschine nicht stoppen. Er hatte ja seine Leute, allen voran Gaius Ofonius Tigellinus, den seit 62 amtierenden skrupellosen Prätorianerpräfekten. Der würde schon dafür gesorgt haben, dass die kaiserliche Weisung zur Brandstiftung unauffällig ausgeführt wurde. Dass ein Herrscher sofort an den Ort einer derartigen Katastrophe eilt, ist eigentlich selbstverständlich, doch Nero wurde auch dies als Schuldeingeständnis ausgelegt, zumal er das Geschehen vom Maecenas-Turm aus fasziniert beobachtet und dabei begeistert Verse vom Untergang Trojas rezitiert haben soll. Man traute ihm zu, dass er die Hauptstadt abfackeln ließ, damit er sich als Erbauer einer neuen profilieren und sie womöglich auch noch nach sich benennen lassen konnte. Dass er sich ein großes Areal für seinen gigantischen neuen Palast (siehe Kasten) reservierte, nährte den Verdacht weiter.

Menschliche Fackeln

Und dass er sogleich Schuldige für den Brand präsentierte, machte ebenfalls stutzig: Die „Christen" sollten die Feuerteufel gewesen sein, eine kleine Sekte aus dem Osten, aufgebaut von zwei wortgewaltigen jüdischen Männern namens Paulus und Petrus und inzwischen mehrere Tausend Mitglieder stark. Nun gibt es Berichte, dass viele Christen Geständnisse abgelegt hätten, keineswegs nur solche, die unter der Folter erpresst worden waren. Manche dieser religiösen Eiferer sahen augenscheinlich im Feuer ein Flammzeichen dafür, dass ihr Gott Christus nun bald zum Jüngsten Gericht erscheinen werde und dass alles Irdische mithin ohnedies eitel sei und der Verdammnis anheimfallen werde. Insofern ist es zumindest problematisch von einer auf Rom beschränkten Christenverfolgung unter Nero zu sprechen, auch wenn viele Menschen zeitgemäß brutal hingerichtet wurden; einige ließ man als Pech-Fackeln in den öffentlichen Gärten verbrennen, andere im Circus von Hunden zerreißen, wieder andere kreuzigen. Nach christlicher Überlieferung sollen auch die beiden genannten Gemeindeführer oder Apostel (= Sendboten Gottes) Opfer der kaiserlichen Justiz geworden sein.

Goldenes Haus

Der Name „domus aurea" für Neros Palast-Neubau war nicht übertrieben: Im „Goldenen Haus" wurde an nichts gespart. Die Anlage bedeckte eine Fläche von fünfzig Hektar. Die Vorderseite des eigentlichen Palastes bildete ein rund 300 Meter langer Säulengang bis zu der Stelle, wo heute die Ruine des Kolosseums steht. Hier ließ Nero einen künstlichen See anlegen. Dahinter betrat man ein weitläufiges Garten- und Parkgelände. Die Innenräume des 210 mal 50 Meter großen Palastgebäudes prunkten mit Gold, edlen Steinen und Muschel-Schmuck. Die Wände schmückten Gemälde des Stuckmalers Famulus, im Volksmund wegen seiner fantastischen Motive „Fabulus" genannt. Ein achteckiger Speisesaal soll ein drehbares Gewölbe mit Tag- und Nachthimmel gehabt haben, die Decken anderer Speiseräume waren mit Elfenbeinplatten getäfelt. Sie ließen sich zum Einwurf von Blumenregen oder zum Verströmen von Duftwolken öffnen. Frischwasser ließ Nero durch einen Abzweig von der Aqua Claudia seiner Residenz zuleiten. Eine Besonderheit im Palast waren Becken mit Meerwasser oder mit Wasser der Albulaquellen zwanzig Kilometer östlich von Rom. Nero nämlich litt an einer Hautkrankheit: „Sein Körper war mit Flecken bedeckt und übelriechend", heißt es bei Sueton. Meerwasser wirkte da lindernd, und die weißlichen Aquae Albulae, alaun- und schwefelhaltig, brachten die Ausschläge vorübergehend sogar zum Verschwinden.

Der Blick in die sogenannte Sala Ottagona vermag nicht mehr als einen ungefähren Eindruck der einstigen Größe und Pracht von Neros Goldenem Haus am Esquilin zu geben.

Erneuerung des Prinzipats

Herrschaft der flavischen Kaiser (69–96)

Mit Nero war das julisch-claudische Kaiserhaus erloschen, das nach dem großen Augustus nur mäßig begabte bis unfähige und vor allem unwürdige Herrscher hervorgebracht hatte. Zu mehr als mörderischem Einschreiten aber hatte sich auch der Senat nicht aufraffen können und die Initiative mehr und mehr den Prätorianern überlassen. Dagegen machte das Heer in den kaiserlichen Provinzen Front: Die Offiziere waren nicht mehr bereit hinzunehmen, dass über die Thronfolge allein in Rom entschieden wurde und dass ihnen Misswirtschaft und Willkürherrschaft die Basis entzogen. Gegen den Prätorianer-Kandidaten Marcus Salvius Otho, geboren 32, der als Ehemann der Nero-Geliebten Poppaea Karriere gemacht hatte, stellten sie erst den Mittsechziger Sulpicius Galba aus Spanien auf und nach dessen Scheitern den zehn Jahre jüngeren Aulus Vitellius von der Rheinarmee.

Frische Kraft aus den Provinzen

Dieser konnte sich zwar gegen Otho durchsetzen, nicht aber reichsweit, denn in der Provinz Syria erhoben die Legionen ihren sechzigjährigen Oberbefehlshaber Titus Flavius Vespasianus zum Kaiser, den auch der Senat insgeheim favorisierte. Er besiegte Vitellius 69 und war damit der vierte Herrscher in nur einem Jahr. Anders als seine adligen Vorgänger stammte Vespasian aus bürgerlicher italischer Familie. Toleranz, Einfachheit und Ordnung zogen bei Hofe wieder ein und stabilisierten die Herrschaft des zupackenden Soldaten. Er berief sich bewusst auf die Tugenden des Augustus, dessen Idee von der Herrschaft eines Ersten unter Gleichen *(Prinzipat)* er erneuerte, indem er mit dem Senat vertrauensvoll zusammenarbeitete. Durch politischen Mord war das Gremium freilich dezimiert worden; Vespasian ergänzte es bevorzugt durch verdiente Männer aus den Provinzen.

So kam frische Kraft nach Rom, wo die Menschen aufatmeten und dem Kaiser wie seinem 79 nachfolgenden Sohn Titus dankbar waren. Trotz aller Sparsamkeit sorgten beide Kaiser für die Verschönerung der Hauptstadt (u.a. Wiederaufbau des zerstörten Kapitols) und für Zerstreuung. Der Stern des flavischen Kaiserhauses begann zu sinken, als nach dem Tod des erst 41-jährigen Titus im Jahr 81 sein jüngerer Bruder Domitian, geboren 51, den Thron erbte. Er kehrte zurück zum hellenistischen Herrscherideal und pflegte seine Verordnungen mit der Formel einzuleiten: „Euer Herr und Gott befiehlt euch!" Das musste trotz umsichtiger sonstiger Politik zu Spannungen mit dem Senat führen und im Volk böses Blut machen. Eine Palastrevolution beseitigte den Tyrannen nach anderthalb Jahrzehnten zunehmend blutiger Herrschaft im Jahr 96.

Kolosseum

Imposantester in Teilen erhaltener altrömischer Großbau ist das von den Kaisern Vespasian und Titus 79/80 eröffnete Flavisches Theater (theatrum flavium), *das später nach der dortigen Kolossalstatue Kaiser Neros (30 Meter hoch) Kolosseum genannt wurde. Knapp 50 Meter in der Höhe misst der vierstöckige elliptische Bau bei einer Grundfläche von 188 mal 156 Metern. Er fasste seinerzeit rund 50 000 Zuschauer. Bis ins 5. Jahrhundert wurde ihnen hier alles geboten, was an sportlichen, kämpferischen und mörderischen Sensationen denkbar war bis hin zu Miniatur-Seeschlachten* (naumachiae), *bei denen die Arena geflutet wurde. Hier starben auch unzählige Christen bei den schon bald nach der Eröffnung einsetzenden Verfolgungen. Deswegen nahm sich die Kirche des Gebäudes im 18. Jahrhundert an, das sonst wohl wie viele andere antiken Baudenkmäler als Steinbruch der neuzeitlichen Wachstumsphase Roms zum Opfer gefallen wäre.*

Vespasian ließ schon im dritten Jahr seiner Amtszeit mit dem Bau des Flavischen Theaters (theatrum flavium) beginnen. Eingeweiht wurde es vom Sohn Titus im Jahr 80, und den Namen „Kolosseum" erhielt es nicht wegen seiner Dimensionen, sondern nach der damals noch vorhandenen Riesenstatue von Kaiser Nero.

Brot und Spiele

Massenunterhaltung in der frühen Kaiserzeit

Aus kultisch-szenischen Anfängen entwickelte sich schon zu Zeiten der Republik eine rasch wachsende Unterhaltungsindustrie in Rom und in bescheidenerer Form auch in den Provinzen. Politiker nutzten das breite Interesse an Bühnenstücken *(ludi scaenici)*, Wagenrennen *(ludi circenses)*, Gladiatorenkämpfen *(munera)* und Tierhetzen *(venationes)*, sich durch solche teuren Veranstaltungen beliebt zu machen. Später übernahmen diese Lustbarkeiten die Funktion, das stets unruhige, nicht selten darbende Volk bei Laune zu halten und von den Nöten des Alltags abzulenken. Der Dichter Juvenal (um 60–128) brachte diese Strategie auf die Formel: Man gebe den Leuten „Brot und Spiele" *(panem et circenses)*.

Klarer Favorit beim Publikum war der Kampf auf Leben und Tod von Gladiatoren (*gladius* = Schwert) oder von möglichst exotischen und gefährlichen Tieren zunächst auf dem Forum, später im sogenannten Kolosseum (siehe Kasten S. 96). Besonders beliebt waren bizarre „Paarungen" wie einer gegen mehrere, Tiere gegen Menschen, Löwe gegen Elefant, ganz unterschiedlich Bewaffnete gegeneinander, Riesen gegen Zwerge. Es wurde hoch auf Sieg gewettet, mitgefiebert, kommentiert und diskutiert, gejohlt beim elenden Verrecken der Verlierer und gemurrt bei zu ruhigem oder zu schnellem Sterben. Die Veranstalter flankierten das grausige Geschehen oft noch mit Hinrichtungen von Verurteilten in „fantasievoller" Form. Am Ende eines Kampftages türmten sich die menschlichen und tierischen Kadaver.

Keilereien auf den Tribünen

Nicht ungern sah das Volk auch tödliche Unfälle bei Wagenrennen im Circus Maximus, doch stand dort natürlich eher die Dramatik der rasenden Wettfahrt der Gespanne im Vordergrund. Das Lenken der meist von vier Pferden gezogenen Zweiradwagen erforderte hohes Geschick vor allem an den Wendemarken. Stürze und Massenkarambolagen waren an der Tagesordnung, Keilereien auf den Tribünen unter den Anhängern der farblich gekennzeichneten Parteien ebenfalls. Fähige Fahrer strichen enorme Honorarsummen ein und wurden angehimmelt wie heute Popstars.
Schauspieler waren zwar oft nicht weniger beliebt, galten aber gesellschaftlich so wenig wie Gladiatoren. Vor allem weibliche Mimen rückte man in die Nähe von Prostituierten, da die drastischen, manchmal auch obszönen Stücke oft Nacktszenen vorsahen. Der Massengeschmack hat sich da seit damals als recht stabil erwiesen, auch was die sündhaft teure Ausstattung und die eingängige Begleitmusik angeht. Die Ansprüche an die literarische Qualität der Stoffe und Texte hingegen blieben bescheiden.

Non olet

Die Konsolidierung des Kaisertums und des von Nero in enorme Schulden gestürzten Staates gelang Vespasian dank strikter Finanzdisziplin und geschickter Ausschöpfung vorhandener und Erschließung neuer Geldquellen. So führte er eine Steuer auf die Benutzung der öffentlichen Toiletten ein; die Anekdote erzählt, dass der Sohn Titus dagegen opponiert habe, vom Vater aber dadurch beschwichtigt worden sei, dass ihm dieser eine Münze unter die Nase gehalten habe mit der Bemerkung: „Non olet!" *(Sie riecht nicht). Daraus entwickelte sich die Redensart: „Geld stinkt nicht." Noch heute heißen in Italien und Frankreich städtische Latrinen „vespasiani" respektive „vespasiennes". Natürlich nicht nur mit solchen Bagatellsteuern, aber eben auch damit und mit unnachsichtiger Verfolgung von Steuersündern kamen genug Mittel zusammen zur Erneuerung des Netzes der Wasserleitungen in Rom, zur Neubefestigung der Tiberufer gegen Hochwasser und für zahlreiche infrastrukturelle Aufgaben.*

Im saarländischen Perl-Nenning fand man in den Resten einer römischen Villa einen Mosaikfußboden mit Darstellungen von Gladiatoren. Ihre Kämpfe wurden in der Regel bis zum Tod eines der Bewaffneten geführt.

Zerstörung Jerusalems

Der römisch-jüdische Krieg (66–73)

Eine der unruhigsten Regionen des römischen Weltreichs war Judäa (Palästina), das 6 n. Chr. der Provinz Syria zugeschlagen worden und damit unter stärkeren griechischen Kulturdruck geraten war. Die Zeiten, als König Herodes (regierte 37–4 v. Chr.) im Auftrag seines Freundes Augustus für einen einigermaßen friedlichen Ausgleich gesorgt hatte, waren vorbei. Die religiösen Differenzen zwischen dem Eingott-Glauben (Monotheismus) der Juden und der vielfältigen griechisch-römischen Götterwelt (Polytheismus) traten immer stärker zu Tage, wozu die Selbstvergöttlichung von Despoten wir Caligula nicht unwesentlich beigetragen hat. Im Jahre 66 entlud sich der Hass auf die römische Fremdherrschaft in einem bewaffneten Aufstand, befeuert von den radikalen Forderungen der Zeloten („Eiferer") nach Unabhängigkeit.

Unmittelbarer Anlass war der Befehl des verschwendungssüchtigen Kaisers Nero, aus Tempeln Wertgegenstände nach Rom abzuliefern. Dass der Tempel in Jerusalem und der dortige Schatz einen ganz anderen Stellenwert im jüdischen Glauben hatten als die zahllosen Heiligtümer der diversen Kulte, begriffen die Besatzungsbehörden vor Ort nicht, und der sich für mindestens halbgöttlich haltende Kaiser verstand es schon gar nicht. Die Waffen mussten sprechen: Mit zwei Legionen tauchte 67 der spätere Kaiser Vespasian in Palästina auf, dem sich sein Sohn Titus mit einer weiteren Legion aus Ägypten anschloss, so dass schließlich rund 60 000 gut geschulte römische Soldaten gegen versprengte jüdische Guerillahaufen im Feld standen. Wir sind über den Krieg durch einen Teilnehmer gut unterrichtet: Josef ben Mathitjahu, der als Historiker Flavius Josephus berühmt wurde (siehe Kasten).

Selbstmorde nach Losentscheid

Der dem Vater im Kommando folgende Titus erwies sich als ein zu allem entschlossener Stratege, der den Krieg zum siegreichen Ende führte. Im Jahr 70 eroberten seine Legionen Jerusalem, zerstörten Stadt und Tempel und damit den religiös-kultischen Rückhalt der Aufständischen. Im Prinzip war der jüdische Krieg mit dem Untergang der Hauptstadt entschieden. Nur die Festung Masada ergab sich nicht; sie verfügte über große Vorräte und war vom Gelände her für die Belagerer eine fast unknackbare Nuss. Erst nach drei Jahren waren die Verteidiger am Ende. Doch sie ergaben sich immer noch nicht. Als die Römer schließlich die Mauern bezwangen, fanden sie nur noch eine Handvoll Überlebender der ursprünglich 960 Menschen in Masada und Scherben mit eingeritzten Namen vor. Es waren die Lose, die über die Reihenfolge bestimmt hatten, in der die Verteidiger Selbstmord begangen hatten.

Flavius Josephus

Wichtigste Quelle für Vorgeschichte und Verlauf des Feldzugs der Römer in Palästina ist das in sieben Bücher gegliederte Werk des jüdischen Historikers Flavius Josephus: „Über den jüdischen Krieg" (lateinisch: de bello Judaico*). Der um 37 in Jerusalem geborene Josephus war in diesem Krieg Befehlshaber der Festung Jotapata in Galiläa, musste 67 kapitulieren, geriet in Gefangenschaft und gewann das Vertrauen Vespasians, der als Kaiser seine Freilassung befahl, ihm das römische Bürgerrecht verlieh, eine Villa in Rom zuwies und eine Rente aussetzte. Aus Dank nannte sich Josephus fortan Flavius und setzte in seiner Darstellung proömische Akzente. Trotzdem gilt das darin Berichtete als zuverlässig. Es liefert zudem ein lebendiges Bild Palästinas um und nach der Zeitenwende. Die weiteren Werke, eine Autobiographie und eine Geschichte der Juden in 20 Büchern, sind nur fragmentarisch überliefert. Josephus starb um das Jahr 100 in seiner römischen Wahlheimat.*

An der Straße vom Forum Romanum zum Kolosseum steht der älteste Triumphbogen Roms, errichtet in den 80er Jahren des 1. Jahrhunderts zu Ehren von Kaiser Titus, dem Sieger im jüdischen Krieg. Die Relief-Szene zeigt Männer, die Beutestücke aus dem zerstörten Tempel in Jerusalem tragen, darunter einen siebenarmigen Leuchter (Menora).

Wie eine Momentaufnahme

Der Untergang der Landstadt Pompeji (24.8.79)

„Es ist viel Unheil in der Welt geschehen, aber wenig, das den Nachkommen so viel Freude gemacht hat", notierte Goethe, nachdem er am 13.3.1787 die ersten freigelegten Areale der antiken Stadt Pompei (heutige Schreibung: Pompeji) besucht hatte. Weiter heißt es: „Ich weiß nicht leicht etwas Interessanteres. Die Häuser sind klein und eng, aber alle inwendig aufs zierlichste gemalt. Das Stadttor merkwürdig, mit den Gräbern gleich daran." Pompeji war neben Herculaneum und Stabiae dem verheerenden Vesuv-Ausbruch vom 24.8.79 zum Opfer gefallen und ist seit der Goethezeit allmählich, seit 1860 systematisch von Archäologen ausgegraben worden. Die Städte befanden sich nach einem Erdbeben im Jahr 62 in einer Phase des noch nicht abgeschlossenen Wiederaufbaus. Das seit 80 v. Chr. als römische Kolonie und Handelsstadt florierende Pompeji war mit rund 16 000 Bewohnern der bei weitem größte der betroffenen Orte.

Von Gehsteigen gesäumte Straßen

Die Katastrophe hat ihn wie in einer Momentaufnahme mitten im emsigen Treiben gebannt und erlaubt uns Einblicke ins altrömische Leben, wie sie aus keiner schriftlichen Quelle zu gewinnen wären. Eine drei Kilometer lange Mauer mit sieben Toren und elf Türmen umgürtet die Stadt. Aus dem rechtwinkligen Straßennetz hebt sich im Südwesten der alte Stadtkern heraus mit dem Apollo-Tempel, dem Forum und einigen öffentlichen Gebäuden. Östlich anschließend ein offenes und ein gedecktes Theater *(Odeon)* sowie ganz im Osten ein großes Amphitheater. Es gibt mehrere Thermen und öffentliche Toiletten; einige Häuser haben offenbar als Bordelle gedient. Die Straßen sind mit Lavablöcken gepflastert und von Gehsteigen gesäumt. Ein Aquädukt stellte die Wasserversorgung sicher. Einige herrlich farbig ausgemalte und mit Skulpturen und Mosaiken geschmückte Häuser belegen, dass reiche Römer hier Landsitze hatten.

Funde von Geräten, Gefäßen oder Geschirr vermitteln ein Bild vom städtischen Alltag. Ebenso aufschlussreich sind Wandinschriften (siehe Kasten). Das Bild der Stadt am noch schiffbaren Sarno prägten zu römischer Zeit Kaufleute und andere Gewerbetreibende. Bezeichnend für die Weltzugewandtheit der Pompejaner ist, dass Venus offenbar ihre Hauptgottheit gewesen ist. Manche mögen die Vulkaneruption später als Ausbruch eifersüchtigen Zorns der anderen Götter gedeutet haben, die sich durch die Venus-Verehrung zurückgesetzt fühlten. Es wird aber auch christliche Stimmen gegeben haben, die das Schicksal Pompejis dem von Sodom und Gomorrha an die Seite stellten als Menetekel für das sittenlose Treiben einer gottvergessenen Gesellschaft.

Graffiti

Nicht nur Farben, die sonst verblasst wären, sondern auch mehr oder weniger witzige oder böse Sprüche und Zeichnungen, die anderswo dem Zahn der Zeit zum Opfer gefallen sind, hat der Vesuv-Auswurf konserviert. An zahlreichen Häusern und Mauern finden sich in Pompeji und den anderen verschütteten Gemeinden Inschriften, die politische Kommentare abgeben, Rivalen beschimpfen, von Trunkenheit künden oder in Zweideutigkeiten schwelgen; einige Beispiele: „Albanus ist ein Wüstling – Samius an Cornelius: Häng dich doch auf! – Den Vatia als Aedilen wollen alle Spitzbuben – Beste Grüße, wir sind voll wie die Schläuche – Wir haben ins Bett gepinkelt. Ich geb's zu, Wirt, das war nicht fein./ Fragst du, warum? Es war kein Nachttopf da." Vielen Bürgern gefielen die Schmierereien nicht. Einer schmierte daher seinerseits: „Ich wundere mich, Wand, dass du noch nicht zusammengefallen bist,/ musst du doch das blöde Zeug so vieler Schreiber ertragen!"

„Villa der Mysterien" haben die Kunsthistoriker ein in Pompeji freigelegtes Haus benannt: Man nimmt an, dass die darin gefundenen vorzüglich erhaltenen Wandmalereien comicartig die Einführung eines Mädchens in einen dionysischen Mysterienkult schildern.

Neue Blütezeit

Die Adoptivkaiser Trajan und Hadrian (98–117)

Schon der griechische Philosoph Platon (427–347) hatte in seinem Werk *„Politeia"* den idealen Herrscher als Philosophen entworfen, also die Staatsführung nur dem zubilligen wollen, der über höhere Einsichten verfügt. Diese Idee von der Auswahl des Besten für das Regieren lebte nach dem Schreckensregiment des Domitian wieder auf. Die Rückkehr zu republikanischen Zuständen erschien den maßgeblichen Männern Roms utopisch, die Idee jedoch, einen weisen, integren Kaiser zu berufen, leuchtete ein. Die Wahl fiel auf den bereits 66-jährigen Nerva, dessen Hauptaufgabe darin bestand, in der ihm verbleibenden Lebenszeit einen würdigen und fähigen Nachfolger zu adoptieren; die erbliche Thronfolge war durch die Kaiser der julisch-claudischen wie der flavischen Dynastie gründlich diskreditiert. Nerva berief den aus Südspanien stammenden, 53 geborenen Marcus Ulpius Traianus, kurz Trajan genannt. Mit ihm begann die Reihe der Adoptivkaiser und eine neue Blütezeit des Reiches. Nach Nervas Tod 98 übernahm der tatkräftige und als Heerführer erfahrene Trajan die Zügel. Mit seinem provinzialen Hintergrund hatte er eine sehr andere Perspektive als die römischen Vorgänger, kannte die zentrifugalen Kräfte und wusste, wie wichtig kompetente Leute auch und gerade in den außeritalischen Gebieten waren. In enger Zusammenarbeit mit dem Senat, dessen Rechte auf Auswahl der Beamten und Bestellung von Provinzverwaltern er stärkte, machte sich der Kaiser an die Sicherung des Reiches durch Straßen-, Kanal- und Befestigungsbauten sowie durch strategische Erweiterung: 106 konnte er das Reich der Nabatäer (heutiges Jordanien/Arabien) sowie die Provinz Dacia (etwa Rumänien) angliedern; bis zu seinem Tod im Jahr 117 kamen noch Armenien, Assyrien und Mesopotamien (Irak) hinzu. Das Imperium erreichte damit seine größte Ausdehnung.

Defensive Politik

Wohl wichtiger noch wurde Trajans letzte Amtshandlung auf dem Sterbebett: Er adoptierte den ebenfalls aus Spanien kommenden Publius Aelius Hadrianus oder kurz Hadrian, Jahrgang 75. Obwohl militärisch gut ausgebildet, setzte der zwei Jahrzehnte (bis 138) regierende Hadrian ganz auf Friedenspolitik und Reisediplomatie, gab die Eroberungen Trajans östlich des Euphrats auf und ließ den nach ihm benannten Grenzwall im Norden der Provinz Britannia anlegen (siehe Kasten). Er reformierte das Heer (Verringerung der Sollstärke, Anwerbung fremder Hilftruppen), förderte den Straßenbau, senkte die Steuern und errichtete in Rom einen Neubau des Pantheons sowie das Mausoleum Hadriani (heute: Engelsburg); in Athen ließ er das Olympeion errichten.

Hadrianswall

Schon Caesar hatte Erkundungsvorstöße auf die britischen Inseln unternommen. Zur römischen Provinz Britannia wurde das Gebiet des heutigen England seit dem Eroberungszug unter Kaiser Claudius 43 n. Chr. Nach zeitweiligem Vordringen bis Schottland zogen sich die Römer auf eine Stellung zurück vom heutigen Solway Firth im Osten über Newcastle bis zur Tyne-Mündung im Westen. Diese Linie wurde auf Befehl von Kaiser Hadrian, der die Gegend inspiziert hatte, seit 122 mit einem vier bis fünf Meter hohen und drei Meter breiten Erd- oder Steinwall (Vallum Hadriani) *gegen die schottischen Pikten gesichert. Im Abstand von einer römischen Meile (knapp anderthalb Kilometer) unterbrachen die mit Wachttürmen bestückte Befestigung 80 Tore, an denen Reisende kontrolliert und Zölle erhoben wurden. Vor dem Wall verlief ein mit spitzen Hindernissen gespickter Graben, dahinter eine Militärstraße, die eine rasche Verlegung von Truppen und Gerät ermöglichte.*

Zu Anfang des 2. Jahrhunderts entstand am abgetragenen Westhang des Quirinalhügels ein imposantes Einkaufszentrum, die sogenannten Trajansmärkte. Unzählige Ladenlokale und Magazine reihten sich in mehrgeschossigen Gebäuden und teils überdachten Gängen aneinander.

Bedeutender Wirtschaftsfaktor

Gesellschaftliche Stellung und Behandlung der Sklaven

Durch die Siege Trajans wurden noch einmal große Mengen von Kriegsgefangenen versklavt, auf den Märkten verkauft (größter in Delos) und auf den Gütern der Reichen oder in Manufakturen und Bergwerken eingesetzt. Die nicht als Personen, sondern als Sachen angesehenen rechtlosen Menschen bildeten den Bodensatz der römischen Gesellschaft, machten zeitweilig über ein Drittel der Bevölkerung aus und waren ein bedeutender Wirtschaftsfaktor. Zu Sklaven *(servi)* wurden ja nicht nur Gefangene gemacht, sondern auch überschuldete Freie, zu Sklaverei verurteilte und von Menschenjägern (Piraten) auf den Sklavenmärkten verkaufte Personen. Hinzu kam ihr Nachwuchs, den sie trotz Eheverbots bekamen und der qua Geburt Sklavenstatus hatte.

Stärkung der Arbeitsmoral

Generelle Aussagen über die Umstände, unter denen die römischen Sklaven lebten, sind nicht möglich, weil sie je nach Herrschaft und Verwendungszweck höchst unterschiedlich gestellt waren. Man fand sie bis in hohe Posten der kaiserlichen Verwaltung, sie praktizierten als Ärzte und unterrichteten in vornehmen Häusern, stammten viele doch aus hochgebildeten Familien des Ostens. Manche brachten es zum Gutsverwalter *(vilicus)*. Das Gros freilich dürfte niedere Dienste auf dem Feld, in der Hauswirtschaft, auf dem Bau, im Transportwesen und unter Tage verrichtet haben. Sklavinnen hielten sich manche aus sexuellen Gründen oder zwangen sie zur Prostitution. Manchen Sklaven beließ ihr Herr *(dominus)* einen bestimmten Betrag *(peculium)*, mit dem sie wirtschaften durften. Kapital und Gewinn gehörten zwar weiter dem Herrn, doch war es üblich, ihnen zur Förderung ihrer Arbeitsmotivation gewisse Summen zuzuteilen.

Höchster Anreiz für Sklaven zum Erbringen guter Leistung war die Aussicht, irgendwann zum Dank oder aus anderen Gründen (z. B. Aussageverweigerung, die Sklaven nicht zustand) freigelassen zu werden. Das geschah oft testamentarisch oder unter Zeugen *(inter amicos)* oder vor einer Amtsperson *(per vindictam)*. Der auf diese Weise Freigelassene *(libertus)* hatte alle Rechte eines römischen Bürgers, war aber mindestens moralisch zu weiterer Loyalität und je nach Abmachung auch zu gewissen Diensten seinem einstigen Besitzer gegenüber verpflichtet. Dieses Treueverhältnis band beide Parteien oft weit stärker aneinander als der vorherige Sachbesitz und entsprach mit der Zeit auch dem sich wandelnden Menschenbild: Während Cato der Ältere im 2. Jahrhundert v. Chr. noch den Dingcharakter des Sklaven betonte, verwendete der Philosoph Seneca (4 v. Chr.–65 n. Chr.) die Bezeichnung „Mensch" *(homo)*.

Fremdenfeindlichkeit

Der Zustrom von Sklaven und die in der beginnenden Kaiserzeit recht großzügige Praxis ihrer Freilassung führten zu einem immer bunteren Völkergemisch in der Hauptstadt. Da die Sklaven und über Generationen auch noch die Freigelassenen gesellschaftlich meist wenig galten, verstärkten sie die Vorurteile bei den Römern gegen Minderheiten: So galten Menschen germanischer Herkunft als ungebärdig und zugleich als verlogen; aus dem Orient stammende Personen hielt man für verweichlicht; und die Griechen, die mit ihrer Bildung angaben, wurden als feige Graeculi *(Griechlein) verachtet und als eine Gruppe gefürchtet, die es auf Unterminierung römischer Gesittung angelegt habe. Wie in vielen Gesellschaften wurden die Juden wegen ihrer Abkapselung beargwöhnt, aber auch gegen Angriffe anderer Gruppen, insbesondere der Griechen, in Schutz genommen. Insgesamt blieben ethnische Konflikte im Schmelztiegel Rom einigermaßen im Rahmen.*

Das Fresko aus der beim Ausbruch des Vesuvs 79 n. Chr. zusammen mit Pompeji untergegangenen Stadt Herculaneum zeigt Sklavinnen einer wohlhabenden Patrizierfamilie die ihrer Herrin und deren Tochter bei der Morgentoilette zur Hand gehen.

Epos, Satire, Historiographie

Die literarische Epoche der silbernen Latinität (1./2. Jh.)

Nach der kulturellen Blüte des augusteischen Zeitalters verfielen im Zuge der Entartung des Kaisertums auch Wissenschaft, Kunst und Literatur. Gerade aus der Kritik aber an Fehlentwicklungen und Missständen schwang sich die Literatur im Verlauf des 1. und 2. nachchristlichen Jahrhunderts erneut zu großen Leistungen auf. Da sie dennoch, auch nach eigenem Verständnis, weiter im Schatten der großen Dichter Vergil, Horaz oder Ovid stand, deren Epoche als goldenes Zeitalter galt, spricht man von silberner Latinität, wenn von den Werken der späteren Generationen die Rede ist. Auch hier ragt eine Trias von bedeutenden Autoren hervor.

Da ist der beherzte aus Spanien stammende Marcus Annaeus Lucanus (39-65), der sich trotz des einschüchternden Vorbilds Vergils an ein Epos wagte, noch dazu an eines, das aktuelle Bezüge hatte: In seiner „*Pharsalia*" (oder „*De bello civili*" = Über den Bürgerkrieg) geht es um das Ringen der Heroen Caesar und Pompeius um die Macht, wobei Lukan, so die Kurzform, die unverbrauchte Kraft Caesars betont und seinen Sieg über den Nimbus des alten Schlachtenlenkers Pompeius als letztlich unausweichlich darstellt. Für diese Helden braucht er nicht den sonst in den antiken Epen üblichen Aufmarsch von ins Geschehen eingreifenden Gottheiten, sondern konzentriert sich ganz auf die dramatischen menschlichen Schicksale und die tragische Niederlage des republikanischen Geistes. Der Verzicht auf Anbindung an die Götterwelt wurde ihm seinerzeit angekreidet, sicherte seinem Werk aber gerade überzeitliche Bedeutung.

Spiegel der Gegenwart

Eine genuin römische Gattung ohne direktes griechisches Vorbild war die Satire, wie sie schon Horaz gepflegt hatte. Nun trat einer auf, der sie gesellschaftskritisch scharf zuspitzte: Decimus Iunius Iuvenalis (60- nach 128), besser als Juvenal bekannt. Er spießte treffsicher menschliche Schwächen und die Laster der römischen Gesellschaft auf und geißelte die Korruption der Amtsträger in der kaiserlichen Verwaltung. An seinem Vorbild orientierten sich die Satiriker bis in die Moderne. Den Sittenverfall der Zeit empfand auch der dritte große Schriftsteller der Epoche schmerzlich und hielt seinen Zeitgenossen durch Geschichtswerke den Spiegel vor: Publius Cornelius Tacitus (um 55- nach 116) schilderte in den „Annalen" (*annales*) den Niedergang des römischen Staates von Augustus bis Nero und in den „Historien" (*historiae*) die letztlich enttäuschten Hoffnungen auf eine Wende unter den flavischen Kaisern, die in der Verfinsterung unter Domitian endeten. Sein für uns wohl wichtigstes Werk war die „*Germania*" (siehe Kasten).

„Germania"

Nach Jahren als Statthalter kehrte der auch als politischer Redner hervorgetretene Tacitus 93 nach Rom zurück. Sein Werk „De origine et situ Germanorum" *(Über Ursprung und Lage der Germanen), zusammenfassend „Germania" genannt, entstand im Jahr 98. Tacitus geht es darin um die Geschichte der germanischen Stämme zwischen Rhein und Oder, um ihre Gebräuche und vor allem um ihre unverfälschte Gesittung als Gegenbild zum heruntergekommenen Römertum. Insbesondere die germanische Tapferkeit und den unbändigen Freiheitswillen betont Tacitus und sieht die Tugenden verwurzelt in einem Familien-, Sippen- und Gemeinschaftsgefühl, wie es seinen Landsleuten längst abhanden gekommen ist. Nach seiner Maxime, Geschichte „ohne Zorn und Eifer"* (sine ira et studio)*, sondern möglichst sachlich darzustellen, benennt er auch Schwächen der Germanen. Sie richten sich angeblich gern bequem in einem trügerischen Frieden ein, neigen zu Schlendrian und unmäßigem Biertrinken.*

Die dramatische Kunst stand ganz im Zeichen griechischer Vorbilder. Das Relief auf einem Sarkophag aus dem 3. Jahrhundert lässt im Vordergrund die Hauptakteure eines Stücks auftreten: Links der Lyra-Spieler, der den Dialog zweier Frauen (Mitte und rechts) begleitet. Zu Füßen der beiden eine Maske (persona)*, wie sie zur Typisierung zum Einsatz kam.*

Philosoph auf dem Kaiserthron

Höhepunkt und Ende der Adoptivkaiserzeit (138–180)

Die Nachfolgeregelung durch Adoption entfaltete ihre segensreichsten Wirkungen beim Ableben Kaiser Hadrians 138. Er hatte ein halbes Jahr vor seinem Ende den aus reicher gallisch-römischer Familie stammenden Antoninus, Jahrgang 86, zum Thronfolger bestimmt unter der Auflage, seinerseits den damals 16-jährigen Marcus Aurelius (Mark Aurel), einen Neffen der Kaiserehefrau Faustina, und den noch jüngeren Lucius Verus (130-169) zu adoptieren. Antoninus, ein ruhiger, abwägend urteilender, rechtschaffener Mann, war offenbar nur als Übergangsherrscher gedacht, der aber 74 Jahre alt werden und damit über 23 Jahre die Geschicke des Reiches bestimmen sollte. Bestes Zeichen dafür, dass sein Zeitalter zu den gedeihlichsten der Reichgeschichte gehörte, sind die kargen Spuren, die es hinterlassen hat. Es war eine von wenigen schnell niedergeworfenen Aufständen geprägte Friedensära, in der allenfalls die Wiederbelebung der altrömischen Religion und ein gewisser Kult um die 141 gestorbene Faustina Akzente setzten. Deswegen erhielt der Kaiser den Beinamen Pius (= der Fromme). Beider Tochter, die jüngere Faustina, wurde Ehefrau des Nachfolgers Mark Aurel (121-180).

Schlimmste Seuche der Antike

Als Antoninus die Augen schloss, übernahm der Schwiegersohn das Szepter zusammen mit Lucius Verus, der aber Juniorpartner blieb. Obwohl auch die neuen Herren nur zu gern die defensive Politik ihres Adoptivvaters fortgesetzt hätte, zwangen sie die Umstände zu einer nicht abreißenden Kette von Kriegen. Es begann sogleich 161 mit einem Waffengang gegen die Parther, die Armenien überfallen hatten. Verus konnte bis 166 einen vollständigen Sieg erringen, aber um den Preis der wohl schlimmsten Seuche der Antike, der sogenannten Antoninischen Pest, mit der sich einige seiner Soldaten infiziert hatten. Sie raffte große Teile des siegreichen Heeres dahin und wütete danach auch in anderen Reichsteilen. Ob der frühe Tod des Verus auf die vermutlich pockenartige Erkrankung zurückzuführen ist, blieb ungeklärt. Mark Aurel stand seit 169 allein an der Spitze des Reiches, das nun im Norden durch Einfälle der Markomannen aus dem böhmischen Raum bedroht wurde.

Bis zu seinem Tod zogen sich die Kämpfe hin, in denen der militärisch wenig erfahrene Kaiser die Donaugrenze halten konnte. Im Feldlager verfasste er seine „Selbstbetrachtungen" (siehe Kasten) und ernannte zu seiner Hilfe 177 den Sohn Commodus zum Mitregenten. Damit durchbrach ausgerechnet der als „Philosoph auf dem Kaiserthron" gepriesene Mark Aurel das Adoptionsprinzip und beschwor eine Zeit neuer Wirren herauf.

Stoa

Kaiser Mark Aurel bekannte sich zur Stoa, einer um 300 v. Chr. in Athen entstandenen Philosophenschule. Aus ihrer Forderung nach Gelassenheit und Hinnahme der Gesetze des höchsten Logos (Allnatur) ergeben sich die Tugenden der Gerechtigkeit, Menschlichkeit, Disziplin und Überwindung der Affekte. Mark Aurel formulierte sein Herrschermotto ganz in diesem Geist: „Hüte dich, dass du nicht verkaiserst!" Und stoizistisch durchtränkt sind auch seine „Selbstbetrachtungen", in denen er seine Lebens- und Weltsicht dargelegt hat. Typisch für ihren Duktus ist der Schluss des letzten (12.) Buches, wo es heißt: „Mensch, du bist Bürger gewesen in diesem großen Staat: Was macht es da aus ob fünf Jahre oder hundert? ... Denn wann das Leben zu Ende ist, das bestimmt jener, der dich einst hat ins Dasein treten lassen, wie er jetzt dein Ende beschlossen hat. Du aber bist unschuldig an beidem. Scheide darum in Güte. Denn auch der, der dich abberuft, ist voll Güte."

Hoch zu Ross grüßt Kaiser Mark Aurel seit dem Jahr 165 die Römer mit herrscherlicher Geste. Die imposante, ursprünglich vergoldete Statue überdauerte die Zeiten, weil sie bis ins 15. Jahrhundert mit Constantin dem Großen identifiziert wurde, der als Förderer des Christentums heilig gehalten wurde.

Schutz der Gesundheit

Fortschritte der antiken Medizin (1./2.Jh.)

Wissenschaftlich zehrte Rom von den griechischen Vorarbeiten und von griechischen Immigranten, wobei Plinius der Ältere (siehe Kasten) eine Ausnahme bildete. Zwei herausragende griechische Mediziner bestätigen den Befund: Insgesamt 1016 Arzneimittel, davon 813 pflanzliche, 101 tierische und 102 mineralische, für 4740 verschiedene Anwendungen nennt Dioskurides, ein Arzt aus Kilikien, in seinem pharmakologischen Werk, das er in fünf Bücher gliederte und in den 60/70er Jahren des 1. Jahrhunderts abschloss. Anders als die meisten Vorgänger ging er nicht alphabetisch, sondern nach Gruppen vor und war bei Dosisangaben sehr vorsichtig. Für den Fall der Fälle nannte er bei riskanten Therapien auch Gegenmittel gegen etwaige Vergiftungen. Der gut hundert Jahre später tätige und sonst eher kritische Galen war des Lobes voll über Dioskurides: „Mir scheint, er hat die Lehre von den Arzneimitteln von allen am vortrefflichsten verfasst."

Anderthalb Jahrtausende maßgeblich

Das sagte der wohl berühmteste Arzt der Antike: Claudius Galenus, meist nur kurz Galen genannt. Der im Jahr 129 in Pergamon geborene Mediziner wurde mit 28 Jahren in seiner Heimatstadt Gladiatorenarzt, ging sechs Jahre später nach Rom und erhielt im Jahr 169 die Berufung zum Leibarzt Kaiser Mark Aurels. Zugleich amtierte er als Leiter einer der großen Thermen Roms und als Richter. Viele seiner wissenschaftlichen Arbeiten gingen verloren, als 192 Galens Bibliothek abbrannte, doch existierten von manchen schon eine Reihe von Abschriften, so dass wir über seine Ansichten recht gut unterrichtet sind.

Bei seinem ärztlichen Tun leitete ihn der Gedanke: „Da die Gesundheit vor der Krankheit kommt, haben wir wohl zuerst darauf zu sehen, wie man die Gesundheit erhält, und erst danach, wie man Krankheiten am besten ausheilt." Eine seiner Schriften galt daher auch dem Schutz der Gesundheit („*De sanitate tuenda*"), also der Prävention, wobei die Elemente des Lebens im Mittelpunkt standen: Erde, Wasser, Luft und Feuer sowie ihre Eigenschaften: trocken, feucht, kalt und warm. Der Begriff „Feuer" umfasste dabei die Stoffwechselvorgänge, was mit unserem heutigen Begriff der „Verbrennung" durchaus harmoniert. Beim Wasser, ob zum Trinken oder therapeutisch verwendet, sei auf hohe Reinheit zu achten. Die physiologischen Erkenntnisse des um das Jahr 199 verstorbenen Galen blieben bis ins 16. Jahrhundert maßgebend.

Plinius

Dass die eigentlich originären Denker aus Griechenland kamen, bestätigte auch der wohl bedeutendste römische Naturforscher: Der 23 geborene Offizier aus dem Ritterstand Gaius Plinius Maior (= der Ältere) gewann seinen hohen wissenschaftlichen Rang nämlich als Kompilator. Er trug in seiner „Naturalis historia" *(Naturgeschichte) in 37 Büchern die Kenntnisse seiner Zeit akribisch zusammen über Anthropologie, Ethnographie, Medizin und Physiologie, Arzneimittel, Zoologie und Botanik, Mineralienkunde, Gartenbau, Metallurgie, Kunst und Kunstgeschichte. Nur zehn dieser Bücher konnten 77 noch vor dem Tod des Plinius erscheinen, ehe der Autor am 24.8.79 beim Vesuvausbruch in Stabiae umkam. Geleitet von Neugier und der Hoffnung, bedrohten Menschen zur Hilfe kommen zu können, war er zu nahe an den Ort der Katastrophe herangesegelt und erstickte im Ascheregen. Über dieses Ende eines Forscherlebens wissen wir genau Bescheid durch seinen Neffen und Adoptivsohn, den Schriftsteller Gaius Plinius Minor (= der Jüngere, 61- um 115), wichtig vor allem wegen seiner überlieferten Korrespondenz, 369 Schreiben umfassend, darunter 121 Briefe an Kaiser Trajan).*

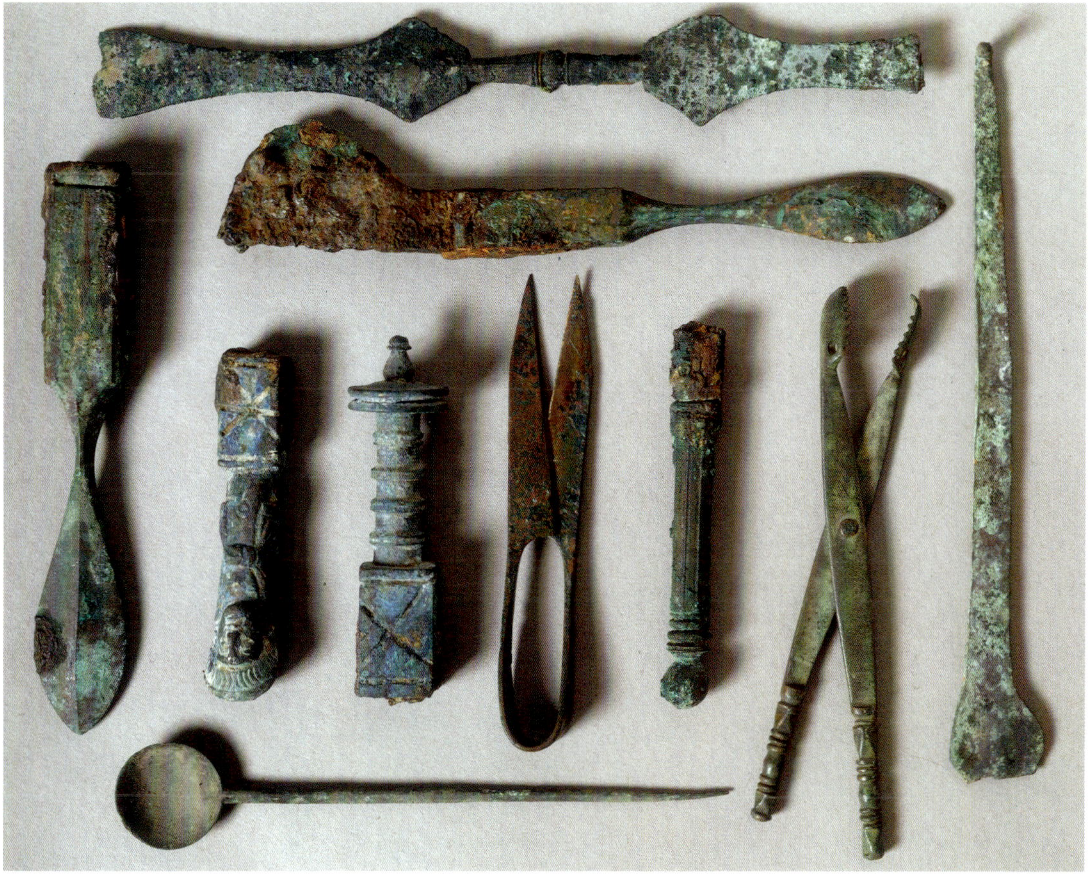

Das chirurgische Instrumentarium der römischen Ärzte konnte sich sehen lassen. Es reichte von scharf geschliffenen Skalpellen bis zu Wundhaken, Pinzetten und diversen Scheren. Obwohl ihnen Mikroben unbekannt waren, wussten die Ärzte, dass peinliche Sauberkeit bei Eingriffen unerlässlich ist.

Bruch mit der Staatselite

Das Schreckensregiment des Commodus (180–192)

Von allem, was Mark Aurels Sohn und Nachfolger Commodus getan hat, war seine erste Amtshandlung wohl die vernünftigste. Gegen den ausdrücklichen Wunsch des Vaters, der am 17.3.180 im Feldlager von Vindobona (Wien) gestorben war, schloss er Frieden mit Quaden, Markomannen und Jazygen, und zwar einen für diese so vorteilhaften, dass in Rom Murren aufkam, es dafür aber an der Donau-Grenze auf Jahre hinaus ruhig blieb. Dass dahinter nicht staatsmännische Weitsicht steckte, erwies sich rasch: Der systematisch auf seine herrscherlichen Aufgaben vorbereitete junge Mann (*161) hatte offenbar in keiner Weise vor, diese ernsthaft in Angriff zu nehmen, sondern dachte in erster Linie an Selbstinszenierung. Er eilte schleunigst von der Front in seine Hauptstadt und feierte einen rauschenden Triumph, wozu bei den erheblichen Zugeständnissen an die Germanen wahrlich kein Anlass bestand.

Mord und Diebstahl

Lange konnte sich Commodus auf das Volk stützen, das von seinen aufwendigen Spielen profitierte und dessen Bedarf an religiöser Überhöhung das Auftreten des Kaisers entgegenkam. Er ließ orientalische Kulte (siehe Kasten) importieren und trat im *Circus* selbst gern als Gladiator und stilisierter Herkules auf, ein Rückgriff auf die römischen Anfänge, als dieser Halbgott der Sage nach sein Vieh auf dem *Forum Boarium* hatte weiden lassen. Aus Spiel aber wurde rasch ernst, je mehr Commodus sich selbst als Gott sah und verehren ließ und qua Göttlichkeit tatsächliche wie angebliche Feinde zu ermorden oder nach Justizpossen hinzurichten befahl – nicht zuletzt Männer aus reichen Familien, deren Vermögen er zur Aufbesserung der kaiserlichen Kasse einziehen lassen konnte. Geld nämlich war knapp nach Ende der Expansion des Reiches. Die Verschwendung des Hofes verschärfte die Lage noch, so dass nach immer neuen Einnahmequellen gefahndet wurde. Eine erschloss sich Commodus durch die Besteuerung auch der senatorischen Vermögen, was zum dauerhaften Bruch mit der Elite des Staates führte. Hinzu kam des Kaisers schwer erträgliche Günstlingswirtschaft, von der vor allem von ihm freigelassene orientalische Sklaven profitierten.

Nach mehreren fehlgeschlagenen Anschlägen fiel Commodus auf dem Höhepunkt seines cäsarenwahnsinnigen Regiments dem Komplott des Oberkämmerers Eclectus, des Prätorianerpräfekten Laetus und der Lieblingsmätresse Marcia in der Neujahrsnacht 192/193 zum Opfer. Sie ließen ihn von einem Ringer namens Narcissus erwürgen.

Isis

Den Stoizismus, wie ihn Mark Aurel vertreten hatte, empfanden viele seiner Zeitgenossen als zu unpersönlich; sie wünschten sich ein Anbetungsgegenüber, wie es viele orientalische Kulte boten. In Rom wurde damals der syrischen Sonnengott als „sol invictus" (unbesiegliche Sonne) ebenso populär wie der persische Lichtgott Mithras oder die ägyptische Isis. Diese und ähnliche Gottheiten versprachen Erlösung aus der Qual der Körperlichkeit und lockten vor allem Menschen aus den Unterschichten an, für die es auf Erden wenig zu hoffen gab. Die Weihehandlungen um die Götter wurden zudem als Mysterienkulte inszeniert, welche die Anhänger zu verschworener Gemeinschaft verbanden. Von Isis heißt es in einer zeitgenössischen lateinischen Quelle: „Siehe hier bin ich, die Mutter aller Natur, Herrin der Elemente, Erste der Himmlischen! Glücklich, glorreich wirst du in meinem Schutze leben, und wenn du ins Reich der Schatten eingehst, wirst du auch dort unter der Erde mich finden: In den Tiefen bin ich das Licht und die Herrscherin. Da wirst du auf elysischen Fluren wohnen."

Wie schon König Mithridates von Pontus gefiel sich Kaiser Commodus im Herkules-Kostüm mit dem Löwenkopf und der Keule. Der Halbgott-Darsteller vermochte mit der Zeit zwischen Rolle und Wirklichkeit immer weniger zu unterscheiden.

Gegengewicht gegen die Prätorianer

Thronwirren und der Sieg des Septimius Severus (193–211)

Als Commodus der von ihm provozierten Gegengewalt erlegen war, hoffte mancher auf einen Neuanfang wie 98 mit dem alten Nerva, der die segensreiche Epoche der Adoptivkaiser eingeleitet hatte. Und zunächst schien das auch zu glücken, denn die Prätorianer und der Senat erhoben den erfahrenen Mark-Aurel-Freund Pertinax auf den Schild. Die Zeiten aber hatten sich grundlegend gewandelt. Die Prätorianer reute bald ihre Wahl, und ihrer Revolte fiel der neue Herrscher 193 zum Opfer. Jetzt war die Bahn frei für Prätendenten, die sich von ihren Truppen zum Kaiser ausrufen ließen; nicht das Jahr 98 wiederholte sich, sondern das schreckliche Vierkaiserjahr 68/69, nur dass sich die Kämpfe um die Macht über Jahre hinzogen, ehe sich der aus Africa stammende Oberkommandierende der Donauarmee Septimius Severus 200 durchgesetzt hatte.

Als Alleinherrscher versuchte er zu einer Verständigung mit dem Senat zu kommen, scheiterte aber am Misstrauen der adligen Hauptstädter gegenüber dem „Provinzler" (* 146). Das führte zu einem radikalen Kurswechsel: Severus ließ eine Reihe von Senatoren vor Gericht stellen und aburteilen; ihr Vermögen zog er wie inzwischen üblich für die eigene Kasse ein. Stütze seiner Macht war die Truppe, die er mit Öffnung der Offizierskarriere auch für Männer aus einfachen Schichten und durch Erlaubnis des Zusammenziehens der Soldaten mit ihren Frauen in den Garnisonstädten fest an sich band. Zu seiner Sicherheit legte er eine Legion in die Albaner Berge in unmittelbarer Nähe Roms und schuf damit ein Gegengewicht gegen die allzu wankelmütigen Prätorianer. Seinen Söhnen gab er den Rat: „Seht zu, dass es den Soldaten gut geht, dann braucht ihr euch um andere nicht zu bekümmern."

Iulia Domna

Im syrischen Feldlager lernte der damalige Legionskommandeur Septimius Severus um 185 die Priestertochter Iulia Domna kennen und erfuhr von der angeblichen Weissagung, diese werde dereinst einen Herrscher heiraten. Entsprechend glühend bewarb sich der Offizier um ihre Hand und erhielt sie im Jahr darauf. Sie gebar ihm die Söhne Caracalla (188) und Geta (189), begleitete ihren Mann mit den Kleinen auf Feldzügen auch im entbrennenden Bürgerkrieg nach dem Tod des Commodus. Die gebildete Frau gewann einen für die Zeit ungewöhnlichen Einfluss auf den Kaiser, weswegen dessen Günstling Prätorianerpräfekt Plautianus sie auszumanövrieren versuchte. Es kam 205 aber umgekehrt, als der junge Caracalla den machtbesessenen Mann in eine Falle locken und töten konnte. Jetzt stieg Julia weiter auf und wurde zum Mittelpunkt des severischen Hofes. Sie blieb es auch nach dem Tod ihres Mannes 211, stand nun aber zwischen den in Todfeindschaft verbundenen Brüdern, die gemeinsam die Nachfolge antreten sollten. Arglos ließ sich die Mutter dazu herbei, ein Versöhnungsgespräch anzuberaumen, bei dem der waffenlos auftretende Geta in den Armen seiner Mutter von Caracalla ermordet wurde (Ende 211). Danach ging es mit Julia gesundheitlich bergab; sie starb 217.

Konstruierte Familienbande

Eben diese Söhne waren ein Novum, denn bisher hatten die Kaiser gewöhnlich keine männlichen Erben gehabt, von Marc Aurel abgesehen. Auf diesen beliebten Herrscher ließ Septimius Severus seine Familie zurückführen, indem er sich Bruder des Commodus nannte und damit in die Dynastie der Antonine eintrat. Seinen älteren Sohn Caracalla verlieh er denn auch den Namen Marcus Aurelius Antoninus. Das wirkte alles etwas bemüht, wurde aber vom Volk gern gesehen, das die kaiserliche Familie insgesamt verehrte, vor allem auch die zweite Frau des Kaisers (siehe Kasten).

„Dem Imperator Caesar Septimius Severus, dem Sohn des Marcus, dem Pius, Pertinax, Augustus, Vater des Vaterlandes, dem Besieger der Parther, der Araber und des parthischen Adiabene ..." So beginnt die Inschrift auf dem Triumphbogen der ersten Severer-Kaiser, der bis heute auf dem Forum Romanum in Rom einen mächtigen Akzent setzt.

Ruin der Reichsfinanzen

Untergang des severischen Kaiserhauses (211–235)

Aus den Desastern der früheren Kaiserhäuser hatten auch die Severer nichts gelernt. Der Dynastie-Gründer bestimmte seine Söhne gemeinsam zur Nachfolge mit den im vorigen Abschnitt dargestellten mörderischen Folgen. Caracalla, so benannt nach dem von ihm gern getragenen gallischen Kapuzenmantel, war nun Alleinherrscher, aber das machte die Lage nicht besser. Aller sorgfältiger Erziehung, die ihm Mutter und Vater hatten angedeihen lassen, zum Trotz brachen sich Rohheit und Hemmungslosigkeit im Charakter des Kaisers immer stärker bahn. Nur in Sachen Verwöhnung der Streitkräfte folgte er dem Ratschlag des Vaters, ruinierte aber damit und mit gewaltigen Bauten wie den luxuriösen Caracalla-Thermen die Reichsfinanzen und setzte eine rapide Geldentwertung in Gang. Beliebt machte sich der Kaiser durch die sogenannte *Constitutio Antoniniana*, mit der alle freien Reichsbewohner 212 das römische Bürgerrecht erhielten.

Militärisch war der Soldatenfreund nur mäßig erfolgreich. Immerhin gelang ihm 213 die Stabilisierung der Rheingrenze (siehe Kasten) gegen die anrennenden Alemannen. Das aber ließ größenwahnsinnige Pläne reifen: Er wollte nun endgültig mit den Parthern aufräumen und hatte sich dazu eine Doppelstrategie ausgedacht: Er wollte die Tochter des feindlichen Königs heiraten, die Parther damit ruhig stellen und sie bei passender Gelegenheit schlagen. Die Sache ging auf beiden Ebenen schief und rief bei Caracallas Truppen Unzufriedenheit hervor. Sie entlud sich in einem Anschlag des Befehlshabers der Prätorianer Macrinus, der den Kaisers durch einen bestochenen Leibwächter 217 umbringen ließ.

Operettenregiment

In direkter Linie waren damit die Severer ausgestorben. Iulia Domna aber hatte eine Schwester namens Iulia Maesa, die ihr in Ehrgeiz nicht nachstand und dafür sorgte, dass ihr 14-jähriger Enkel, wegen seines Priestertums für den syrischen Sonnengott Elagabal (oder griechisch Heliogabalus) genannt, die Nachfolge antreten konnte. Sie selbst besorgte die Politik, von der ihr gänzlich unbedarfter Abkömmling rein gar nichts verstand. Und sie zwang ihn, den Neffen Severus Alexander (* 208) zu adoptieren, der nach vier Jahren des Operettenregiments des Elagabal und dessen Ermordung 222 die Nachfolge antrat. Sein Horizont reichte freilich nicht weiter als der des Vorgängers, doch er störte wenigstens nicht. Erst als er bei militärischen Anforderungen versagte, ereilte auch ihn 235 das mörderische Schicksal, dem im 3. Jahrhundert fast alle Herrscher zum Opfer fallen sollten.

Limes

Die Rheingrenze schien den Römern nicht überall sicher genug, und sie schoben Grenzbefestigungen nach Osten vor. War diese Grenze (lateinisch: limes) im Norden nach Friesland zu fließend, so sicherten im heutigen Südwestdeutschland schon seit dem 1. Jahrhundert immer besser ausgebaute Auffangstellungen die Grenze. Seit Mitte des 2. Jahrhunderts zog sich dann ein durchlaufender Grenzwall, der sogenannte Obergermanische Limes, vom Neuwieder Becken in weitem Schwung über die Höhen des Taunus nach Hanau. Von da an bildete der Main bis nach Miltenberg die Grenze. Anschließend wandte sich der Wall mit Wachttürmen und Grabensystemen nach Süden bis nach Lorch, wo er nach Osten abknickte als Rätischer Limes in Form einer zwei Meter hohen, von Caracalla verstärkten Grenzmauer bis hin zur Mündung der Altmühl in die Donau. Das im Winkel zwischen Rhein und Donau hinter dem Limes gelegene römische Gebiet nannte sich Dekumatland. Entlang des Limes erblühte ein reger Handels- und Kulturaustausch, der auch das nördliche Germanien prägte

Ganz so massiv wie die Saalburg im Taunus-Gebiet muss man sich nicht alle Befestigungen am Obergermanischen Limes vorstellen. Es waren oft auch nur Wallanlagen mit tiefgestaffelten Grabensystemen oder Palisadenriegel mit Wachttürmen in regelmäßigen Abständen.

Kunst der Auslegung

Das römische Recht als Reichsklammer

Bis heute ist sich die Forschung nicht einig, was Caracalla mit der Verleihung des Bürgerrechts an alle freien Reichsbewohner bezweckt haben mag. Sicher steckte dahinter, dass so auch Erbschaften in den Provinzen besteuert werden konnten, vielleicht aber auch der Versuch, eine weitere Angleichung der Rechtsverhältnisse in allen Reichsteilen und damit eine nachhaltige Romanisierung der Peripherie zu erreichen. Ob Absicht oder nicht: Die *Constitutio Antoniniana* des Jahres 212 wirkte sich letztlich so aus und hat die europäischen Rechtssysteme römisch geprägt.

Großer Einfluss der Juristen

Das frühe römische Recht bestand überwiegend aus überlieferten Sitten *(mores maiores)*; die Rechtsprechung war stark ritualisiert durch typisierte Symbolhandlungen *(legis actiones)*. Das Zwölftafelgesetz von 450 v. Chr. stellte eher einen sozialen Ausgleich dar, als dass es kodifizertes Recht gewesen wäre, und blieb bis ins 6. Jahrhundert n. Chr., also bis zum *Corpus Iuris* von Kaiser Iustinian, einzige schriftliche Rechtsquelle. Gerade die in so knapper Form notwendig allgemein gehaltenen Grundsätze verlangten nach Auslegung für die Einzelfälle und begründeten die ausgeprägte interpretatorische Kunst der römischen Juristen. Auf diese Weise geschaffene Präzedenzfälle hatten Anteil an der Weiterentwicklung des Rechts, und die juristischen Schriften der Gelehrten gewannen ihrerseits eine Art Gesetzeskraft. Sie beeinflussten natürlich auch die Rechtsentscheidungen der Kaiser selbst, die oft auf Ratschlägen ihres Staatsrats *(consilium principis)* basierten.

Man unterschied zwischen Zivilrecht *(ius civile)*, das seine Herkunft aus dem lateinischen Bauernrecht nicht verleugnen konnte, dem Amtsrecht *(ius honorarium)* des Staates und seiner Amtsträger (Behörden) sowie einem mit dem Wachsen des Reiches immer weiter entwickelten „Völkerrecht" *(ius gentium)*. Letzteres hatte mit dem, was wir heute darunter verstehen, kaum etwas zu tun, sondern regelte vor allem den Handelsverkehr zwischen Rom und den Stämmen sowie den der Stämme untereinander, die unter seiner Oberherrschaft standen. Solange die rechtlichen Bräuche der einzelnen Ethnien dem römischen Recht nicht widersprachen und den Bedürfnissen des Reiches nicht zuwiderliefen, ließ die Zentralmacht sie in Geltung und passte sie nur dort an, wo es ihren Interessen entsprach. Auf längere Sicht führte dies trotz der Rücksicht auf regionale Besonderheiten zu einer Vereinheitlichung der Rechtsauslegung und der Rechtsprechung.

Ehe

Der lateinische Begriff für die Lebenspartnerschaft von Mann und Frau enthält deren Zweck: matrimonium *(= Mutterschaft), also die Zeugung von Nachkommen und Erben. Aus diesem Verständnis heraus waren Eheschließungen oft vom Familienoberhaupt* (pater familias) *eingefädelt und dienten der Versorgung nicht nur der Frau, sondern auch der Stärkung der gesellschaftlichen Stellung und des Einflusses beider Sippen, vor allem in der Oberschicht. Es gab zunächst nur die Ehe, bei der die Frau aus der väterlichen Gewalt* (patria potestas) *in die Hand* (manus) *des Ehemannes wechselte und mehr oder weniger dessen Eigentum wurde. Gegen Ende der Republikzeit setzte sich allerdings eine Partnerschaft durch, in der die Frau das Recht behielt, über das von ihr eingebrachte Vermögen weiter zu verfügen und ihre Mitgift bei Scheidung zurückzufordern. Eine solche Trennung war durch beiderseitige, aber auch durch einseitige Willenserklärung ohne Mitwirkung von staatlichen Stellen möglich. Im Fall eines Ehebruchs der Frau verlor diese alle Vermögensansprüche, während männlicher Ehebruch folgenlos blieb.*

Dass sich partnerschaftliche Ehevorstellungen mit der Zeit durchsetzten, belegt das in Pompeji freigelegte Wandbild eines römischen Paares. Die Frau hält Schreibgerät bereit, was ihre Rolle als Herrin des Haushalts unterstreicht. Rechtlich freilich war sie dem Manne nachgeordnet.

Hang zum Gigantischen

Badebauten der Severer (Anfang 3. Jh.)

Septimius Severus stammte, wie erwähnt, aus Africa, genauer: aus der Hafenstadt Leptis Magna, gut 100 Kilometer östlich von Tripolis gelegen. Zur Macht gekommen, ließen der Kaiser und seine Nachfolger diese Wiege ihrer Dynastie aufwendig schmücken mit Theatern, Foren, Prachtstraßen, Ehrenbogen. Das seit 1921 ausgegrabene Ensemble gehört zum UNESCO-Weltkulturerbe und beeindruckt auch durch Badeanlagen, die wegen der Bildmotive ihrer Ausmalung als Jagdthermen bezeichnet werden. Anders als die meisten vergleichbaren römischen Bäder sind die Jagdthermen mit einigem Mauerwerk teils ganz, teils ergänzbar erhalten, so dass sogar Abzüge der Wandrohrheizung zu erkennen sind. Vorhanden sind noch: das Kreuzgewölbe über dem Schwimmbecken, das längliche Tonnengewölbe über dem Kaltraum, zwei Rundkuppeln über achteckigen Baderäumen mit gut erkennbarer Hohlfußbodenheizung, das Tonnengewölbe über dem Warmwasserbaderaum.

Was in der libyschen Heimat eher klein und fein gestaltet worden war, trieben die Severer in Rom ins Gigantische. Schon Septimius hatte den Auftrag für eine Badeanlage gegeben, die im Jahr 216 von seinem Sohn Caracalla (188-217, Kaiser seit 211) eröffnet wurde und nicht ganz korrekt nach ihm Caracalla-Thermen hießen. Es waren die bis dato gewaltigsten öffentlichen Badeeinrichtungen: Sie bedeckten eine Fläche von 124 000 Quadratmetern; allein das dreistöckige Hauptgebäude war 353 Meter lang. Den Besuchern standen 66 Baderäume, 1600 Badesessel aus Marmor, 4 große Becken für Warmwasser und ein 1300 Quadratmeter großes Schwimmbecken zur Verfügung. Die Flachkuppel über dem Warmraum maß mit 35 Metern Durchmesser kaum weniger als die Kuppel des Petersdoms (42 Meter).

Geflecht von Gängen

Überall schmückten Bildwerke und Mosaiken die Räume und Hallen. Es gab Turn- und Ruheräume, Lehrsäle, Sportplätze, Büchereien, Museen, Gärten und Wandelhallen. Die Wasserzufuhr erfolgte über eine Zweigleitung der seit 140 v. Chr. im Betrieb befindlichen Aqua Marcia und aus einer Wasseraufbereitungsanlage: In 64 Gewölbekammern wurde das Wasser zum Wasserwechsel angesammelt und nach ausreichender Absetzzeit in die Leitungen eingespeist. Ein Geflecht von unterirdischen Gängen diente dem Personal zur Erfüllung von Versorgungs- und Überwachungsaufgaben. Die Caracalla-Thermen waren vorzeitig eröffnet worden. Fertigstellen ließ sie erst Alexander Severus (208-235, Kaiser seit 222). Sie waren noch bis ins 6. Jahrhundert in Betrieb.

Bad und Moral

Das inzwischen weit verbreitete Christentum sah das Bäderwesen in den römischen Städten kritisch, und mancher Theologe warnte vor Übermaß wie vor den sittlichen Gefahren durch den Badebetrieb. Wir lesen beim Kirchenlehrer Klemens von Alexandria (um 140-um 215): „Was haben doch die Frauen aus den Bädern gemacht! ... Sie kommen mit vergoldeten Stühlen und einer großen Zahl von Geräten aus Gold und Silber, die einen bestimmt für Getränke, die anderen für Speisen. So weit geht ihre Üppigkeit, dass sie noch im Bad zechen und sich betrinken. Das Silberzeug, mit dem sie prunken, stellen sie, bar feinen Empfindens, in den Bädern zur Schau und protzen mit ihrem Reichtum. Vor ihren Ehemännern enthüllen sie sich ungern und schützen heuchlerisch Schamhaftigkeit vor. Aber die zu Hause so Gesitteten kann jeder beliebige andere Mann nackt im Bade sehen ... Sie baden mit ihren Dienern, lassen sich von ihnen abreiben und gestatten so der lauernden Begierde freie Betastung. Wie schön sie sind, wollen sie zeigen, offenbaren aber ungewollt, wie schlecht sie sind."

Gebadet wurde gewöhnlich nackt. Beim Sport aber trugen vor allem die Frauen eine Restbekleidung. Sogar eine Art Bikini scheint schon bekannt gewesen zu sein, auch wenn dieses Mosaikbild aus Sizilien dafür der einzige erhaltene Beleg ist.

Sieger-Signaturen

Repräsentationskunst der frühen Kaiserzeit

Kunst und Repräsentation brauchen einander. Insofern bedeutete die römische Kaiserzeit einen enormen Impuls für Architektur, Bildhauerei und Malerei. Dabei kam es freilich auch zu künstlerischen Einbußen, da die andere Schwester der Repräsentation die Propaganda ist. Die Lebensnähe etwa von durch Statuen, Reliefs oder Bilder dargestellten Personen litt unter den Zwängen zu heroisch-sakraler Überhöhung und wich einer gewissen Typisierung; Requisiten von Herrschaft oder mythologischer Anbindung traten hinzu und überluden nicht selten das Kunstwerk. Bauten brauchten zum höheren Lob des Erbauers ein Mindestmaß an Größe und Schmuck, Wandmalereien oder Mosaiken sollten Macht und Reichtum des Hausherren unterstreichen.

Wer sich heute in Nordafrika, in Spanien, in der Provence oder in anderen Gegenden des einstigen Imperiums Relikte römischer Repräsentation der Kaiserzeit anschaut, ist erstaunt über die Einheitlichkeit des Stils, die wir auch bei den in Museen gezeigten Statuen oder Götterbildern bis etwa ins 3./4. Jahrhundert beobachten. Selbst in griechisch geprägten Ländern des Ostens, hat der Formwille der Zentralmacht Akzente gesetzt. Dieser Wille selbst war zwar seinerseits von der überlegenen griechischen Kunst inspiriert, inzwischen aber buchstäblich machtvoll aufgeladen. Die ungeheuren Reichtümer, die aus den eroberten Gebieten nach Rom gespült worden waren, kehrten zurück als Signaturen der Sieger im öffentlichen Raum. Nutz- wie Repräsentationsbauten atmeten die Weite des Weltreichs. Privatbauherren standen staatlichen Planern da in nichts nach.

Wirkungen auf die amtliche Kunst

Gerade die in den Provinzen reich gewordenen Familien aber setzten eine Gegenbewegung zur kaiserlichen Typisierung in Gang. Sie schmückten ihre Paläste und Parkanlagen zwar genauso mit erlesenen, oft nach griechischen Vorbildern gearbeiteten Werken, legten zugleich aber ganz im Geist der römischen Ahnentradition Wert auf die Verewigung der Person (siehe Kasten). Das wiederum wirkte zurück auf die amtliche Kunst, wie wir sie etwa an Monumenten wie der Trajanssäule in Rom bewundern: Detailtreue diente auf diesen bebilderten „Ausrufezeichen" dem Ruhm von Kaiser und Reich; Siege erhielten erst den gehörigen Glanz in der realistischen Schilderung auch der Besiegten. Die römische Kunst entwickelte mit dem erzählenden Relief eine ganz eigene Bildsprache, die durch die Mächtigkeit des Gesamtwerks ebenso propagandistisch wirken sollte wie durch die einzelnen Szenen.

Igeler Säule

Auf der Liste der produktiven Irrtümer müsste auch ein Monument an der Mosel bei Trier zu finden sein: Die Darstellungen auf der 23 Meter hohen Igeler Säule wurden lange als Erinnerungsbilder angesehen an die christliche Kaiserinmutter Helena. Aus Pietät wagte daher niemand, die Säule zu entfernen. Dabei handelt es sich um das um 240 errichtete Grabmal zweier Brüder Secundinius und ihrer Familien, durch Tuchhandel reich gewordene Römer. Die ähnlich wie auf Siegessäulen angeordneten Reliefs auf dem Buntsandstein-Turm zeigen Szenen der Sagenwelt und aus dem Alltag. Besonders aufschlussreich das mittlere vordere Bild des Frieses: Es stellt die beiden Brüder mit ihren Frauen bei einer Mahlzeit dar. Die Männer ruhen auf Liegen, die Frauen sitzen in Lehnstühlen an einem viereckigen Tisch. Man redet und reicht einander Speisen oder Zutaten, in einem Nebenraum links werden von Dienern Gläser mit Wein gefüllt und Fische zubereitet. Auf einem weiteren Bild kommen Bauern und liefern Geflügel, Hasen und andere Leckerbissen, die ein Diener entgegennimmt.

Kaiser Trajan ließ seine militärischen Erfolge auf einer Säule feiern, die im Jahr 113 auf dem nach ihm benannten Forum in Rom errichtet wurde. Ein 200 Meter langer Relieffries windet sich am 30 Meter hohen Monument empor und erzählt comicartig von den Siegen des Kaisers, der allein rund 60 Mal auf den Bildern zu sehen ist, die insgesamt 2500 Figuren zeigen. Die wachsende Luftverschmutzung in der Millionenstadt hat inzwischen leider viele Details zerstört und Konturen verwischt.

Angst um Rom

Das Zeitalter der Soldatenkaiser (235–284)

Hatte die Dynastie der Severer trotz aller Schwächen zuletzt noch für eine gewisse Ordnung und Dauer gesorgt, so brach nach ihrem ruhmlosen Ende das völlige Chaos an der Staatsspitze aus. In den fünf Jahrzehnten bis 284 beanspruchten nicht weniger als 25 bis 30 (je nach Wertung) Herrscher den Thron, die selbsternannten Regenten einiger Teilreiche nicht einmal gerechnet. In der Mehrzahl waren diese Usurpatoren, Prätendenten, tatsächlichen und angeblichen Kaiser Offiziere aus den Provinzen, insbesondere aus Illyrien, Thrakien und Pannonien (sogar ein Araber war darunter), ohne besondere Bildung und ohne weiteren Rückhalt als den in ihren Truppenteilen, daher Soldatenkaiser genannt. Nur einer von ihnen starb eines natürlichen Todes, die meisten fielen denen zum Opfer, die sie auf den Schild gehoben hatten, oder kamen in den an allen Grenzen entbrennenden Kämpfen ums Leben.

Rückkehr zum Tauschhandel

Das Heer war zum einzigen Machtträger des Reiches geworden – mit fatalen Folgen. Die Maxime des Septimius Severus, nach der in erster Linie das Militär bei Laune zu halten sei, wurde zur obersten Richtschnur herrscherlichen Handelns, die nur durch Ausplünderung der Bevölkerung und immer neue Versprechungen durchzuhalten war. Das musste mit der Zeit die Moral der Truppe untergraben, führte zu Vandalismus und wachsender Rechtsunsicherheit. Die Wirtschaft litt entsprechend, der Geldwert verfiel dramatisch, allenthalben breitete sich wieder Tauschhandel aus. Die Regionen kapselten sich immer stärker ab, so dass sich der Staatsverband lockerte.

Sichtbarstes Zeichen für diese Zeit der allgemeinen Verunsicherung und der Angst war die so genannten Aurelianische Mauer, die Kaiser Aurelian (214-275, regierte seit 270) seit 271 in einer Länge von fast 19 Kilometern um die Hauptstadt ziehen ließ. Selbst die tief im Reich gelegene Metropole schien nun nicht mehr sicher, denn an Rhein und Donau, Euphrat und Tigris, an den Küsten und im Wüstensand brannte es lichterloh. Das eigentlich Erstaunliche war, dass den rasch wechselnden Potentaten (allein 238 fünf, 250/51 ebenfalls fünf, 260/261 sogar neun), die oft mehr gegen einander als gegen die äußeren Feinde kämpften, dennoch immer wieder die Stabilisierung der Fronten gelang, wenn auch unter einigen Gebietsverlusten: Dekumatland zwischen Rhein und Donau nach dem Durchbruch der Alemannen durch den Limes (259/260), Provinz Dakien im Karpatenbogen 271, Landstriche östlich des Tigris.

Christenverfolgung

Die Jahrtausendfeiern der Welthauptstadt Rom im April 248 hatten bei dem seit 249 regierenden Kaiser Decius (um 200-251) den Wunsch geweckt, die alten Werte neu zu beleben, die Roms Karriere möglich gemacht hatten. Dazu gehörte vor allen Dingen eine Renaissance der Religion der Väter. Decius selbst stammte zwar aus Illyrien, war aber dank politisch-militärischer Verdienste in den Senatsadel aufgestiegen und empfand sich durch und durch als Römer. Er verlangte nach Amtsübernahme von allen Bürgern des Reiches den Vollzug des traditionellen Opfers vor einer kaiserlichen Kommission. Eine Bescheinigung (libellus) darüber konnte jederzeit verlangt werden. Nur den Juden war erlaubt, es bei einem Gebet für Kaiser und Reich zu belassen. Christen aber, die das Opfer verweigerten, mussten mit Folter (z. B. der Theologe Origenes, der 254 an den Folgen starb), Vermögensverlust, Verbannung oder in vielen Fällen mit dem Tod büßen. Das frühe Ende des Decius im Krieg gegen die Goten an der Donaumündung verhinderte eine größerflächige und noch opferreichere Verfolgung.

Selbst das Herz des Imperiums schien nicht mehr sicher. Kaiser Aurelian ließ seit 271 Rom mit einer nach ihm benannten kilometerlangen Mauer umgürten. Hinein kam man nur nach Kontrolle an mächtigen Stadttoren wie der abgebildeten Porta Appia.

Neuer Feind im Osten

Zusammenstoß mit dem Reich der Sassaniden (257–269)

An der Ostgrenze des Imperiums war es immer wieder zu Konflikten mit den hellenistisch geprägten Parthern gekommen, immer wieder aber auch zu einem Ausgleich. Die Lage schien zu Beginn des 3. Jahrhunderts einigermaßen stabil. Nicht ahnen konnten die Römer, dass sich im Innern des Partherreiches Gefahr auch für sie zusammenballte. Persische Stämme hatten unter König Sassan († 208) im Südwesten einen sassanidischen Teilstaat etabliert, der eine Erneuerung des 330 v. Chr. von Alexander dem Großen zerstörten Großreichs der Achämeniden anstrebte (Neupersisches Reich). Vergeblich versuchte Partherkönig Artebanos IV., die Perser zu disziplinieren; er unterlag 224 dem Sassan-Enkel Ardaschir (Artaxerxes) I. in der Schlacht bei Hormizdaghan.

Antiochia geplündert

Der konsolidierte seine Herrschaft zunächst einmal nach innen. Sein Sohn Schapur I., der ihm 241 nachfolgte, schlug eine expansive Politik ein, gestützt auf ein schlagkräftiges Heer, das mit seinen Panzerreitern (Kataphrakten) und Bogenschützen zum Schrecken der römischen Legionen werden sollte. Sie vertrieb Schapur aus Armenien, unternahm Angriffe auf die römische Provinz Syria und plünderte ihre Hauptstadt Antiochia, was in Rom den seit 253 regierenden Kaiser Valerian (* vor 200) und seinen Sohn und Mitregenten Gallienus (218-268) zu umfangreichen Rüstungen gegen den neuen Feind im Osten veranlasste. Valerian führte seine Truppen seit 257 selbst gegen die Perser, erzielte aber nur Teilerfolge, weil Schapur zunächst hinhaltend taktierte.

Erst 260 kam es bei Edessa zur Entscheidungsschlacht. Die durch eine Seuche ohnedies geschwächten Römer mussten feststellen, dass sie nicht nur gegen vorzüglich bewaffnete Verbände fochten, sondern es mit förmlich fanatisierten Kämpfern zu tun bekamen. Schapurs Soldaten beseelte zum einen der Stolz auf die ruhmreiche Vergangenheit, zum anderen die von den Sassaniden erneuerte Religion des Zoroastrismus (siehe Kasten). Schnell neigte sich die Waage zugunsten der Perser, und als der Kaiser auch noch in Gefangenschaft geriet, war die römische Sache endgültig verloren. Über Valerians angeblich schreckliches Schicksal bei den Persern wurde in der Heimat später viel gemutmaßt; wahrscheinlicher ist, dass persische Quellen der Wirklichkeit näher kommen, die von ehrenhafter Behandlung des Kaisers berichten. Jedenfalls wurde im Volksmund der damals mit römischer Hilfe entstandene mächtige Staudamm des Karun bei Shushtar (Chusistan) „Valeriansbrücke" genannt.

Zoroastrismus

Um 600 v. Chr. lehrte der altiranische Prophet Zarathustra (griechisch: Zoroaster). Er verstand sich als Verkünder des Gottes Ahura Masda („weiser Herr"), des Schöpfers und Erhalters der Welt und Urgrunds der Macht des Lichts, das er vor Ahriman, dem Geist des Bösen und der Finsternis schützt. Deswegen wird diese Lehre zuweilen auch als Masdaismus bezeichnet. Der Kampf zwischen dem zerstörerischen Prinzip und der rechten Ordnung bestimmt danach alles kosmische Geschehen, die Geschichte der Welt und das Leben des Einzelnen, der sich zwischen Gut und Böse frei entscheiden und das Böse überwinden kann. Das gelingt ihm vor allem dann, wenn er, wie von Zoroaster gefordert, Gutes denkt, redet und tut. Insofern hat der Zoroastrismus durchaus auffallende Berührungspunkte mit den christlichen und jüdischen Lehren, so dass eine wechselseitige Verstärkung ihres Einflusses in der Region gegeben war und religiöse Grundlagen schuf, die sich als äußerst fruchtbar erweisen sollten. Soldaten brachten den Zoroastrismus wie viele orientalische Kulte auch in den Westteil des Reiches.

Gefangennahme des römischen Kaisers Valerian (rechts) durch den Sassaniden-König Schapur I. im Jahr 260 in einer persischen Darstellung (aus einem zweifarbigen Quarz-Schmuckstein [Sardonyx] geschnittene Szene, 4. Jahrhundert).

Abspaltungen in Nord und Ost

Reichseinheit in Gefahr (260–273)

Im Jahr 260 ereignete sich eine Doppelkatastrophe: Im Norden musste Rom den Limes aufgeben, und im Osten geriet das bislang einzige Mal ein römischer Kaiser in Feindeshand. Beide Ereignisse brachten die Einheit des Reiches in Gefahr, jedenfalls sah es zunächst ganz so aus. Am Rhein hatten die Grenztruppen schon 259 ihren Kommandeur Marcus Postumus zum Kaiser eines Imperium Galliarum ausgerufen, das zeitweilig Britannien und Spanien mitumfasste und das sich mit eigenem Senat und eigenen Behörden von der Zentralmacht zu lösen schien. Hinter dieser Abspaltung aber stand eher die Erfahrung, dass aus Rom zur Verteidigung der römischen Kultur gegen die Germanen kaum mehr Hilfe zu erwarten war. Postumus ging es daher eher um eine Bündelung der regionalen Kräfte in der Notsituation des Gesamtreiches. Der in Rom herrschende Sohn des Valerian, Gallienus, verzichtete denn auch darauf, gegen den Sonderkaiser Front zu machen.

Auch im Osten musste er eine bedenkliche Entwicklung hinnehmen nach dem Untergang der Heere seines Vaters: Hier gelang es Septimius Odaenathus, dem Stadtfürsten von Palmyra, die syrische Grenze gegen die siegreichen Perser zu festigen und sich zum „König" eines palmyrenischen Reiches zu krönen. Dem Kaiser blieb nur die Flucht nach vorn: Er verlieh Odaenathus den Titel eines „*corrector totius orientis*", also die Statthalterschaft im ganzen römischen Osten, die dieser und die ihm 267 nachfolgende Witwe Septimia Zenobia im Namen ihres Sohnes Vaballathus bis Ägypten und an die Ägäis ausdehnte. Die hellenistisch gebildete Frau aber war nicht so harmlos wie Postumus, sondern betrieb eine Politik mit antirömischer Spitze und belegte mit der Annahme des Titels „Augusta" (271), dass sie eigene Wege zu gehen beabsichtigte.

Neuplatonismus

Die Abspaltungstendenzen im Osten waren die gefährlicheren, denn dieser griechisch geprägte Teil des Reiches war kulturell führend. Gerade im 3. Jahrhundert entfaltete das Griechentum noch einmal großen denkerischen Einfluss durch die von Ammonius Sakkas (um 180-um 242) begründete Philosophenschule des Neuplatonismus. Dieser von Plotin (um 205-270) auf den Höhepunkt geführten Lehre ging es nicht so sehr um Fragen der Sittlichkeit im Zusammenleben der Menschen, sondern vor allem um die Seligkeit des Einzelnen, seine Erlösung aus den materiellen Bindungen und Zwängen, um die Befreiung vom Theoretisieren, ja von allen Tugendanstrengungen. Ziel der Lebensführung müsse die Ruhe im Übervernünftigen, Überweltlichen und Übersinnlichen sein. Sie sei nur selten und nur von wenigen im Zustand des ekstatischen Außersichseins wirklich zu erreichen und gipfele in einer Gottesschau, in der Schauender und Geschautes verschmelzen, wie es Platon (427-347 v. Chr.) beschrieben habe.

Zu schwache nationale Kräfte

Ihr Pech war, dass in Rom 270 ein hochenergischer Mann an die Macht gekommen war: Lucius Aurelianus (214-275), kurz Aurelian genannt, dem wir schon als Erbauer der Mauer von Rom begegnet sind. Er zog nach ersten Siegen über germanische Völker in den Osten, nahm 272 Zenobia gefangen und gliederte Palmyra wieder der Provinz Syria an. Dann eilte er nach Gallien, wo seit 269 Tetricus als Nachfolger des Postumus herrschte, und konnte 273 auch diese Gebiete wieder fest mit der Zentralmacht vereinigen. Beide Potentaten führte Aurelian 274 in seinem Triumphzug als „Wiederhersteller der Welt" (*restitutor orbis*) mit durch Rom. Die nationalen Kräfte waren noch zu schwach entwickelt und zu uneinheitlich, als dass sich auf Dauer Teilreiche auf römischem Boden hätten halten und entwickeln können.

Mächtige Ruinen zeugen von der blühenden antiken Oasen- und Handelsstadt Palmyra zwischen dem mittleren Euphrat und Damaskus im Norden der syrischen Wüste. Besonders eindrucksvoll die Bühnenfront des Amphitheaters aus dem 2. Jahrhundert.

Geistliches und soziales Netz

Die Ausbreitung des Christentums (2./3. Jh.)

Sonnenkult, Isis-Verehrung, Zoroastrismus, Neuplatonismus – in Zeiten der Unsicherheit haben sinnstiftende Heilslehren Konjunktur. Die genannten kamen alle aus dem hellenistisch geprägten Osten, und auch das Christentum schien zunächst nur ein weiterer Mysterienkult zu sein. Lange hielt man es für eine obskure jüdische Sekte, deren Lebenshaltung und Glauben ihre Anhänger in den Augen der römischen Bevölkerung suspekt machte. Ihre demonstrative Friedfertigkeit, das Bemühen um Arme und Kranke, ihre Glaubensfestigkeit auch unter der Folter, ihr enger Zusammenhalt in gut organisierten Gemeinden und ihre Lehre vom Tod des Gottessohns Jesus als Erlösung der Sünder – all das ging über antiken Verstand. Solche Menschen mussten für den Normalbürger mit dem Bösen im Bunde stehen.

Nachfolger der Apostel

Schon Nero hatte diese Stimmung für seine Sündenbockstrategie beim Brand Roms genutzt, und auch spätere Herrscher erließen christenfeindliche Verordnungen bis hin zu Opfergeboten wie dem unter Kaiser Decius. Dennoch wuchsen die Gemeinden weiter und dennoch entstanden ständig neue, nun vor allem auch in den westlichen Reichsteilen. Die Gemeinde der Stadt Rom hatte dabei als Gründung der Apostel eine besondere Bedeutung; der dortige Bischof (griechisch *episkopos* = Aufseher) wuchs in eine reichsweite Führungsrolle hinein; seine Auslegung der „frohen Botschaft" (*evangelium*) von Christus wurde maßgeblich, die von ihm geleitete Kirche zu einer „katholischen" (= allgemeinen). Die Lehre war um das Jahr 180 weitgehend in der Form des heutigen Neuen Testaments niedergelegt und die darin versammelten Evangelien stellten die Basis dar für die theologische Entwicklung.

Geistliche Disziplin und klare Führung verschafften dem Christentum gegenüber anderen Lehren organisatorische Vorteile. Es bot mit den Gemeinden ein – modern gesagt – soziales Netz für die von den Nöten der Zeit geplagten Menschen und mit seinem überzeitlichen Versprechen Hoffnung, dass Gott dem Glaubenden mehr zu schenken vermag als das, was er im irdischen Jammertal vorfindet. Gefahr drohte der Lehre vor allem von innen heraus. Es traten immer wieder Prediger auf, die Kernaussagen bezweifelten, abwandelten oder gar leugneten. Inzwischen aber gab es Autoritäten wie den Bischof von Rom und Versammlungen der Bischöfe auf Synoden (griechisch = Zusammenkunft), die solchen Streit schlichten oder entscheiden konnten, wie es im Fall der Gnosis (siehe Kasten) geschah.

Gnosis

Das griechische Wort Gnosis bedeutet zunächst einfach „Erkenntnis" und meint das denkerische Weltverstehen. Da dies nie zur völligen Zufriedenheit gelingt, schlägt philosophisches Grübeln immer wieder um in esoterische Spekulation. Es ging in gnostischen Zirkeln des 2./3. Jahrhunderts zu wie in den anderen Mysterienkulten, da nur magische Praktiken eine Überwindung der natürlichen Begrenztheit des Verstandes zu versprechen schienen. Natur als das Materielle galt den Gnostikern ohnedies als das zu Überwindende. Dazu sollten allerlei Zaubereien und magische Zahlen, kosmische Symbole und Beschwörungen verhelfen, aber auch asketische Selbstdisziplin und Versenkung ins göttliche Geheimnis. Das war natürlich nur Eingeweihten, den so genannten Mysten, möglich. Gerade diese elitäre Färbung, die Rolle der Magie und der selbsterlöserische Ansatz widersprachen christlichen Grundsätzen. Letztlich wurde das gnostische Gedankengut als Irrlehre verworfen; einen entscheidenden Anteil daran hatte der Theologen Tertullian (um 160–nach 220).

Buchstäblich in den Untergrund wichen die Christen im 3. Jahrhundert vor dem staatlichen Verfolgungsdruck aus. In den Katakomben, ursprünglich unterirdische Grabanlagen, hielten sie Versammlungen und Gottesdienste ab. Beeindruckende Wandmalereien zeugen vom religiösen Leben: Christus und die Samariterin am Brunnen (um 300).

Rückfall ins Chaos

Das Jahrzehnt zwischen Aurelian und Diokletian (275–285)

Aurelian hatte das Imperium konsolidiert; seine Autorität schien Garant dafür zu sein, dass wieder ruhigere Zeiten anbrechen würden. Das erwies sich als Illusion, denn schon 275 fiel der Kaiser bei Byzanz auf dem Weg zu einem Perserfeldzug einem Anschlag zum Opfer. Es steckten wohl private Motive dahinter, denn das Offizierkorps wurde völlig überrascht, so dass es nicht gleich einen Nachfolger präsentieren konnte. Der Senat bestellte daraufhin einen gewissen Tacitus zum Herrscher, der mit einigem Erfolg gegen die Goten kämpfte, bei den Soldaten aber als Nichtmilitär keinen Rückhalt fand und von ihnen 276 beseitigt wurde. Seinem Bruder Florianus, der ihn beerben wollte, ging es nicht anders, so dass noch im selben Jahr Probus (*232), ein pannonischer Offizier des Aurelian, an die Macht kam und sich für damalige Verhältnisse relativ lange, nämlich fast sechs Jahre, halten konnte.

Er erbte ein Problem, das ihm sein früherer Chef eingebrockt hatte: Die Beseitigung des gallischen Sonderreichs durch Aurelian hatte die Stämme der Burgunder, Franken und Alemannen dazu ermutigt, den Rhein zu überschreiten und römisches Gebiet zu verheeren. Dagegen bildeten sich Einwohnerwehren der Landbevölkerung, die sogenannten Bagauden (keltisch baga = Kampf), die ihrerseits plündernd zu einem Sicherheitsproblem wurden. Probus musste in langwierigen Kämpfen gegen Germanen und Aufständische die Situation bereinigen. Danach plante auch er einen Perserkrieg, und wie Aurelian fiel er während der Vorbereitung 282 durch Mörderhand. Er soll sich den Unwillen seiner Truppen dadurch zugezogen haben, dass er sie zur Erntehilfe, also zu in ihren Augen „unwürdigen" Arbeiten, hatte heranziehen wollen.

Manichäismus

Eines der spätesten religiösen Systeme, das im römischen Reich Fuß fasste, war die Lehre des Mani (216-275), eines Mannes aus vornehmer persischer Familie. Er verstand sich als letzter der Propheten in der Reihe Buddha, Zoroaster, Jesus und erklärte den Weltprozess als eine Vermischung von Licht und Materie. Diese gelte es für den Menschen zu durchschauen, damit er die Lichtteile von der Materie seines Leibes befreien könne. Nur dann vermöge sich seine Seele nach dem Tod mit der himmlischen Lichtwelt zu vereinen. Damit sei sie nicht mehr der ewigen Seelenwanderung, oder, wie es bei Mani heißt, der „Umgießung" unterworfen. Zu Erreichen sei dieses Ziel allein durch radikal asketische Lebensführung. Der streng hierarchisch ausgerichtete Manichäismus entwickelte im römischen Reich kirchenähnliche Strukturen, verlor aber in dem Maße an Einfluss, in dem das weniger abstrakte Christentum an Boden gewann.

Blitzschlag im Zweistromland

Der bisherige schon 60-jährige Prätorianerpräfekt Carus wurde von den Truppen zum neuen Augustus ausgerufen. Er begriff, dass einer allein der Herrscheraufgabe im Riesenreich nicht gewachsen war, berief seine beiden Söhne Carinus und Numerian zu Mitregenten und machte sich mit letzterem zum Perserkrieg auf. Carinus hielt die Stellung im Westen. Doch selbst diese Verteilung der Last auf mehrere Schultern reichte nicht: Carus kam 283 angeblich durch Blitzschlag in Mesopotamien um, Numerian erlag 284 einer Krankheit, und Carinus wurde wie so viele seiner Vorgänger im Folgejahr Opfer der eigenen Offiziere. Zum Nachfolger schon Numerians hatte sich der illyrische General Diocles (* um 245) erheben lassen, dem nun die Alleinherrschaft zufiel. Er nannte sich fortan Diokletian. Dass ihm eine Erneuerung des Imperiums glücken könnte, wagte wohl nicht einmal er selbst beim Amtsantritt zu hoffen. Und doch sollte es so kommen.

Deutliche Spuren der einstigen Vergoldung sind auf dem Porträtkopf von Kaiser Probus zu erkennen. Eine Schönheit scheint er nicht gewesen zu sein, denn solche Arbeiten schmeicheln gewöhnlich. Da wird der Herrscher mit den eng stehenden Augen in Wirklichkeit eher noch seltsamer ausgeschaut haben.

Religiöse Aufladung

Die Tetrarchie des Diokletian (285–305)

Diokletian übernahm ein morsches Staatsgebäude. Bindungen sozialer wie politischer Art waren zerschlissen, die meisten Grenzen in akuter Gefahr, viele Bauern unter der Last der Abgaben von ihren Feldern geflohen, die Handwerker ins städtische Proletariat abgesunken. Die bürgerliche Welt existierte nicht mehr, die Verwaltung verwaltete den Mangel und die eigene Korruption. Das Bandenunwesen in Italien und Gallien bedrohte den schrumpfenden Handel und untergrub die öffentliche Sicherheit. Einem anderen wären wohl die Hände gesunken angesichts des Problembergs. Doch Diokletian war aus hartem Holz geschnitzt. Er sicherte sich im ersten Amtsjahr die Mithilfe des alten Kampfgefährten und Landsmannes Maximian (*240), den er zum Caesar und im Jahr darauf zum formal gleichrangigen Augustus ernannte. Ihm überließ er den Westen, während er selbst den Ostteil des Reiches regierte und sich für den Gesamtstaat die oberste Entscheidung vorbehielt. Hauptstadt blieb Rom, doch residierte Maximian auch in Augusta Treverorum (Trier) und Mediolanum (Mailand), Diokletian vor allem in Serdica (Sofia) und Nikomedia (Ismit, Türkei).

Nur noch Knechte

Diokletian legte sich den Beinamen Iovius zu, der ihn als Spross des Jupiter auswies. Seinem Mitregenten erkannte er als Herculius ebenfalls Göttlichkeit zu, wenn auch eine rangniedrigere. Die religiöse Aufladung des Kaiseramtes als „heilig" (*sacer*), wie sie auch schon von manchen Vorgängern beansprucht worden war, sollte klar machen, dass Opposition gegen allerhöchste Entscheidungen nicht nur eine Art Gotteslästerung, sondern angesichts der göttlichen Allmacht auch aussichtslos war. Neben dem Kaiser als Herrn (*dominus*) der Welt gab es nur noch Sklaven (*servi*); diese Herrschaftsform wird Dominat genannt. Die Bürger wurden fest an ihre beruflichen Aufgaben gebunden. Steuern hatten sie wie ein Opfer für die Majestät aufzubringen und den Beamten des Gott-Kaisers Folge zu leisten.

Selbst zwei Kaiser waren militärisch mit den Grenzproblemen überfordert und so adoptierten beide nach einem ersten Schub innerer Reformen 293 je einen Caesar, als eine Art Unterkaiser. Constantius Chlorus stand fortan im Westen Maximian zur Seite, Galerius kommandierte im Osten dort, wo Diokletian nicht zur Stelle sein konnte. Da die beiden neuen Männer zudem mit ihrem jeweiligen Augustus verschwägert, ebenfalls Offiziere, etwa gleichaltrig (*um 250) und illyrischer Herkunft waren, glückte eine fast reibungslose Aufgabenverteilung. Die Tetrarchie (Vierherrschaft), wie das Modell genannt wurde, bewährte sich.

Heeresreform

Diokletian institutionalisierte den Wandel des Militärischen, der sich unter seinen Vorgängern angebahnt hatte. Die permanente Kriegsgefahr hatte bewirkt, dass Truppen in den Grenzprovinzen auf Dauer stationiert und aus der Umgebung ergänzt wurden. Nur noch Männer vom Land wurden eingezogen, während die städtische Bevölkerung vornehmlich in Gewerbe und Produktion tätig war. Dieses regionale Konzept führte zu vermehrter Anwerbung reichsfremder Soldaten, die so das Bürgerrecht erwerben konnten. Neben diesen Grenzlegionen, die verkleinert und vermehrt wurden, gab es eine mobile Reichsarmee, vornehmlich aus starker Kavallerie bestehend, die man rasch an Brennpunkte verlegen konnte. Als Eliteverband kam eine Hoftruppe hinzu zur ausschließlichen kaiserlichen Verwendung. Sie löste mit der Zeit die Prätorianergarde ab, da die Kaiser nun in wechselnden Hauptquartieren residierten. Die Kommandeure nannten sich denn auch comes (Begleiter).

Aufs engste, ja innigste verbunden ließ Diokletian das von ihm geführte Herrscherquartett (Tetrarchen) *plastisch darstellen. Die umschlungenen und gekrönten Porphyr-Figuren mit den Prunkschwertern zieren heute die an der Porta della Carta gelegene Ecke der Fassade von San Marco in Venedig.*

Fast aus heiterem Himmel

Christenverfolgung Kaiser Diokletians (303–311)

Schon die Benennung beider Kaiser nach altrömischen Göttern wies daraufhin, dass sich Diokletian eine Rückbesinnung auf altrömische Traditionen vorgenommen hatte. Dass er bei der Umsetzung Gewalt gegen Andersgläubige anwenden würde, schien wenig wahrscheinlich, gab es inzwischen doch sogar an seinem Hof einige Christen und zudem viele Menschen, die mit diesen sympathisierten. Nach fast zwanzig Regierungsjahren würde er sich einen solchen Konflikt doch nicht mehr aufladen? Vielleicht aber war es gerade diese lange Zeit, die beim Kaiser den Wunsch wachsen ließ, auch ein geistlich ordentlich bestelltes Haus zu hinterlassen. Berichtet wird jedenfalls, dass er einmal im Jahr 303 bei einer Opferhandlung von den Göttern keine Antwort erhielt. Er führte das darauf zurück, dass sich anwesende Christen bekreuzigt und damit die Götter erzürnt hätten. Er sah sich als ihr irdischer Rächer.

Zunächst erfolgte eine Zurückstufung der Personen, die sich offen als Christen bekannten, zu Bürgern zweiter Klasse, denen kein rechtliches Gehör mehr zustand; christliche Soldaten wurden aus dem Heer entlassen. Dann gingen die Sicherheitskräfte dazu über, Kirchen und Versammlungsräume zu zerstören und heilige Schriften zu vernichten. Als dann auch noch ein Brand in der kaiserlichen Residenz von Nikomedia ausbrach, griff Diokletian zum selben Mittel wie vor ihm Kaiser Decius und verfügte ein allgemeines Opfergebot.

Zu Tode peitschen

Anders aber als sein Vorgänger ließ er keine Bescheinigungen ausstellen, sondern ordnete an, dass die Opferhandlung von den Christen sofort zu erzwingen war. Verweigerer verfielen der Todesstrafe in all ihrer antiken Grausamkeit. Der Kirchenhistoriker Eusebios von Caesarea (263-339) schilderte einen Fall bei Hofe: „Bewunderungswürdig benahm sich ein kaiserlicher Page. Als er sich weigerte zu opfern, wurde befohlen, er solle nackt in die Höhe gezogen und solange ausgepeitscht werden, bis er verscheide. Er erduldete aber diese Pein ohne Wanken. Schon waren die Knochen an ihm sichtbar, da rieben sie ihm Essig und Salz in die zerfleischten Teile seines Körpers. Als er auch dagegen gleichgültig blieb, wurde er auf einem Rost langsam gebraten, bis er mitten in den Qualen den Geist aufgab."

Erfolg hatte Diokletian mit seinem brutalen Vorgehen nicht. Und auch seine Nachfolger, die das Programm bis ins Jahr 311 (Toleranzedikt von Mailand) fortsetzten, mussten schließlich erkennen, dass ihre kaiserliche Macht nicht bis in die Seelen der Untertanen reichte. Im Gegenteil: Das heldenhafte Beispiel der unzähligen Märtyrer, die bis heute den Heiligenkalender prägen, brachte der Kirche nur weiteren Zulauf.

Thebaische Legion

Die Historiker bezweifeln, dass es einen Fall gegeben hat, bei dem eine ganze Legion der Christenverfolgung Diokletians zum Opfer gefallen sei. Doch selbst wenn es nur eine Legende ist, spiegelt sie doch die schwere Erschütterung, die der religiöse Wahn des Kaisers im ganzen Reich ausgelöst hatte: Er wütete auch im Reichsteil des Mitregenten Maximian, wo die aus Ägypten stammende 22. oder Thebaische Legion unter dem Offizier Mauritius im Wallis eingesetzt war. Da sich die ausschließlich christlichen Soldaten des Verbandes und sein Anführer weigerten, gegen Glaubensgenossen vorzugehen, wurden sie nach und nach bei Agaunum von kaisertreuen Truppen im Jahr 303 niedergemacht. Zum Gedenken an dieses Blutbad entstand im 6. Jahrhundert das Kloster Saint-Maurice d'Agaune, ein beliebter Wallfahrtsort mit dem bedeutendsten Kirchenschatz der Schweiz.

Das furchtbare Schicksal der Thebaischen Legion inspirierte den italienischen Maler Iacopo Pontormo (1494–1547) zu seinem dramatischen Gemälde (Ausschnitt) „Die Marter der Elftausend" (Marter des heiligen Mauritius), das um 1530 entstand.

Schädlicher Dirigismus

Maßnahmen zur Wirtschaftslenkung unter Diokletian

Die Stabilisierung des Staates gelang Diokletian und seinen Kaiser-Kollegen trotz der schlimmen Folgen der Christenverfolgung und trotz des Fehlschlags der wohl bekanntesten Reform: Mit einem Erlass versuchte die Regierung im Jahr 301 die Geldentwertung zu stoppen, indem sie für über tausend Produkte und Dienstleistungen amtliche Höchstpreise festsetzte. Das führte allerdings eher dazu, dass sich ein blühender Schwarzmarkt entwickelte, als dass die genannten Waren auch für ärmere Menschen erschwinglicher wurden. Damit arbeitete das Edikt gerade denen in die Hände, gegen die es sich richtete: „Menschen, die nur auf ihren Gewinn und ihre Prozente bedacht sind: Diesen in ihrer Habgier das Handwerk zu legen, das ist es, unsere Untertanen, was die Rücksicht auf die Menschheit von uns fordert."

Teure Kontroll-Bürokratie

Obwohl auch das Zurückhalten von Waren mit der Todesstrafe bedroht war, ließ sich nicht verhindern, dass sich Knappheit einstellte. Wie wollte man auch feststellen, was jemand nicht oder doch nur dann produzierte, wenn er dafür entsprechend unter der Hand bezahlt wurde? Auch die Münzverschlechterung war nicht per Gesetz zu bremsen, weil Wohlhabende Edelmetallprägungen horteten und mit minderwertigen Kupfermünzen zahlten. Der Tauschhandel, den der kaiserliche Fiskus hatte eindämmen wollen, ließ sich preislich schon gar nicht regulieren und breitete sich unter dem staatlichen Preisdiktat eher noch weiter aus. Der in Gang gebracht Dirigismus schuf zudem eine teure Kontroll-Bürokratie und erhöhte die Steuerlast. Den von Diokletian beschworenen altrömischen Idealen entsprach er in keiner Weise, und die großen staatlichen Güter und Manufakturen hielten sich vielfach selbst nicht an die Vorgaben.

Ins Geld ging auch die kaiserliche Bautätigkeit, die unter den Vorgängern fast zum Erliegen gekommen war. Diokletian setzte nun wieder auf architektonische Repräsentation und sorgte in den Residenzen für Theater und andere Stätten der Unterhaltung. Rom, immer stärker vernachlässigte Hauptstadt des Reiches, erhielt seit 298 gewaltige Thermen, die auf einer Fläche von 375 mal 361 Metern 3000 Badegästen Platz boten. Und in der Nähe von Salona, der Heimatstadt der Oberkaisers in Dalmatien (Illyricum), begann im selben Jahr der Bau eines Altersruhesitzes für ihn, wie ihn die Welt noch nicht gesehen hatte (siehe Kasten).

Diokletianspalast

Es war, als wollte Diokletian keinen Zweifel daran lassen, dass er tatsächlich noch zu Lebzeiten den Thron zu räumen gedachte. Mit der Anlage eines Ruhesitzes in einem mächtig ummauerten Areal von über 30 000 Quadratmetern setzte er ein deutliches Zeichen. Im Jahr 305 übergab er die Macht seinem bisherigen Caesar Galerius und veranlasste auch Maximian in die Rolle des Altkaisers zu wechseln und seinen Caesar Constantius Chlorus zum neuen Augustus zu erheben. Über zwanzig Jahre hatte Diokletian an der Staatsspitze gestanden und bedurfte dringend der Ruhe. Noch acht Jahre blieben ihm, den Palast an der lieblichen Adria-Ostküste zu genießen, in dem es an nichts fehlte und dessen Dimensionen das herrscherliche Selbstbewusstsein des Retters des Reiches spiegelt. Die quadratische Anlage ist bis heute weitgehend erhalten und zieht Besucher aus aller Welt nach Split, wie der damals lateinisch Spalatum oder griechisch Aspalathos genannte Ort heute heißt. Zentrum sind der Jupitertempel des Kaisers und ein säulengesäumtes Peristyl (Innenhof). Die christlichen Umwidmungen, Aus- und Anbauten haben dem Palast nicht nur nichts anhaben können, sondern ihn eher noch bereichert; er gehört zum UNESCO-Weltkulturerbe.

Pflaster und Mauerwerk der mehrstöckigen Palastanlage Diokletians bei Salona in Illyrien beeindrucken die Besucher von Spalatum (Split) seit über 1700 Jahren. Die Ingenieurleistungen sind ebenso zu bewundern wie die Kunst der Architekten, die Repräsentation und majestätische Bequemlichkeit zu verbinden verstanden.

Zu viele Kaiser

Nachfolgekämpfe um das Erbe Diokletians (305–313)

Diokletian hatte die Nachfolge klar geregelt, indem er die Lehren aus den gescheiterten dynastischen Verfahren zog und die beiden neuen Augusti dazu anhielt, nicht Söhne oder enge Verwandte als Caesares zu bestellen. Es sollte sozusagen ein doppeltes Adoptivkaisertum installiert werden. Constantius Chlorus erhielt zur Unterstützung im Westteil des Reiches einen Freund des Galerius namens Severus, und Galerius selbst berief den Neffen Maximinus Daia. Maxentius (* um 279), Sohn des Maximian, und Constantin (* 273), Sohn des Constantius Chlorus, wurden übergangen. Das rächte sich umgehend, denn Constantin setzte sich aus Nikomedia, der Residenz des Augustus Galerius, zu seinem kranken Vater nach Gallien ab. Dessen Truppen riefen ihn beim Tod des Constantius 306 zum Nachfolger aus. Das ließ Maxentius nicht ruhen, den in Rom die Prätorianer im selben Jahr zum Kaiser erhoben.

Jetzt hatte das Reich de facto sieben Kaiser: die beiden mächtigen zurückgetretenen, Galerius als Nachfolger Diokletians, Severus sozusagen als Caesar ohne Land, Maximinus Daia als Caesar des Galerius, Constantin und Maxentius. Es lief alles auf einen neuen Bürgerkrieg hinaus, den auch der um Vermittlung gebetene Diokletian nicht mehr abzuwenden vermochte. Selbst erneut die Macht zu übernehmen, lehnte der Altkaiser ab. Sein Vorschlag im Jahr 308 aber, neben dem ranghöchsten Augustus Galerius einen neuen namens Licinius (* um 265) für den verstorbenen Constantius Chlorus zu bestellen, häufte weiteren Zündstoff an, denn er überging erneut Constantin und Maxentius und verärgerte Maximinus Daia, der sich eine Aufwertung zum Augustus versprochen hatte. Ein Ausgleich zwischen den Rivalen war nur noch mit Waffengewalt möglich.

Sieg an der Milvischen Brücke

Der pensionierte Maximian und der amtierende Augustus Galerius starben 311. Constantin hatte es daher zunächst im Westreich mit Maxentius zu tun, der bereits Severus ausgeschaltet hatte. 312 setzte Constantin seine Truppen gegen das Hauptquartier des Maxentius in Rom in Marsch. An der Milvischen Brücke siegte Constantin, der in der Nacht zuvor eine seltsame Traumerscheinung gehabt haben soll (siehe Kasten), und war nun Alleinherrscher im Westen; Maxentius war im Tiber ertrunken. Zur Absicherung seiner Herrschaft traf sich Constantin 313 mit dem Ostkaiser Licinius und verheiratete ihn mit seiner Stiefschwester Constantia. Maximinus Daia sah darin ein Bündnis gegen sich, fiel in Thrakien ein, unterlag aber seinerseits Licinius, so dass nun nur noch zwei Kaiser das Imperium regierten.

Labarum

Seinen Angriff auf Rom trug Constantin mit einer relativ kleinen Streitmacht von 40 000 Mann vor, während seinem Gegner mehr als doppelt so viele Soldaten zur Verfügung standen. Hilfe von oben konnte Constantin dringend brauchen. Sie wurde ihm angeblich eines Mittags angekündigt, als er hoch am Himmel ein Kreuzeszeichen erblickte, das die Sonne noch überstrahlte und von den Worten begleitet war: „In hoc signo vinces – *In diesem Zeichen wirst du siegen.“ Was es damit auf sich hatte, soll der Kaiser in der Nacht vor der Entscheidungsschlacht erfahren haben. Ihm erschien im Traum Jesus und wies ihn an, Kreuz und Christusmonogramm (griechische Buchstaben chi und ro) auf seine Feldzeichen zu setzen. Er tat wie geheißen und errang einen so nicht für möglich gehaltenen Triumph. An dieser Legende wirkten christliche Autoren als Dank für die kirchenfreundliche Politik Constantins ebenso mit wie kaiserliche Propaganda. Das Labarum, so die lateinische Bezeichnung für die Kreuzesfahne, wurde bald darauf offizielle Standarte der römischen Herrscher.*

Mörderisches Getümmel – der niederländische Maler Pieter Lastman (1583-1633) inszenierte den Entscheidungskampf der Kaiser-Rivalen Constantin und Maxentius 312 an der Milvischen Brücke als farbiges, vielfiguriges Drama in mehreren Ebenen (1,6 mal 1,7 Meter, 1613).

Von der Vor- zur Alleinherrschaft

Rivalität zwischen Constantin und Licinius (313–324)

Zwei Kaiser erwiesen sich auf Dauer immer noch als zu viele. Constantin fühlte sich von der Macht des Licinius bedroht, denn dessen Ostteil des Reiches war der wirtschaftlich stärkere und kulturell überlegen. Constantins für Italien zuständiger Unterkaiser (Caesar) Bassianus entwickelte zudem wachsende Sympathien für Licinius, so dass der Westkaiser sich Sorgen um das römische Kernland zu machen begann. Er ließ Bassianus beseitigen und griff gegen den Ostrivalen zu den Waffen. Bei Cibalae (Pannonien) besiegte er 317 ein Heer des Licinius und verfolgte ihn bis nach Nordgriechenland, wo es erneut zu einer Schlacht kam, die allerdings keiner für sich zu entscheiden vermochte. Daraufhin einigten sich die Augusti darauf, dass ihre ältesten Söhne zu Caesaren erhoben werden sollten und dass Licinius sich ganz auf die asiatischen Provinzen konzentrieren werde; nur Thrakien blieb ihm als europäischer Besitz.

Spannungen geschürt

Die Waage hatte sich zugunsten von Constantin geneigt, dessen Sohn Crispus bereits 13 Jahre zählte, während der Sohn Licianus des Licinius noch in den Windeln lag. Gesichert aber war Constantins Vorherrschaft nicht, denn Licinius wollte sich mit der Zurückstufung nicht abfinden. Die Spannungen wuchsen bald wieder, und der Historiker Eutropius (✝um 390) schilderte sie so, als habe sie Constantin bewusst geschürt: „Der hochbegabte Constantin pflegte alles durchzusetzen, was er sich vorgenommen hatte. Alleinherrschaft über das ganze Reich war sein Ziel, und am Krieg gegen Licinius ließ er sich auch nicht durch ihre Verschwägerung abhalten." Er brauchte allerdings einen halbwegs plausiblen Anlass, und den lieferten ihm im Jahr 323 die Goten, die in das zum Reichsteil des Licinius gehörende Thrakien einfielen.
Constantin machte gegen sie Front, was Licinius als Einmischung in seine Herrschaft ansah; dem Amtskollegen erklärte er den Krieg. In einer Schlacht bei Adrianopel (Edirne) behielten die unter dem Labarum kämpfenden Truppen Constantins die Oberhand; Licinius setzte sich nach Kleinasien ab, um Verstärkungen an sich zu ziehen. Unterdessen besiegte die Flotte seines Rivalen unter dem Befehl des jungen Crispus im Hellespont (Bosporus) die Seestreitkräfte des Licinius, so dass Constantin übersetzen und den Gegner bei Chrysopolis (heute Stadtteil Istanbul-Üsküdar) am 18.9.324 erneut vernichtend schlagen konnte. Mit Rücksicht auf seine Schwester Constantia schenkte Constantin dem Geschlagenen zunächst das Leben. Im Jahr darauf ließ er ihn wegen angeblicher Konspiration mit den Goten dann doch hinrichten.

Regierung

Es gab auch unter Constantin weiterhin die aus der Republikzeit überkommenen Ämter, doch dienten sie inzwischen eher dekorativen Zwecken. So wurden immer noch alljährlich zwei Konsuln bestellt, und dieser Rang war nach wie vor hochbegehrt in den oberen Schichten, weil der Titel ungemein schmückte und einige öffentlichkeitswirksame Pflichten damit einhergingen wie etwa die Eröffnung von großen Spielen in Rom oder in den kaiserlichen Residenzstädten. Die Macht hingegen war längst in die Ämter und Laufbahnen des Dienstes am Hofe abgewandert. So bildeten die obersten Beamten des Kaisers auch dessen „heiliges" Beratungsgremium (sacrum consistorium). *Eingaben nahm der Generalsekretär des Palastes* (quaestor sacri palatii) *entgegen, dem ein Kollegium von Sekretären* (schola notariorum) *zur Seite stand. In die Rolle des früheren Gardepräfekten war der Kanzler* (magister officiorum) *hineingewachsen, der für die Sicherheit des Herrschers verantwortlich war.*

In den Kapitolinischen Museen wird der Kopf einer Kolossalstatue Constantins I. des Großen aufbewahrt. 2,60 Meter misst allein das Haupt und lässt ahnen, welchen Eindruck die zwölf Meter hohe Gesamtplastik gemacht haben muss, die der Kaiser nach dem Sieg an der Milvischen Brücke in der Maxentiusbasilika am Forum Romanum aufstellen ließ.

Kampf um einen Buchstaben

Kaiser Constantin und das Konzil von Nicaea (325)

In der Zeit der schweren Auseinandersetzungen mit Licinius hatte Constantin auch mit allerhand Streitigkeiten in der christlichen Kirche zu kämpfen, die er seit dem zweiten Toleranzedikt 313 massiv förderte. Er war der festen Überzeugung, dass die alten Kulte endgültig ausgedient hatten und dass nur die Kirche allein dem Reich den nötigen inneren Zusammenhalt zu geben vermochte. Er selbst trat ihr zwar vorerst nicht bei, was ihn aber nicht hinderte, sich mit seiner Autorität in kirchliche Belange einzumischen. Ihre Einheit war für ihn politisch so kostbar, dass er sie notfalls herbeizwingen wollte. Als theologischer Laie erschienen ihm Lehrstreitigkeiten wie die um die Auffassungen des Alexandriners Arius (um 260–336) als abseitige Haarspaltereien, die mit Blick auf das Ganze zu unterbleiben hätten.

Endlich Alleinherrscher geworden, berief Constantin daher schon 325 eine allgemeine Kirchenversammlung nach Nicaea in Bithynien (heute Iznik, Türkei) ein, die den Konflikt schlichten sollte. Arius behauptete im Gegensatz zur kirchlichen Lehre von der Trinität (Dreieinigkeit), dass Jesus Christus nicht wesensgleich (griechisch *homoousios*) sei mit Gott, sondern nur wesensähnlich (*homoiousios*). Die Brisanz des Konflikts, bei dem es um einen einzigen Buchstaben zu gehen schien, wurde auf der Versammlung erst offenbar, und Constantin musste sein ganzes politisches Gewicht in die Waagschale werfen, damit ein Beschluss zustande kam. Der Arianismus wurde verdammt, doch austilgen ließ er sich dadurch nicht. Noch Jahrzehnte prägte der Streit die kirchliche Entwicklung. Vor allem dass die Germanenvölker von arianischen Missionaren bekehrt wurden, sollte für Konfliktstoff sorgen.

Palast am Goldenen Horn

Militärische Notwendigkeiten, aber auch religiöse Gründe veranlassten den Kaiser zur Schaffung einer neuen Hauptstadt des Reiches, die am Schnittpunkt zwischen Ost und West, zwischen lateinischer und griechischer Welt liegen sollte. Seit 326 wurde das alte Byzanz am Hellespont (Bosporus) zur neuen nach dem Kaiser benannten Metropole Constantinopel ausgebaut und 330 eingeweiht. Christliche Kirchen und eine gewaltige Palastanlage am Goldenen Horn mit der Apostelkirche im Zentrum schmückten die Stadt. Sie gewann im 4. Jahrhundert im ständigen Kampf um die Einheit des Reiches und um seinen Bestand herausragende Bedeutung, während Rom nur deswegen nicht in Bedeutungslosigkeit versank, weil hier der Bischof als Nachfolger des Petrus und Stellvertreter Christi auf Erden zum geistlichen Oberhaupt der Christenheit aufstieg.

Donatisten

An der Wahl des Bischofs von Karthago im Jahr 311 entzündete sich ein Kirchenstreit, der den damaligen Westkaiser Constantin auf den Plan rief. Ein großer Teil der Christen wollte die Wahl des Caecilianus nicht anerkennen, weil an der Weihe ein Unwürdiger mitgewirkt hatte, einer, der während der Christenverfolgungen für die kaiserlichen Behörden gespitzelt habe. 70 Bischöfe versammelten sich in einer Synode und forderten, dass nur würdige Personen Sakramente spenden dürften, während Männer, die schwere Sünden begangen hätte, aus der Kirche auszuschließen seien. So geschah es mit dem in den Augen der Mehrheit unrechtmäßig gewählten Bischof. An seine Stelle trat 313 Bischof Donatus (†355), nach dem die Bewegung Donatismus und ihre Anhänger Donatisten hießen. Zunächst versuchte Constantin die Abtrünnigen in die katholische Kirche zurückzuzwingen, doch erwies sich das als unmöglich. Die Abspaltung (Schisma) sollte bis ins 7. Jahrhundert dauern.

„Die Gründung von Constantinopel" nannte der niederländische Maler Peter Paul Rubens (1577-1640) seine 1622 entstandene Ölskizze auf Eichenholz. Das Bild zeigt Kaiser Constantin I. mit Lorbeerkranz bei der Erteilung von Weisungen an seine Baumeister. Ihm zu Häupten schwebt kein Engel, sondern ein Adler, das Wappentier des Reiches und Feldzeichen seiner Legionen.

Abkehr von der Welt

Entstehung der Eremiten- und Mönchsbewegung (3./4. Jh.)

Der Aufstieg des Christentums zu einer erwünschten Religion, wenn auch mit Rücksicht auf andere Kulte noch nicht zur einzigen – dieser Aufstieg war verbunden mit Macht- und Prachtentfaltung. Der Kaiser selbst wurde oberster Kirchenbauer (siehe Kasten) und verstand sich als weltlicher Herr der Kirche, obwohl er nicht getauft war, auch das zur Schonung der anderen religiösen Gruppierungen. Die Kirche dankte ihm die Förderung mit einer Verurteilung von Soldaten, die den Militärdienst verweigerten. Aus der Kirche der Feindesliebe und der radikalen Friedfertigkeit war eine Art verlängertes Schwert des Herrschers geworden. Das Bündnis Thron und Altar nahm erste Formen an.

Ganz dem Glauben leben

Das rief eine Gegenbewegung auf den Plan, in deren Augen die Verweltlichung und staatliche Vereinnahmung eine gefährliche Entwicklung darstellte und die daher eine Rückbesinnung verlangte. Das schien nur in einer Abwendung von der Welt möglich, die mit ihren Verlockungen von der Nachfolge Christi nur ablenke. Es breitete sich ein Einsiedlerwesen (Eremitentum) aus, wobei Gleichgesinnte zueinander fanden, die auf Reichtum, Sexualität und Genüsse verzichten wollten, um ganz dem Glauben zu leben. Dabei spielte auch die nicht nur im Christentum verbreitete Ansicht eine Rolle, die materiell-leibliche Welt sei böse und müsse so weit möglich überwunden werden. Allein, bald auch in Gruppen zogen sich diese „Mönche" genannten Männer (von griechisch *monachos* = allein Lebender) in die Einsamkeit zurück, in Höhlensysteme und Wüstengebiete. Einer der berühmtesten wurde der Heilige Antonius (251-356), um dessen „Versuchungen" sich zahlreiche Legenden rankten und dessen Einsiedelei in Mittelägypten zum Pilgerziel wurde. Die anderen Eremiten der Gegend erwählten ihn sich zum „Vater" (hebräisch: abba, daher das Wort „Abt" für den Klostervorsteher) und zeigten damit, dass auch viele Einsiedler ihr Christentum in Gemeinschaft leben wollten, wie von Jesus immer gefordert. Diesen Gedanken betonte auch des Antonius Zeitgenosse und Landsmann Pachomius (287-347), der damit zum Begründer des Klostermönchtums vor allem östlicher Prägung wurde. Im Westen setzte sich der umfassendere Ordensgedanke durch, doch erst später, als die politischen Voraussetzungen günstiger geworden waren.

Hagia Sophia

Des Kaisers Selbstverständnis als Kirchenfürst wird deutlich in seiner umfangreichen Bautätigkeit auf sakralem Gebiet. Er stattete insbesondere Rom mit aufwendigen Kirchenbauten aus, zum Beispiel um 325 über der Stelle, wo nach der Überlieferung Petrus den Märtyrertod erlitten hatte. Auch im Heiligen Land, das die Kaiserinmutter Helena mehrfach bereiste, ließ Constantin an den heiligen Stätten Gethsemane, Golgatha, Ölberg, Bethlehem Kirchen errichten, unter denen die fünfschiffige Bethlehemer Geburtskirche mit dem oktogonalen (achteckigen) Chor und die prachtvolle Grabeskirche in Jerusalem besonders zu nennen sind. Diese Bautätigkeit erlebte ihren Höhepunkt bei der Entstehung der neuen Hauptstadt Constantinopel seit 330. Zwar wurde die erst Sophienkirche (Hagia Sophia) erst 360 vollendet, doch trug die Planung deutlich die Handschrift des ersten christlichen Herrschers über das Weltreich. Sein Mausoleum wurde mit Stelen für die zwölf Apostel versehen, in deren Mitte sein Sarkophag stand, so dass er als dreizehnter „Apostelgleicher" die ewige Ruhe finden würde. Die Verehrung für Constantin nahm in der östlichen Kirche Formen eines christlich gewendeten Kaiserkults an, der Westen blieb distanzierter, huldigte ihm aber ebenfalls als „dem Großen".

In eine grandiose Landschaft von Joachim Patinir (um 1475–1524) bettete Quentin Massys (1466–1530) seine Figuren. Im Mittelpunkt steht der heilige Antonius, den gleich mehrere Frauen von seiner Andacht abbringen und zur Sünde verführen wollen. Das Versuchungsmotiv bot willkommene Gelegenheit zur Darstellung weiblicher Reize.

Grenz- und Kirchenkämpfe

Das Reich unter den Söhnen Constantins (337–350)

Im Mai 337 starb Constantin der Große nach Empfang der Taufe. Er hinterließ ein gefährliches Machtvakuum. Zahlreiche Verwandte meldeten Ansprüche auf Teile der Macht oder gar auf die alleinige Nachfolge an, bis das Heer zwar nicht Klarheit schuf, aber doch eine übersichtlichere Lage herbeiführte. Entferntere männliche Angehörige der Dynastie wurden in einem Blutbad beseitigt und die drei Söhne Constantin II., Constantius II. und Constans zu Augusti ausgerufen. Dem Massaker entkommen waren außerdem deren Vettern Gallus und Iulianus. Constantin II. mit der Machtbasis im Westen (Spanien, Gallien, Britannien) beanspruchte als Ältester den Vorrang vor den Brüdern und die Vormundschaft über den unmündigen Constans, der Nordafrika, Italien und Illyricum als Herrschaftsgebiet erhalten sollte. Der Osten ging an Constantius II.

Der Ausgleich erwies sich als wenig haltbar. Da sein „Mündel" Constans sich als zu selbständig erwies, griff Constantin II. schon 340 in Italien ein, erlitt aber bei Aquileia eine Niederlage gegen den Bruder und fiel. Constans herrschte nun über den gesamten lateinischen Westen des Reiches. Der verbliebene Bruder Constantius II. musste das so hinnehmen, waren ihm doch durch schwere Abwehrkämpfe gegen das persische Reich die Hände gebunden. Constans stand ebenfalls vor schweren Aufgaben, weil der Bruderkrieg Randvölker im Westen, vor allen Franken und Sachsen, zu Vorstößen über den Rhein ermuntert hatte. Bis 342 trieben die Römer die Eindringlinge wieder zurück, und Constans gewann die Franken als Bundesgenossen.

Tyrannische Züge

Brenzliger war die Lage in Britannien, wo wieder Pikten und Scoten, dieses Mal aber im Verein mit sächsischen Stämmen gegen den Hadrianswall drückten und ihn stellenweise überwinden konnten. Mit mäßigem Erfolg führte Constans 343 auch dort Krieg, musste sich dann aber kirchlichen Auseinandersetzungen in seinen Kernländern stellen. Aus Glaubens- waren längst Machtfragen geworden, und auch eine von Constans nach Serdica (Sofia) einberufenen Reichsynode vermochte sie nicht zu klären, im Gegenteil: Der Anspruch Roms auf kirchlichen Vorrang vertiefte den Graben zur Ostkirche, die sich als „orthodoxe" zu etablieren begann und sich an „ihren" Kaiser Constantius II. anlehnte. Constans versuchte, in seinem Reichsteil die Glaubenseinheit mit Zwang und Drohungen durchzusetzen. Auch sonst entwickelte er tyrannische Züge, schuf sich viele Feinde, auch in der Armee, die den Offizier Magnentius in Gallien zum Gegenkaiser ausrief. Der erst 27-jährige Constans wurde auf der Flucht vor ihm 350 erschlagen.

Athanasius

Das Konzil von Nicaea hatte 325 den Arianismus zwar verworfen, aber nicht mundtot machen können. Vor allem im Osten erhoben sich immer wieder Stimmen, die an der Wesensgleichheit von Gottvater und Jesus Christus zweifelten. Ihr wohl erbitterster Gegner wurde ein Mann, der als Diakon am Konzil teilgenommen hatte: Athanasius (295-373), seit 328 Bischof von Alexandria, einer der geistigen Metropolen des Reiches. Die Unbeugsamkeit, mit der er das Glaubensbekenntnis vertrat, trug ihm den Beinamen „der Große" ein. Er machte vor niemandem halt und zog sich mehrfach kaiserlichen Unwillen zu. Fünfmal wurde er aus seiner Heimat verbannt, nach Trier, nach Rom und dreimal in die ägyptische Wüste. Es ging beim arianischen Streit ja indirekt auch um Politik. Und da sich Athanasius allen politischen Kompromissformeln verweigerte und die Unabhängigkeit der Kirche vom Staat forderte, geriet er in einen Dauer-Konflikt mit den Herrschern.

Constantin I. der Große auf dem Totenbett im Jahr 337 bei der Übergabe der Macht an seine Söhne Constantin II., Constantius II. und Constans. Der Bildteppich wurde von einer Pariser Manufaktur nach Skizzen von Peter Paul Rubens (1577–1640) gefertigt.

Der Thron, die Macht und der Tod

Gefährdete Alleinherrschaft des Constantius II. (350-360)

Den Bruder, mit dem es über kurz oder lang zum Kampf gekommen wäre, war Constantius II. los. Der Usurpator Magnentius war allerdings mit seinem Rückhalt im Heer auch nicht zu unterschätzen, wie gleich ein erstes Gefecht zeigte, bei dem Constantius im Frühjahr 351 das Feld räumen musste. Sein Gegner verlangte nun die Abdankung des Kaisers, der sich aber im September des gleichen Jahres bei Mursa (Osijek/Kroatien) erneut zur Schlacht stellte und dieses Mal dank fränkischer Überläufer und trotz enormer Verluste siegte. Mangels Legitimität brach die Herrschaft des Magnentius rasch zusammen, und er musste sich nach Spanien zurückziehen. Den entscheidenden Schlag bereitete der Kaiser akribisch vor, so dass es 353 wurde, ehe Magnentius in Südostgallien geschlagen werden konnte; der Unterlegene gab sich den Tod.

Köln in Gefahr

Wieder gebot nur noch ein Kaiser über das Reich, das allerdings vom Bürgerkrieg geschwächt war. Franken und Alemannen hatten ihn genutzt und die Rheingrenze an vielen Stellen durchbrochen; Colonia Agrippinensis (Köln) war aufs Äußerste bedroht. Constantius II. wagte nicht einmal, die Residenz Augusta Treverorum (Trier) zu beziehen und schlug sein Hauptquartier in Arles an der Rhônemündung auf. Die Alemannen ließen sich 354 bändigen und in ein Bündnis einbinden. Mit den Franken taten sich die Römer schwerer, aber eher weil sie es sich selbst schwer machten. Der Franke Silvanus, der den Kaiser bei Mursa durch seinen Übertritt gerettet hatte, war inzwischen sein Heermeister (*magister militum*), Constantius aber aufgrund von Gerüchten immer argwöhnischer gegen ihn geworden. Als Silvanus Köln gegen seine einstigen Stammesgenossen verteidigte, verdächtigte ihn sein Herr, er wolle mit den Feinden gemeinsame Sache machen. Da Unschuldsbeteuerungen nichts halfen, ging Silvanus in die Offensive und ließ sich zum Kaiser ausrufen; er fiel 355 gedungenen Mördern zum Opfer.

Auch im Osten des Reiches gärte es. Hier hatte der Kaiser seinen Vetter Gallus als Caesar installiert, der aber militärisch völlig versagte und mit harten Maßnahmen die Bevölkerung gegen sich aufbrachte (siehe Kasten). Constantius zitierte ihn nach Mailand, ließ ihm den Prozess machen und den 29-Jährigen hinrichten. Er selbst musste nun auch im Osten nach dem Rechten sehen und ließ den Westen in der Obhut des Gallus-Bruders Iulianus, verdeutscht Julian, den er 355 zum Caesar erhob und mit seiner Schwester Helena verheiratete. Der junge Mann (* 331) sprach kaum Latein und schien als Stubengelehrter keine Gefahr für die kaiserliche Position.

Constantina

Auch seinen Ost-Caesar Gallus hatte Kaiser Constantius II. durch Familienbande zu fesseln gesucht, indem er ihn 351 mit seiner verwitweten Schwester Constantina (320) verheiratete. Sie gewann großen Einfluss auf ihren Mann, ja sie war als Tochter des großen Constantin vermutlich sogar die eigentliche Autorität im Osten und mithin auch mitverantwortlich für die dortigen Turbulenzen. Als Gallus die Vorladung des Kaisers nach Mailand erreichte, bat er daher seine Frau um Fürsprache bei ihrem Bruder und ließ sie vorausreisen. Constantina aber erlag 354 in Bithynien einem Fieberanfall. Gallus musste allein beim Kaiser erscheinen. Beim Verhör beteuerte er, seine verstorbene Frau habe ihn zu den Fehlern angestiftet, die ihm Constantius ankreidete. Obwohl daran wohl manches Wahre war, konnte es den Kaiser nicht milde stimmen. Gallus musste sterben, während Constantius den Leichnam seiner Schwester in ein vornehmes Mausoleum bei Rom überführen ließ.*

Seinen Töchtern Constantina und Helena ließ Kaiser Constantin I. seit 330 eine Grabkirche in Rom errichten, heute Santa Costanza. Zwölf Doppelsäulen aus grünem und rotem Marmor tragen das Gewölbe des Rundbaus. Der Umgang ist mit kostbaren Mosaiken geschmückt, die in römischer Tradition Tiere und Pflanzen zeigen.

Atemberaubendes Tempo

Versuch einer heidnischen Restauration unter Julian (361–363)

Constantius erlebte eine zwiespältige Überraschung mit seinem West-Caesar Julian. Der angeblich linkische Gelehrte lernte nicht nur rasch Latein, sondern bewährte sich auch als Heerführer: Er hatte Fortune, und er wusste Offiziere und Soldaten richtig zu nehmen und zu motivieren. Ihm gelang die Rückgewinnung Kölns und 357 durch einen Sieg über ein fränkisches Heer bei Straßburg auch insgesamt eine Stabilisierung der Rheingrenze, so dass er neben Lutetia (Paris) auch Trier wieder zu einer seiner Residenzen machen konnte. So sehr die Erfolge im Interesse des Reiches waren, so eher besorgt nahm sie der Kaiser zur Kenntnis. Der junge Feldherr wurde ihm unheimlich, und er forderte ihn auf, einige kampferprobte Verbände zu seiner Hilfe an die bedrohte Ostgrenze abzugeben. Das stieß bei Julians Leuten auf Widerstand; die betroffenen Truppenteile meuterten und riefen Julian 360 zum Augustus aus.

Der lehnte das zunächst aus taktischen Gründen ab, spielte dem Vetter gegenüber auf Zeit und ließ sich schließlich doch zur Annahme des Herrschertitels bewegen. Krieg wurde unausweichlich. Ehe jedoch die Streitkräfte aufeinander prallen konnten, starb der erst 44-jährige Constantius Ende 361 in Kilikien. In den wenige Monaten der folgenden Herrschaft Julians legte der neue Kaiser ein atemberaubendes Reformtempo vor. Er verschlankte den Hofstaat, reduzierte den Beamtenapparat, verfügte Höchstpreise für Getreide, ergriff Maßnahmen gegen die Korruption und entrümpelte das Zeremoniell. Vor allem drängte er das Christentum zurück und versuchte, durch eine Vereinheitlichung der traditionellen Religion und der orientalischen Kulte eine Art heidnische Gegenkirche zu schaffen. Tempel wurden restauriert, Christen bevorzugt entlassen, und ein Verbot erging, nach dem sie Klassiker nicht mehr auslegen durften („Philosophengesetz"). Diese Autoren seien Heiden gewesen und würden durch die falsche Sicht christlicher Lehrer besudelt. Julian erhielt in der christlichen Geschichtsschreibung den Beinamen „Apostata" (= der Abtrünnige).

Perserkrieg

Eigentlich war die Ostgrenze ruhig; das Reich der Sassaniden hatte offenbar keine Ambitionen, sich mit den Römern anzulegen. Und so kamen denn auch gleich Verhandlungsangebote, als Julians Rüstung ruchbar wurde. Der Kaiser aber wies alle Vermittlungen zurück und brach mit etwa 65 000 Mann nach Osten auf, wohl weniger aus Ruhmsucht als zum Beweis der ungebrochenen Vitalität des Reiches auch und gerade unter einem nichtchristlichen Führer. Der Vormarsch ging zügig voran. Julian teilte sein Heer in Mesopotamien. Während er Babylonien und Assyrien besetzte, ließ er zwei seiner Generäle im Norden den Armeniern gegen die Perser zur Hilfe kommen. Er gewann einige Bundesgenossen, bekam aber bei sich immer weiter dehnenden Versorgungswegen zu wenig Nachschub, ein Problem, das durch die persische Taktik, alles für den Feind womöglich Brauchbare zu vernichten, noch verschärft wurde. Julian musste den Rückmarsch antreten.

Tödlicher Pfeil

Wie weit Julian letztlich gegangen und ob er nicht doch vor dem sich versteifenden Widerstand aus der übermächtigen Kirche zum Rückzug gezwungen worden wäre, darüber ist viel spekuliert worden. Eine wirkliche heidnische Restauration wäre wohl nicht nur an Christentum und Kirche, sondern auch daran gescheitert, dass die alten Kulte keine Strahlkraft mehr hatten. Die Probe aufs Exempel fiel aus, weil Julian einen großen Feldzug gegen das Perserreich (siehe Kasten) unternahm. Am 26.6.363 erlag er einer Pfeilverwundung.

Lebensgroß (175 Zentimeter) hat der Bildhauer das Standbild von Kaiser Julian angelegt. Und er hat den traditionsbewussten Herrscher in der altrömischen Staatstracht mit Toga und Krone dargestellt (Paris, Louvre).

Grenzen unter Druck

Valentinian, Valens, Gratian (364–383)

Mit Julian war die Constantinische Dynastie erloschen. Nach dem Rückzug aus Mesopotamien bestimmte das Heer 364 den pannonischen General Valentinian (* 321) zum Augustus, der seinen jüngeren Bruder Valens (* 328) zum Mitregenten erhob. Obwohl sich Valentinian den Westen des Reiches als Herrschaftsgebiet wählte, lag hier keine Reichsteilung vor, denn er blieb stets der ranghöhere Herrscher, der sich die letzte Entscheidung vorbehielt. In erster Linie aber kümmerte er sich um die schon wieder mehrmals von Germanenstämmen durchlöcherte Rheingrenze. Durch politische Zugeständnisse an die Gegner und erfolgreiche Strafexpeditionen gelang ihm eine Festigung der römischen Position. 367 erhob er seinen achtjährigen Sohn Gratian zum Mitaugustus, vielleicht ahnend, dass ihm nicht mehr allzu viel Zeit blieb. 375 starb Valentinian; sein germanischer Heermeister Merobaudes sicherte sich die indirekte Nachfolge, indem er den erst vierjährigen von ihm abhängigen Sohn Valentinian (II.) zum Mitherrscher des Gratian ausrufen ließ, was dieser akzeptierte.

Goten im Reichsgebiet

Unterdessen hatte der Druck von Steppenvölkern (Hunnen) in Südrussland die Goten in Bewegung gebracht, die nun nach Süden fluteten. Ihnen stellte sich Kaiser Valens 378 bei Adrianopel (Edirne) entgegen (siehe Kasten). Gratian eilte herbei, begleitet von seinem neuen Heermeister Theodosius, dessen Vater schon an der Spitze der Weststreitkräfte gestanden hatte. Dem geschickten Strategen gelang die Stabilisierung der militärischen Lage an der unteren Donau durch Ansiedlung der Goten auf Reichsgebiet (Thrakien und Mösien) und durch einen Vertrag über Abstellung gotischer Verbände für das römische Heer. Gratian erhob Theodosius 379 zum Augustus und wies ihm den bisherigen Reichsteil des Valens als Machtgebiet zu.

Damit kam der Osten zunächst zur Ruhe. In seinem Reichsteil aber bekam es Gratian mit einer Usurpation des Generals Magnus Maximus in Britannien zu tun. Dessen Leute in Gallien organisierten 383 die Ermordung des Kaisers; es sollte fünf volle Jahre dauern, ehe Theodosius den aufrührerischen Maximus bezwungen hatte. Und dann war da noch Valentinian II., für den inzwischen der neue Heermeister Arbogast, ein Franke, die Geschäfte führte. Als der junge Valentinian schon 392 starb, wurde Arbogast des Mordes bezichtigt, zumal er mit dem hohen christlichen Beamten Eugenius sogleich einen neuen Kaiser präsentierte. Theodosius konnte das nicht hinnehmen, hatte er doch gerade durch Ehe mit Galla, einer Tochter Valentinians I., in dessen Dynastie eingeheiratet.

Schlacht bei Adrianopel

Die Goten zogen sich beim Herankommen des Heeres unter Valens zunächst zurück. Der Kaiser unterschätzte daher ihre Kampfkraft und entschloss sich, nicht auf die Verstärkungen zu warten, die Gratian heranführte, und am 9.8.378 loszuschlagen. Anfangs erwiesen sich die Römer dank ihrer Kavallerie tatsächlich als überlegen, doch trafen nach und nach Reitereinheiten befreundeter Stämme bei den Goten ein, so dass diese zur Gegenoffensive übergehen und das kaiserliche Heer vernichtend schlagen konnten. Zwei Drittel des auf 20 000 Man geschätzten Heeres des Valens kamen auf dem Schlachtfeld um, auch der Kaiser selbst fiel; sein Leichnam wurde nie gefunden. Die Stadt Adrianopel konnte sich allerdings halten. Die militärische Katastrophe wurde von den Zeitgenossen als Zeitenwende empfunden, nach der zunehmend Unsicherheit das Lebensgefühl im Reich prägte. Später diente das Datum zur Markierung des Beginns der Völkerwanderungszeit.

In einem ersten Feldzug 367–369 vermochte Kaiser Valens die Westgoten unter Athanarich noch zurückzudrängen und den Frieden mit einem Abkommen zu besiegeln. Der Historienmaler Eduard Bendemann (1811–1889) hat den Händedruck zwischen Valens und Athanarich von Boot zu Boot auf der Donau festgehalten.

Der letzte Herr über das ganze Reich

Die Ausschaltung aller Rivalen durch Theodosius (379-395)

Theodosius I., von christlichen Historikern später „der Große" genannt, war am 11.1.347 in Nordwestspanien zur Welt gekommen. Bei seinem Vater ging er in eine harte militärische Schule. In Kämpfen gegen Alemannen und Quaden erwarb er die ersten Lorbeeren. Nach der Schlacht von Adrianopel wählte ihn der 19-jährige Kaiser Gratian 379 zum Mitregenten. 382 legte Theodosius den Konflikt mit den Goten bei. Nach langen Verhandlungen kam es auch mit dem persischen Sassanidenreich 387 zu einer Einigung.

Bedeutenden Einfluss nahm der neue Kaiser auf das Christentum. Erst 380 getauft (obwohl Eltern und vermutlich auch Großeltern bereits Christen waren), griff er in den seit dem Konzil von Nicaea (325) weiter schwelenden Kirchenstreit zwischen Arianern und Athanasiern zugunsten der letzteren ein. Das Konzil von Constantinopel 381, auf dem die arianische Lehre endgültig verworfen wurde, war sein Werk. Massiv ging Theodosius gegen die letzten Reste heidnischer Überlieferung vor. Er machte das Christentum 391 zur Staatsreligion, verbot alle heidnischen Kulthandlungen und sogar die immer noch (seit 776 v. Chr.) zu Ehren des Zeus veranstalteten Olympischen Spiele. Der Apollotempel in Olympia und das Serapeion in Alexandria wurden geschlossen.

Auf dem Höhepunkt der Macht

Der Kampf gegen die alten Götter hatte einen politischen Hintergrund: Usurpatoren beriefen sich auf die heidnischen altrömischen Traditionen. 388 wurde Maximus, der sich 383 von seinen Truppen zum Kaiser hatte ausrufen lassen, an der Drau geschlagen, 394 der von Arbogast auf den Schild gehobene Usurpator Eugenius bei Aquileia in Venetien; Arbogast beging Selbstmord. Theodosius stand auf dem Höhepunkt seiner Macht. Da auch Gratian nicht mehr lebte (383 in Lyon ermordet), führte er die Herrschaft allein. Der Feldzug gegen Eugenius aber hatte seine Gesundheit stark angegriffen, zum Triumphzug kam es nicht mehr. In der Nacht zum 17.1.395 starb der Kaiser.

Das römische Weltreich wurde nun endgültig geteilt. Der 17-jährige Kaisersohn Arcadius erhielt den Osten, der 11-jährige Honorius den westlichen Reichsteil. Als Berater und Vormund des Honorius wurde der Wandale Stilicho (siehe Kasten) eingesetzt. Gab es zuvor trotz der „Mitregentschaften" noch so etwas wie eine einheitliche römische Politik, schlugen nun die Reichsteile eigene Wege ein. Im Osten (Constantinopel) gingen römisches Recht und Verwaltung, griechische Traditionen und das Christentum eine dauerhafte Synthese ein, die noch ein Jahrtausend halten sollte. Im Westen dagegen (zunächst Mailand, von 404 an Ravenna) zeichnete sich bald der Untergang des Reichsteils ab.

Stilicho

Schon der Vater war als wandalischer Söldner in der Reitertruppe von Kaiser Valens zum Offizier aufgestiegen. Der um 460 geborene Flavius Stilicho galt wegen seiner römischen Mutter als „Halbbarbare" (semibarbarus) *und avancierte daher rascher als der Vater. 383 begleitete er eine kaiserliche Gesandtschaft nach Persien und heiratete nach der Rückkehr Serena, eine Nichte des Theodosius, dessen Vertrauen er gewann und der ihn zum Heermeister ernannte. Ihm übertrug der Kaiser kurz vor seinem Ende auch die Fürsorge für den minderjährigen Sohn Honorius, so dass Stilicho nach 395 zum leitenden Staatsmann des Weströmischen Reiches wurde. Er zeichnete sich aber auch weiterhin militärisch aus, indem es ihm 402 gelang, die Westgoten unter König Alarich bei Pollentia in Ligurien zu schlagen. Dennoch geriet er einige Jahre darauf in Verdacht, die Goten zu begünstigen, und wurde auf Befehl des sich bevormundet fühlenden Honorius 408 erschlagen.*

Größe (21 Zentimeter Durchmesser) und Material (Gold) machten den Solidus (309 von Constantin I. eingeführte Münze) zum begehrten Zahlungsmittel, das noch Jahrhunderte im Umlauf blieb. Hier ein Exemplar mit dem Profilporträt von Kaiser Theodosius.

Welthauptstadt im Abseits

Die Rolle des Senatsadels im ausgehenden 4. Jahrhundert

Das Heidentum war seit Julian immer weiter an den Rand geraten. Hort der alten römischen und auch der neuen orientalischen Kulte war Rom, ausgerechnet die ebenfalls ins Abseits geratene einstige Welthauptstadt, wo auch der oberste Christ oder doch der, der diesen Anspruch erhob, residierte: der Papst. Vielleicht war gerade deswegen die Tradition hier so stark, weil sich die senatorische Führungsschicht vom Zeitgeist abzugrenzen bemüht war. Sie hatte ja allen politischen Einfluss an den kaiserlichen Hof verloren. Umso intensiver pflegte sie das inzwischen rein repräsentative Ämterwesen. Wer es bis zum Konsul brachte, hatte die höchsten Weihen erreicht, denn sein Name und der seiner Familie würde auch noch der Nachwelt etwas sagen; nach den Konsuln nämlich wurden die Jahre benannt. Solche Ehre war allerdings teuer, denn die diversen Spiele, die das Volk von den hohen Herren in ihrer Amtszeit erwartete, mussten sie aus eigener Tasche finanzieren.

Vielen machte das wenig aus, denn dank nie aufgehobener Privilegien hatten die führenden Geschlechter Roms enorme Reichtümer horten können. Damit waren sie von den Herrschern ruhig gestellt und über den Machtverlust hinweggetröstet worden. Sie verfügten über Paläste in der Stadt und über Latifundien in den lieblichsten Landschaften Italiens. Bei Hungerrevolten in Rom setzten sie sich dorthin ab. Hatte sich die Lage beruhigt, kehrten sie zurück und erschienen nun als Heilsbringer: Endlich gab es wieder Spiele und Gratis-Getreide! An der immer weiter klaffenden Schere zwischen Arm und Reich rüttelte im Prinzip aber niemand, und Kaiser wie Valentinian I., denen das Elend der Massen Sorgen bereitete, erreichten mit Reformen allenfalls vorübergehend etwas.

Kult- und Kulturpflege

Nicht nur die alten Kulte förderte der nichtchristliche Adel in Rom, sondern auch die alte Kultur. Man widmete sich mit großem Eifer der Überlieferung und Kommentierung der klassischen griechischen wie römischen Dichtungen, pflegte das Theater, übte sich in Rhetorik und Philosophie und ließ dem Nachwuchs eine entsprechende Bildung angedeihen. Beispielhaft für den Grad der Verfeinerung sind die etwa 390 entstandenen „Saturnalia" des Macrobius, die mit Bezug auf das gleichnamige Fest Ende Dezember philosophische Gespräche nach der Art Platons und literarische Diskussionen enthalten. Teilnehmer sind hochgestellte römische Persönlichkeiten, darunter der seinerzeit wohl bedeutendste Redner der Stadt Symmachus (siehe Kasten). Ein Leitmotiv ist die Abgrenzung vom Christentum, die nur indirekt erfolgt, weil Macrobius die der römischen Gesittung feindliche Religion gar nicht erst beim Namen nennen will.

Symmachus

Einer der wortgewaltigsten Verteidiger der angestammten römischen Götter war Quintus Aurelius Symmachus (um 340-403). Er stammte aus dem Senatorenadel Roms und absolvierte die übliche Ämterlaufbahn. 391 bekleidete er sogar das Konsulat, obwohl er durch Förderung des Theodosius-Feindes Maximus zeitweilig in Ungnade gefallen war. Große Teile seiner Korrespondenz sind erhalten und zeigen einen Mann, der unermüdlich, aber vergeblich den christlichen Herrschern gegenüber die heidnische Sache vertrat. Nach dem Scheitern Julians war ihm bewusst, dass mehr als Duldung nicht zu erreichen war. In einer Eingabe schrieb er: „Zu denselben Sternen schauen wir empor, derselbe Himmel wölbt sich über uns, dasselbe Weltall umgibt uns. Was liegt daran, unter welchem System ein jeder nach der Wahrheit sucht? Auf einem Weg allein kann man nicht ein so erhabenes Geheimnis erkennen."

Ob zur Zeit Caesars oder Ende des 4. Jahrhunderts – in Kleidung und Haartracht unterschieden sich die hohen Herren des römischen Senats kaum. Das Fragment eines Marmorsarkophags aus dem 3. Jahrhundert zeigt eine Gruppe von bärtigen Senatoren, kenntlich schon am kunstvollen Faltenwurf ihrer Togae (oder Togen).

Farbiges Zeitbild

Das große Geschichtswerk des Ammian

Die rückwärts gewandte Haltung der Führungsschicht in Rom inspirierte einige Autoren zur Veröffentlichung von handlichen Geschichtswerken (*breviaria*). Und vielleicht erhielt auch das monumentale Werk eines zugewanderten Griechen dadurch den entscheidenden Impuls: Der um 330 in Antiochia in der Provinz Syria geborene Ammianus Marcellinus, kurz Ammian, hatte sich nach Jahren als Offizier und Teilnehmer an diversen Feldzügen unter Constantius II. und Julian sowie nach ausgedehnten Reisen in Rom niedergelassen und war beinahe römischer geworden als viele Alteingesessene. Die große Vergangenheit von Stadt und Reich faszinierte ihn, und er fasste den kühnen Entschluss, das im Jahr 96 n. Chr. endende Geschichtswerk des Tacitus fortzuführen. In 31 Büchern schrieb er die Ereignisse seit Kaiser Nerva bis ins Jahr 378 auf Lateinisch nieder. Die ersten 13 Bücher sind verloren, so dass nur die Schilderung der 26 Jahre von 353 an auf uns gekommen ist.

In den „*Res Gestae*" (Geschehnisse) genannten Schriften werden die behandelten Jahre allerdings ständig in den früheren Epochen gespiegelt, so dass wir Ammians Ansichten auch über die klassische römische Geschichte kennen. Sie hat für ihn Vorbildcharakter, was ihm zuweilen den Blick trübt. Im Vordergrund der überlieferten Texte aber steht die Zeitgeschichte in dem Sinn, dass er ihr Zeitgenosse war, vieles selbst miterlebt hatte und auf Zeitzeugen zurückgreifen konnte. Die dadurch erreichte Lebendigkeit dämpft Ammian durch sehr sachliche Darlegungen, wollte er doch dem Ideal des Tacitus gerecht werden, „ohne Zorn und Eifer" (*sine ira et studio*) zu berichten. Das ist ihm fast besser gelungen als seinem Vorbild, auch wenn er nicht immer persönliche Zu- und Abneigungen zu verbergen vermag.

Kriegswesen

Die allgemeine Krise des Reiches spiegelt sich auch in der Fach- und Sachliteratur. Die Ausbeute an nennenswerten Werken fällt denkbar dürftig aus. Wenig verwunderlich, dass eine der raren Ausnahmen den Titel trägt „Über das Kriegswesen" (De rebus bellicis), *erschienen um 370 und von einem unbekannten Autor verfasst. Dieser legt seine Schrift den Herrschern ans Herz, die allein die Macht hätten, die vorgeschlagenen Maßnahmen umzusetzen. Es geht ihm nämlich nicht nur um Militärisches, sondern auch um Reformen der Verwaltung und des Münzwesens, wichtige Voraussetzungen für das Funktionieren der Kriegsmaschinerie. Für sie beschreibt und zeichnet der anonyme Autor eine ganze Reihe von Erfindungen: weiter tragende Geschütze (Schleudern), gepanzerte Kampfwagen, Schlauchbrücken sowie als Clou ein Kriegsschiff ohne Ruder und Segel, das mit von Ochsenkraft getriebenen Schaufelrädern voranbewegt wird – eine revolutionäre Idee, die hier erstmals auftaucht.*

Vertrauen in die Reichsstabilität

Dieser letzte der großen nichtchristlichen Geschichtsschreiber des Römischen Reiches hatte durchaus ein Gespür dafür, dass er in Zeiten des Niedergangs lebte; die Gründe dafür aber scheint er nur geahnt zu haben. Was die Völker, die gegen die Grenzen des Imperiums anbrandeten in Bewegung gebracht hatte, blieb ihm dunkel. Auch die eigentümliche Erstarrung der Gesellschaft in privilegierte Oberschicht und ausgebeutete Masse kam ihm kaum zu Bewusstsein. Hingegen behandelte er das Thema Christentum, das sonst von heidnischen Autoren meist übergangen wurde, durchaus tolerant, wie er denn überhaupt weltanschaulich offenbar wenig festgelegt war. Sein Werk endet mit der Katastrophe von Adrianopel und doch zuversichtlich: Das über tausend Jahre alte Reich würde auch solche schweren Rückschläge überwinden.

Roms Größe, die Ammian so faszinierte, hatten sie erkämpft; nun, im Abwehrkampf waren sie wichtiger denn je: die Legionäre, hier mit Feldzeichen vor ihrem Oberbefehlshaber Kaiser Mark Aurel, ein Relief, das 315 am Triumphbogen seines anderthalb Jahrhunderte jüngeren Nachfolgers Constantin I. angebracht wurde.

Eine ungewöhnliche Karriere

Bischof Ambrosius von Mailand und der Kaiser

Christliche Historiker haben Kaiser Theodosius schon bald nach seinem Ende als „den Großen" gefeiert. Sie würdigten damit seine großen kirchenpolitischen Leistungen und seinen Kampf gegen das Heidentum. Was für eine Macht dadurch neben dem Kaisertum entstanden war, musste Theodosius schon zu Lebzeiten erfahren. Ihm erwuchs nämlich im Bischof seiner Residenzstadt Mailand eine Persönlichkeit von derartigem Format, dass selbst der Kaiser gewisse Rücksichten nehmen musste: Ambrosius (339-397), als Sohn eines hohen Beamten in Trier geboren, trat in die väterlichen Fußstapfen, wurde Jurist und übernahm 374 die Präfektur in Ligurien mit Sitz in Mailand unweit des kaiserlichen Hofes. Als im Jahr darauf der dortige Bischofsstuhl vakant wurde und sich kein Nachfolger fand, wählte man Ambrosius, obwohl er erst in der Taufvorbereitung stand und keine theologische Qualifikation hatte.

Kompromisslos im Glauben

Obwohl er sich gegen die Wahl sträubte, musste er sich auf kaiserliche Anordnung hin fügen. Er nahm die neue Aufgabe äußerst ernst, eignete sich rasch die nötigen Kenntnisse an und gewann als weithin gerühmter Prediger schnell an Autorität. Einer, den er mit seiner Wortgewalt so beeindruckte, dass er sich taufen ließ, war der spätere Kirchenvater Augustinus. Die Arianer, von denen es viele am Kaiserhof gab und die seine Wahl zunächst begrüßt hatten, mussten erleben, dass der Bischof zu einem entschiedenen Vertreter des Glaubenbekenntnisses von Nicaea und damit der Lehre von der Wesensgleichheit Christi mit Gottvater wurde. Selbst die Bitte um ein eigenes Gotteshaus vor den Toren der Stadt wurde den Arianern auf Druck des Ambrosius hin abgeschlagen. Heidnische Wünsche wie etwa der des Symmachus, dem wir schon begegnet sind, nach Aufstellung eines Altars in Rom fanden erst recht kein Gehör.

Doch auch die Kaiser hatten im Mailänder Bischof einen unbequemen Mahner. Zum Konflikt kam es 388 mit Theodosius: Ein Bischof im Osten hatte seine Gemeinde dazu angestiftet, an die Synagoge des Ortes Feuer zu legen. Nach Recht und Gesetz befahl der Kaiser, den Volksverhetzer zu bestrafen. Ambrosius setzte sich umgehend für den Amtsbruder ein und forderte den Kaiser auf, seinen Befehl zurückzunehmen. Symbolisch bezichtigte er sich selbst, das jüdische Gebetshaus angezündet zu haben, „um den Ort zu beseitigen, an dem Christus geleugnet wird". Der Kaiser solle in sich gehen und einsehen, dass die betroffenen „Ungläubigen" selbst am Volkszorn schuld seien und dass die Synagoge nicht mit von Christen erhobenen Steuern wieder aufgebaut werden dürfe. Theodosius beugte sich ebenso wie im noch gravierenderen Streit zwei Jahre später (siehe Kasten).

Massaker von Thessaloniki

Ein äußerst beliebter Wagenlenker in Thessaloniki wurde wegen „widernatürlicher" homosexueller Handlungen vom dortigen Militärbefehlshaber ins Gefängnis geworfen. Das erregte die fanatisierten Anhänger des Fahrers, und es kam zu einem Aufruhr, in dessen Verlauf der Befehlshaber ermordet wurde. Theodosius befahl, mit Waffen gegen den Mob in der Arena vorzugehen. Zu spät widerrief er die Anordnung; es waren bereits unzählige Menschen vor allem durch Bogenschützen niedergemacht worden. 7000 Opfer sollen es gewesen sein. Auch wenn die Zahl übertrieben sein dürfte, so blieb das Blutbad unentschuldbar. So sah es auch der Mailänder Bischof Ambrosius, der verkündete, den Kaiser so lange von der heiligen Messe auszuschließen, bis dieser öffentlich Reue gezeigt habe. Theodosius kam daraufhin im Büßergewand in die Kirche und wurde wieder in Gnaden aufgenommen.

Nach einem Gemälde seines Lehrers Peter Paul Rubens gestaltete der flämische Maler Anthonis van Dyck die Szene „Der heilige Ambrosius verweigert Kaiser Theodosius dem Großen den Eintritt in die Kirche" (1620). Der unerhörte Vorgang beschäftigte die Künstler vieler Epochen.

Hang zum Symbolhaften

Die plastische Kunst im 4. Jahrhundert

Nur gut sechs Jahrzehnte liegen zwischen den Amtszeiten der „großen" Kaiser Constantin I. und Theodosius I., und doch lässt sich an den künstlerischen Hinterlassenschaften ein deutlicher Wandel der Formensprache feststellen. Er zeigt sich schon beim Vergleich der beiden Hauptmonumente, dem Constantinsbogen in Rom und dem Obelisken in Constantinopel. Nach seinem 312 erfochtenen Sieg über Maxentius an der Milvischen Brücke widmete der Senat im Namen des Volkes Constantin einen Triumphbogen, der 315 eingeweiht wurde. Er ist der größte (21 Meter hoch, 25 breit, 7 tief) und jüngste in Rom und zeigt bereits einen gewissen Verfall der plastischen Kunst in zweierlei Weise: Die Perspektive, auf Reliefs ohnedies nicht sonderlich ausgeprägt, ist fast ganz zugunsten bloßer Staffelung der Motive aufgegeben, und viele Teile des Bauwerks sind einfach von älteren aus der Zeit Trajans und Hadrians (erste Hälfte 2. Jahrhundert) abmontiert und hier angebracht worden. Auch im Vergleich mit neueren Teilen wird die gesunkene Kunstfertigkeit sichtbar. Hier ging es um Monumentalität, weniger um Details.

Frontal erstarrt

Gerade in der Verwendung alter Versatzstücke aber steckt auch die Betonung der Kontinuität. Es ging dem Senat offenbar gerade um die Integration des neuen Herrschers in die Reihe seiner ruhmvollen Vorgänger; ein gewisser Sparzwang mag mitgespielt haben. Von einem solchen nostalgisch-stolzen Rückblick ist auf den Reliefs der beiden Marmorsockel (zusammen 6 Meter hoch) des ägyptischen Obelisken nichts mehr zu spüren, den Theodosius 390 in der Mitte des Hippodroms von Constantinopel aufstellen ließ. Allenfalls Stolz auf die Ingenieursleistung ist bemerklich. Das Bild auf der Ostseite zeigt den Kaiser, der den Siegerkranz bereithält, zwischen seinen Söhnen und hohen Beamten in der Loge; die Größe der Figuren spiegelt ihren jeweiligen Rang. Hier fehlt nicht nur die Perspektive, auch auf eine Darstellung der Personen im Profil hat der Künstler verzichtet und alle Akteure frontal aufs Bild gebannt. Es scheint, als habe er kein einmaliges Ereignis, sondern einen Moment von ewiger Geltung festhalten wollen.

Diese Tendenz lässt sich auch an Ganzplastiken aus derselben Zeit feststellen. Schon dass sie weit seltener geworden sind als in früheren Epochen, belegt den Hang zum Symbolhaften. Der Schmuckgedanke, wie er in Nischenfiguren zum Ausdruck kommt, tritt zurück. Es dominieren Herrscherstatuen, die kaum persönliche Züge aufweisen und eher Werte und Würde repräsentieren. In christlicher Sicht hat sich das Individuum zugunsten der Funktion im Heilsplan verflüchtigt. Nur in der Kleinkunst hat es weiterhin seinen Platz (siehe Kasten).

Kunsthandwerk

Dass hinter dem künstlerischen Niedergang nicht Verfall des Könnens, sondern eher Ideologisches steckte, beweisen in großer Zahl auf uns gekommene Werke der Kleinkunst wie Schmuckstücke, Tafelgeschirr, verzierte Möbel, ziselierte Gläser. Reichhaltig auch die Funde von Elfenbeinschnitzereien, die kostbare Behälter zieren, Bucheinbände verschönern oder Urkunden aufwerten. Besonders bemerkenswert sind die recht häufigen Diptychen aus Elfenbein. Dabei handelt es sich um zwei mit Scharnier oder Kordel verbundene Holzbrettchen, deren Außenseiten mit Bildwerken aus Elfenbein geschmückt sind, und deren Innenseiten eine Wachsfüllung enthielten, in die Texte geritzt und von denen sie wieder gelöscht wurden. Bei feierlichen Gelegenheiten wie etwa dem Amtsantritt eines hohen Beamten oder bei Jubiläen erhielten die gefeierten Personen oft solche hochwertigen Diptychen geschenkt.

Unten das Volk, darüber Theodosius I. in der Herrscher-Loge des Hippodroms mit seiner Familie und seinem Hofstaat bei der Verleihung des Siegerkranzes. Das Relief schmückt den Sockel des vom Kaiser 390 in Constantinopel aufgestellten ägyptischen Obelisken.

Licht und Wasser

Infrastruktur in den großen Städten

In der Forschung lange umstritten war die Frage, ob die größeren römischen Städte des 4. Jahrhunderts über eine Straßenbeleuchtung verfügten. Für markante Punkte wurde das allgemein angenommen, in der Fläche aber blieben Zweifel. Hinweise beim Schriftsteller Libanios (314-393) brachten keine Klarheit; er spricht von „Hängeleuchten" in Antiochia (Syrien), die von Saboteuren abgeschnitten worden seien. Und bei Hieronymus (347-419) heißt es zwar ebenfalls über Antiochia, ein Streitgespräch habe dort so lange gedauert, dass draußen ringsum bereits die Lichter angezündet wurden. Das sagt aber nichts darüber, ob dahinter staatliche Verfügungen standen. Erst die Ausgrabung von Pompeji und anderer Städte schuf Sicherheit: Es gab vielerorts städtische Beleuchtung und entsprechende Vorschriften dafür. Die von Antiochia war wohl bloß besonders eindrucksvoll, weil die durch Handel reiche Stadt sich eine helle Petroleum-Beleuchtung leistete. Sie brannte die ganze Nacht *(„pernoctantium luminum claritudo")*, wie es bei Ammianus Marcellinus heißt.

Sehr gut erhaltene Stützbogen

Überhaupt hielt sich der hohe Standard im Osten länger, denn seit 330 war Konstantinopel neue Reichshauptstadt. Ihre Einwohnerschaft wuchs rasant und brauchte deswegen ständige Verbesserungen der Infrastruktur. Das galt in besonderer Weise für die Wasserversorgung. Eine Leitung gab es schon seit der Regierung Hadrians. Sie kam von Hügeln westlich der Stadt und verlief ausschließlich unterirdisch. Anders die beiden großen Fernleitungen, deren erste 373 fertiggestellt war und nach dem damaligen Herrscher Valens-Leitung genannt wird. Sie war so ergiebig, dass fast gleichzeitig eine neue Thermenanlage in Betrieb genommen werden konnte. Ihre Stützbogen sind noch heute in der Stadt zu sehen. Ursprünglich waren es 17 eingeschossige und 46 zweigeschossige Bogenführungen; noch etwa 800 Meter sind zum Teil sehr gut erhalten. Sie bildeten später die Achillesferse der Stadt bei Belagerungen, weil die Wasserversorgung leicht zu kappen war.

Theodosius ließ ebenfalls ein Aquädukt erbauen, das kurz vor seinem Tod 395 vollendet wurde. Es sollte die letzte dieser staunenswerten Leistungen römischer Ingenieurskunst werden. Nachdem sich Lösungen wie die Rationierung von Wasser im Jahr 382 als nicht ausreichend erwiesen hatten, war in der weiter wachsenden Stadt eine solche neue Zuleitung erforderlich geworden. Das Entnahmegebiet lag über 50 Kilometer weit weg an den Quellen des Flusses Ergene.

Feuerwehr

Auffallend ist die große Zahl der Brunnen in römischen Städten. Sie sind sicher auch als Löschwasserreservoire genutzt worden. Jeder Hausstand musste zudem Löscheimer (hamae) *und Löschdecken* (centones) *für kleinere Brände bereithalten. Bei größeren rückte die Feuerwehr an, die schon über Spritzen verfügte. Sie wurden durch Windkessel unterstützt; auch von Wasserschläuchen aus Ochsendärmen wissen wir, deren Inhalt durch einen Lederbalg am Ende verspritzt wurde. Zu Löschdiensten zogen die Kommunen meist Vereine der Handwerker* (fabri) *heran. Sie unterhielten Brandbereitschaften; an Militärstandorten wie z.B. Aquincum (Budapest) sorgten die etwa 120 Techniker jeder Legion für diesen Dienst. Sie waren in Kollegien organisiert und führten unter einem Vorsitzenden, einem Bannerträger und anderen Funktionären ein reges Vereinsleben. So waren manche zugleich Bestattungsvereine mit Beitragspflicht. Beim Tod eines Mitglieds sorgten die anderen für Begräbnis, Totenmahl und Grabpflege aus Mitteln der Vereinskasse.*

Die Muslime, die 1453 Constantinopel eroberten und in Istanbul verwandelten, wussten die römischen Aquädukte zu schätzen. Und als sie nicht mehr zu reparieren waren, erhielt man sie wenigstens als Denkmal. Die Stützbogen der Valens-Leitung überbrücken heute verkehrsreiche Straßen.

Innere Gefahr?

Die Goten zwischen den rivalisierenden Reichsteilen

Die beiden Reichsteile drifteten unter den Söhnen des Theodosius nicht nur auseinander, sie arbeiteten in manchem sogar gegeneinander. In Mailand bestritt man den Vorrang des älteren Ostkaisers Arcadius, und in Constantinopel sah man mit Misstrauen den großen Einfluss des Germanen Stilicho, dem es gelang, seine Tochter Maria mit dem Westkaiser Honorius zu verheiraten. Die früher gepriesene Politik, Germanen auf Reichsboden anzusiedeln und das Heer mit ihnen zu verstärken, war inzwischen in Verruf geraten. Man sah am Hof des Arcadius wieder mehr die Barbaren als die Verbündeten, ja man entwickelte eine gewisse Furcht, dass sie sich zu einer inneren Gefahr entwickeln könnten. Goten saßen ja inzwischen auch in großer Zahl schon in der Hauptstadt und wagten es sogar, eine eigene arianische Kirche zu fordern, was aber am Widerstand des mächtigen Patriarchen Johannes Chrysostomos (siehe Kasten) scheiterte.

Die neue „Barbaren"-Feindlichkeit in Constantinopel nahm insofern besonders Wunder, weil sie vor allem durch Eudoxia, seit 395 mit Kaiser Arcadius verheiratet, geschürt wurde. Als Tochter eines Frankenfürsten hätte man von ihr eher ausgleichende Töne erwartet. Sie mochte aber spüren, dass der Trend gegen die Goten lief, und wollte um ihres Einflusses willen sich dem nicht entgegenstellen. Führer der gotischen Hilfstruppen war ein gewisser Gainas, der sich bemühte, die antigotische Stimmung zu wenden, indem er im Jahr 400 Chalcedon besetzte und Kaiser Arcadius zwang, die Gotenfeinde am Hof zu entlassen. Damit aber hatte er den Bogen überspannt, und erkannte das auch. Er versammelte seine Männer in Constantinopel und befahl den Abmarsch. Kurz nach Verlassen der Stadt gerieten sie in einen Hinterhalt und wurden niedergemacht; nur Gainas und einige wenige Mitkämpfer entkamen, wurden aber wenig später Opfer einer weiteren Attacke.

Chrysostomos

Die wohlhabenden Eltern gaben ihm bei der Geburt um 350 den Namen Johannes und ließen ihn beim heidnischen Rhetor Libanios ausbilden. Den jungen Mann aber zog es zum Christentum und zwar zur asketischen Richtung. Viele Jahre verbrachte er bei Mönchen oder sogar in völliger Einsamkeit, ehe ihn Gesundheitsprobleme zur Rückkehr in die Zivilisation zwangen. Er wurde Presbyter und Priester und machte mit mächtigen Predigten auf sich aufmerksam. Diese Redegabe trug ihm später den Beinamen Chrysostomos (griechisch = Goldmund) und 398 gegen seinen Willen die Berufung zum Patriarchen von Constantinopel ein. Die seine Wahl betrieben hatten, darunter Kaiserin Eudoxia, bereuten das schon bald. Der neue Bischof dachte gar nicht daran, den Kaiserhof zu hofieren. Er prangerte viel mehr Luxus und Intrigen an, verordnete dem Klerus strenge Verhaltensregeln und stellte sich quer, wenn es ihm sein Glaube gebot. Dafür musste er mehrmals in die Verbannung; er starb 407. Die überlieferten Predigten des Chrysostomos fesseln noch heute.

Marsch nach Italien

Dieses Massaker warnte die in Epirus ansässigen Westgoten unter ihrem König Alarich, der sich nun sehr zur Freude das Kaiserhofes in Constantinopel mit seinem Volk nach Westen Richtung Italien wandte. Es kam 402 zum bereits erwähnten Zusammenprall mit den Truppen Stilichos. Doch trotz der Niederlage konnte Alarich die Seinen bald wieder sammeln und erneut zur Bedrohung des Westreiches werden. Wegen dieser relativ raschen Erholung entstand das Gerücht von der Kumpanei Stilichos mit den Goten, das seinen Ruf bei Kaiser Honorius untergrub und ihn schließlich 408 Macht und Leben kostete.

Auf einer Silberplatte, einem sogenannten Missorium, ließ sich Kaiser Theodosius zum zehnten Regierungsjubiläum mit seinen Söhnen verewigen. Er selbst beherrscht mit Heiligenschein (Nimbus) die Mitte; zu seiner Linken thront der künftige Kaiser Arcadius beschützt von zwei Leibwächtern (Bild).

Endzeitzeichen

Erstürmung und Plünderung Roms durch die Goten 410

Aufgrund der Gotengefahr war der kaiserliche Hof schon 404 von Mailand nach Ravenna verlegt worden, das wie das heutige Venedig im Wasser lag und von der Landseite her kaum angreifbar war. Außerdem wurden Truppen aus Britannien (siehe Kasten) zur Verstärkung des Kernlandes Italien abgezogen. Ob doch etwas dran war an dem Getuschel, Stilicho konspiriere mit Gotenkönig Alarich? Dafür spricht, dass der Heermeister eigentlich gar nicht anders konnte, denn germanische Stämme fluteten über den Rhein nach Gallien hinein; eine geordnete Verteidigung war gar nicht mehr möglich. Da konnte man es sich mit den Goten im eigenen Land nicht auch noch verderben. Nach Stilichos Ende 408 jedenfalls spielte sich Alarich als dessen Rächer auf und begann erneut eine Offensive in Italien, wo es zur gleichen Zeit zu schweren Verfolgungen germanischer Söldner und ihrer Familien kam. Die Überlebenden flüchteten sich zu den Westgoten Alarichs, der sich auch als ihr Anwalt gegenüber Kaiser Honorius verstand.

Der Feind im Herzen des Reiches

Da dieser im sicheren Ravenna Verhandlungen verschleppte, stieß Alarich noch 408 nach Rom vor und belagerte die Stadt, die bald unter Hunger litt. Gegen ein enormes Lösegeld konnte sie noch einmal den Abzug der Goten erkaufen. Allerdings nur vorübergehend, denn immer noch verweigerte Honorius das von Alarich geforderte Siedlungsland. Die Goten machten daher kehrt und erschienen 410 erneut vor Rom. Dieses Mal aber ließen sie sich von der Aurelianischen Mauer nicht aufhalten, sondern erstürmten sie und plünderten die Stadt drei Tage lang. Ein Schock ging durch die gesamte Mittelmeerwelt. Militärisch von besonderer Bedeutung war der Fall Roms im Grunde nicht, doch dass der Feind plötzlich, zum ersten Mal seit achthundert Jahren (387 v. Chr. Galliereinfall) im Herzen des Reiches stand, wurde als Zeichen verstanden. Bei den Heiden für den Zorn der Götter über den Abfall der Römer von der angestammten Religion, bei den Christen für den Anbruch der Endzeit und das baldige Jüngste Gericht. In Städten aber wachsen keine Nahrungsmittel, und als die Goten alle Vorräte an sich gebracht und verbraucht hatten, stellte sich für Alarich wieder die Frage nach einer Ernährungsgrundlage für sein Volk. Er brach mit seinen Scharen nach Süden auf, wo er auf Sizilien oder in der Provinz Africa eine Basis zu finden hoffte. Er starb jedoch noch 410 und wurde im Busento bei Cosenza begraben. Der Legende nach leiteten die Goten den Fluss für die Beisetzung um und gaben ihm erst danach sein altes Bett zurück, damit das Grab ihres verehrten Führers nie gefunden und nie geschändet werden konnte.

Verlust im Norden

Dass der Eindruck eines Anfangs vom Ende so falsch nicht war, machte auch ein anderes Zeichen deutlich. Ende des 3. Jahrhunderts war der Versuch einer Abtrennung Britanniens vom Reich noch ziemlich schnell gescheitert. Jetzt, gut hundert Jahre später, gelang nicht einmal mehr die Abriegelung der Durchbrüche von Pikten, Scoten und sächsischen Verbänden durch den Hadrianswall, der nach und nach aufgegeben werden musste. Es waren einfach zu viele römische Truppen abgegeben worden, und bei den verbliebenen Verteidigern handelte es sich zumeist um „barbarische" Hilfstruppen, die mit den Angreifern sympathisierten oder gar zu ihnen überliefen. Hilferufe der römischen Beamten und Militärs verhallten entweder ungehört oder wurden mit der Aufforderung beschieden, selbst eine Verteidigung zu organisieren. So Kaiser Honorius 410. Britannien war damit faktisch für das Reich verloren, wenn auch noch später Ansprüche immer wieder erhoben wurden.

„Der Einzug Alarichs in Rom" nannte Hermann Knackfuß (1848-1915) seine Zeichnung von 1890, die später koloriert wurde. Er entwarf den Westgotenkönig als zottigen wilden Kerl, der sein Kommen mit Fanfaren ankündigt und niedermachen lässt, was sich ihm in den Weg stellt.

Geisel, Gotin, Kaiserin

Das bewegte Leben der Galla Placidia (390–450)

Bei der Erstürmung Roms fiel den Goten eine ganz besondere Beute in die Hände: Galla Placidia, 390 geborene Tochter des großen Theodosius I., Schwester der Kaiser Honorius und Arcadius. Mit ihr wollte Alarich Druck ausüben, um von Honorius Land für sein Volk zu erzwingen. Als Alarich früh starb, übernahm Athaulf die Krone der Westgoten, führte sie nach Südgallien und heiratete dort 414 die Geisel Galla Placidia. Von den Römern unter dem Heermeister Flavius Constantius bedrängt, wich Athaulf nach Spanien aus, fiel dort aber schon 415 durch Mörderhand. Sein Nachfolger Vatia erreichte 417 ein Arrangement mit Constantius, indem er gegen die Rückgabe von Galla Placidia und gegen die Erneuerung des Bündnisvertrags mit den Römern 418 die Ansiedlung der Goten in Aquitanien zwischen Atlantik und Rhône, Hauptort Tolosa (Toulouse), erreichte.

Atempause in Constantinopel

Die Forderung nach Heimkehr der Kaisertochter war von Constantius nicht ganz uneigennützig, jedenfalls gelang es ihm, Honorius dazu zu bringen, ihm die Schwester 417 zur Frau zu geben. Sie schenkte ihm noch im ersten Ehejahr die Tochter Honoria und 419 den Sohn Valentinian, benannt nach dem kaiserlichen Großvater. Einmal in die Dynastie aufgenommen, setzte Constantius (III.) 421 auch seine Erhebung zum Augustus und die Galla Placidias zur Augusta durch. Der Ehemann starb noch im gleichen Jahr, und seine Frau geriet in die Mühlen der Hofintrigen. Sie setzte sich 422 nach Constantinopel ab, wo sie auf zwei weitere Kaiserinnen traf. Der dort seit dem Tod des Vaters Arcadius 408 regierende Theodosius II. (*401) hatte 414 seine Schwester Pulcheria und 423 nach der Hochzeit mit Eudokia auch diese dazu ernannt. Westkaiser Honorius starb 423, was dessen Kanzleichef Johannes dazu nutzte, nach dem Purpur zu greifen.
Theodosius II., der wohl erkannte, dass er eine Gesamtherrschaft über beide Reichsteile nicht würde halten können und der auch dem Osten zu sehr verbunden war, ernannte den erst 5-jährigen Valentinian (III.) zum Mitkaiser und entsandte ihn mit der Mutter sowie einem Truppenaufgebot 424 nach Italien. Als rechtmäßige Mitglieder der Kaiserdynastie konnten sich beide dort rasch durchsetzen und den Usurpator Johannes beseitigen. Die tatkräftige und erfahrene Galla Placidia führte nun die Regentschaft für den unmündigen Sohn bis um 435, als er volljährig wurde. Danach zog sie sich mehr und mehr aus der Politik zurück, starb 450 in Rom und wurde dort auch bestattet. Der Sarkophag in der für sie um 430 in Ravenna erbauten wuchtigen Grabkapelle (siehe Kasten) blieb leer.

Mausoleum einer Herrscherin

Ein tiefer Wandel der antiken Architektur unter dem Einfluss des Christentums lässt sich an einem äußerlich fast schmucklosen Bau in Ravenna ablesen: Das Mausoleum, das sich Kaiserin Galla Placidia dort hat errichten lassen, duckt sich förmlich und weist in seiner schlichten Ziegelbauweise durch nichts darauf hin, dass es unerhörte Schätze birgt. Alle künstlerische Mühe ist in die Gestaltung des Innenraums investiert worden: Marmorinkrustationen schmücken die Wände, leuchtende Mosaiken lassen die Gewölbe erstrahlen. Den Besucher empfängt über dem Eingang das Bild des guten Hirten in lieblicher Landschaft. Gegenüber an der Stirnseite schreitet der heilige Laurentius, dem die Kapelle geweiht ist, mit dem Kreuz auf der Schulter sieghaft dem glühenden Rost entgegen, auf dem er den Märtyrertod erleiden soll. Viel höher, als es tatsächlich ist, erscheint das Kreuzgewölbe mit dem golden bestirnten dunkelblauen Himmel, der die Blicke empor lenkt

Im Innern des Gotteshauses entfaltet sich die frühchristliche Kunst. Das für Galla Placidia seit 430 in Ravenna errichtete Mausoleum ist eher eine Grabkapelle, in der die Besucher zur Andacht und zum Gedenken an die Verstorbene einkehren. Lichteffekte und Gewölbe lenken die Blicke zum golden bestirnten dunklen Himmel.

Geistig-geistliche Unruhe

Sinnsuche und Bekehrung des Augustinus (354–430)

Die Krise des Imperiums erfasste auch einen Mann, der später eben dieser Krise die Zeichenhaftigkeit absprechen sollte, die viele Christen zu erkennen meinten: Augustinus, 354 in Thagaste (Africa) geboren, war christlich erzogen worden, wandte sich aber als Jugendlicher ganz dem Kultur- und Vergnügungsbetrieb in Karthago zu, studierte Rhetorik und wurde selbst Dozent für dieses Fach. Bei allen Ablenkungen beschäftigte er sich trotzdem mit den klassischen Schriften, vor allem mit Cicero, der in ihm die Liebe zur Philosophie weckte. Die erhoffte Orientierung aber vermochte er Augustinus nicht zu geben, und auch die Bekanntschaft mit den Lehren der Manichäer ließ die geistig-geistliche Unruhe in dem jungen Mann eher wachsen, die sicher auch gespeist war durch die wachsende Not der Zeit. Er ging 384 nach Rom, erhielt einen Ruf als Rhetorik-Professor nach Mailand, der kaiserlichen Residenz, und fand Kontakt zum dortigen Bischof Ambrosius.

Diese Begegnung wurde wegweisend für den Sinn suchenden Grübler, dem die Genüsse der Welt schal zu werden begannen. Und hier kam es 387 auch zu dem Bekehrungserlebnis, das Augustinus in seinen zehn Jahr später niedergeschriebenen „Confessiones" (Bekenntnisse) geschildert hat. Er wandte sich von der Welt ab, und verinnerlichte ganz die Worte, die er bei seiner Erleuchtung im Römerbrief des Paulus (13, 13f.) gelesen hatte: „Lasset uns ehrbar wandeln wie am hellen Tag, nicht in Schwelgereien und Gelagen, nicht in Wollust und Ausschweifung, nicht in Streit und Eifersucht. Ziehet vielmehr an den Herren Jesus Christus und pflegt nicht das Fleisch zur Erregung eurer Lüste." Augustinus ließ sich von Ambrosius taufen, kehrte nach Africa zurück, erhielt die Priesterweihe und wurde 395 Bischof von Hippo Regius (Annaba, Algerien).

Nichtigkeit irdischer Zeichen

Er veröffentlichte theologische und philosophische Werke, darunter das Buch *„De civitate dei"* (Über den Gottesstaat, verfasst 413-426), das auch auf den Schock der Eroberung Roms durch die Goten reagierte. Er warnte vor einer Gleichsetzung des christlichen Römerreiches mit dem von Jesus angekündigten Reich Gottes, das eben nicht von dieser Welt sei. Der vergängliche Staat der Menschen sei immer auch von antigöttlichen Kräften bestimmt. Den „Gottesstaat" dagegen errichte der Herr im Innern des Glaubenden. Der später als Kirchenlehrer und Heiliger verehrte Augustinus erlebte noch den Einfall der Vandalen in Africa und starb 430, während sie Hippo Regius belagerten.

Pelagianismus

In der Nachfolge des Apostels Paulus entwickelte Augustinus die Lehre von der Erbsünde weiter, nach dem der Mensch durch den Sündenfall schon im Stand des Unheils geboren werde und nur durch die Gnade Gottes in der Erlösungstat Jesu Christi Vergebung finden kann. Gegen diese Fesselung des freien Willens wandte sich ein Zeitgenosse des Augustinus, der aus Britannien stammende Mönch Pelagius († um 420): Für ihn war der Sündenfall Adams allenfalls ein schlechtes Beispiel, aber nicht geeignet, die Menschheit für immer oder doch bis zur Rettung durch Christus mit Sündhaftigkeit zu kontaminieren. Pelagius räumte ein, dass die Menschen eher zum Bösen neigen und kaum einer ohne Sünde gefunden werden könne. Er hielt es aber durchaus für möglich, dass der Mensch durch reinen Lebenswandel und gute Werke an seiner Erlösung mitwirken könne, allerdings nicht ohne Unterstützung durch die göttliche Gnade. Diese Lehre wurde, nicht zuletzt durch Betreiben des Augustinus, 431 auf dem Konzil von Ephesus verworfen.

Als Bischof und frommen Schriftsteller hat der italienischen Maler Nicoletto Semitecolo den heiligen Augustinus auf seinem Fresko porträtiert (14. Jahrhundert, Kirche Santa Maria dei Servi, Venedig).

Sprung nach Africa

Siegeszug der Vandalen unter Geiserich (428–439)

Mit wandernden Völkerschaften hatte es das Römische Reich schon mehrere Male zu tun gehabt. Bisher war es mit ihnen aber entweder militärisch fertig geworden, hatte sie durch Zahlungen abwehren oder als Bundesgenossen gewinnen können. So war es zunächst auch zum Arrangement mit den Westgoten gekommen, und als ihnen der Kaiser 418 das Gebiet in Südwestgallien zugewiesen hatte, schien auch diese Vereinbarung noch im alten Rahmen zu liegen. Doch schon bald stellte es sich heraus, dass daraus ein rein germanisch geführter Staat entstand, der zwar bei ähnlichen Interessen mit dem verbliebenen Weströmischen Reich kooperierte, sonst aber eigene Wege ging. Gegen die schon 406/07 oder noch früher an und über den Rhein gefluteten Franken, Sueben, Alanen und Burgunder ließen sie sich nur in Einzelfällen zum Kampf gewinnen, so dass nördliches und östliches Gallien fast schutzlos deren Beutezügen ausgesetzt waren. Einige Stämme waren schon 409 vor Ankunft der Westgoten weiter nach Spanien gewandert, vor allem die Vandalen, die aus dem böhmisch-ungarischen Raum vor den Hunnen ausgewichen waren. Mit ihren nur etwa 80 000 Menschen, davon allenfalls 20 000 Bewaffnete, stellten sie in der römischen Provinz nur eine kleine Minderheit dar, waren aber ein enormer Machtfaktor, dem die lokalen römischen Verbände wenig entgegenzusetzen hatten, wie eine Niederlage im Jahr 422 bewies. Der Zusammenstoß hatte sich beim Marsch der Vandalen nach Süden ereignet, wohin sie sich vor den Westgoten absetzten, die ihren südwestgallischen Machtbereich nach Spanien auszudehnen bestrebt waren (nach der Stadt Toledo so genanntes Toledanisches Reich). Die Vandalen sammelten sich um Cartagena und erhielten 428 mit König Geiserich (389-477) einen Befehlshaber, der sie zu neuen Ufern führte.

Geiserich in Hannibals Heimat

Schon im ersten Amtsjahr setzte er mit all seinen Scharen nach Africa über und machte sich auf den Vormarsch nach Osten. Galla Placidias Heermeister Bonifatius bemühte sich vergeblich, ihn zum Stehen zu bringen, wurde geschlagen und musste sich 432 mit seinem Restheer nach Italien zurückziehen. Geiserich hingegen genoss wachsende Unterstützung durch Berber und Oppositionelle in der Provinz, nutzte kirchliche Konflikte aus und konnte schließlich einen eigenen Staat aufbauen, den Kaiser Valentinian III. 435 anzuerkennen gezwungen war; der formale Bündnisvertrag konnte das nur notdürftig bemänteln. 439 eroberte Geiserich Karthago und machte es zu seiner Residenz. Seine Flotte beherrschte das westliche Mittelmeer.

Foederaten

Die Praxis, feindliche Stämme oder Völkerschaften durch Vertrag (foedus) zu Bundesgenossen zu machen, kannte schon das frühe Rom. Mit Einsetzen der Völkerwanderung seit etwa 375 wurde sie lebenswichtig für das Reich, das nur noch so seine Streitkräfte hinreichend zu ergänzen und die Grenzen zu verteidigen vermochte. Bedeutendstes dieser Abkommen war das mit den Westgoten im Jahr 382 durch Kaiser Theodosius I. Es zeigte aber auch den Pferdefuß des Verfahrens, bei dem die Bundesgenossen ins Reichsgebiet aufgenommen, aber nicht integriert wurden, sondern ihr Gemeinwesen nach eigenen Gesetzen gestalteten und zum Fremdkörper wurden. Sie traten im Kriegsfall unter eigenen Anführern ins römische Heer ein und verstärkten dadurch dessen ohnehin schon hohen „Barbarisierungs"-Grad. Kam es zu Soldverzögerungen oder zu Konflikten mit römischen Kommandeuren, konnten sich diese der Foederaten-Verbände nicht mehr sicher sein.

Ob Punier, Römer oder Vandalen – sie alle wussten die strategisch günstige Lage Karthagos am Kreuzungspunkt antiker See- und Handelswege für sich zu nutzen. Das archäologische Grabungsgelände mit den Siedlungsresten der verschiedenen Jahrhunderte wurde 1979 in die Liste des Weltkulturerbes aufgenommen.

Erpressen und erbeuten

Der Vorstoß der Hunnen nach Westen (405-453)

Wie schon bei den Westgoten gesehen, war die Völkerwelle, die an und schließlich über die Grenzen des Imperiums rollte, von Vorstößen der Hunnen nach Westen ausgelöst worden. Dieses Reitervolk aus den asiatischen Steppen umfasste verschiedene Stämme und war den Goten, auf die es zuerst stieß, militärisch überlegen, obwohl es zunächst nicht unter einheitlicher Führung stand. Nach Eroberung und Zerstörung des Ostgotenreichs des Ermanarich († 375) am Schwarzen Meer und Verdrängung der rechts des Dnjestr siedelnden Westgoten hielten die Hunnen nur vorübergehend inne. Sie unternahmen immer wieder Beutezüge in die römischen Orientprovinzen und ins Reich der Sassaniden, stießen 405 nach Pannonien (Ungarn) sowie an die untere Donau vor und arrondierten ihr Machtgebiet mit Zentrum westlich der Karpaten.

Burgunderreich vernichtet

Es folgte wohl eine Phase der Konsolidierung, ehe die Hunnen unter ihrem Führer Rua (herrschte 425-434) wieder aktiv wurden, und zwar gegen Ostrom. Mit dem Westen nämlich war es zu einem Arrangement gekommen: Der weströmischen Regentin Galla Placidia (für den Sohn Valentinian III.) war ihr Heermeister Flavius Aetius (*um 390, sprich: A-etius) zu mächtig geworden; sie beschloss, ihn durch den in Africa gegen die Vandalen glücklosen Bonifatius abzulösen. Obwohl dieser den Rivalen und seine hunnischen Hilfstruppen 432 schlagen konnte, brachte das nichts mehr, weil Bonifatius noch im gleichen Jahr starb. Aetius aber sicherte sich bei Skua den Beistand der Hunnen, konnte sich so in Ravenna als starker Mann des Westreiches durchsetzen und mit hunnischer Hilfe 436 das Burgunderreich um Worms vernichten (im Nibelungenlied besungen). Wegen der guten Verbindungen des Aetius blieb der Westen zunächst verschont, während die Hunnen in Thrakien einfielen und hohe Summen von Constantinopel erpressten. Unter Ruas Neffen und Nachfolger Attila blieb es zunächst bei der Politik der Attacken gegen den Ostkaiser Theodosius II. († 450). Die enorme Beute setzte Attila zur Sicherung seiner Herrschaft über die von ihm abhängigen germanischen Völker (z. B. Gepiden, Ostgoten) und zu Rüstungszwecken ein. Anderthalb Jahrzehnte nach seiner Machtübernahme schien ihm endlich die Gelegenheit gekommen, wieder dem ursprünglichen Westdrang zu folgen. Einer der Gründe war wohl, dass er die Ostkarte für ausgereizt hielt, zumal der neue Kaiser Markian (regierte 450-457) weitere Zahlungen verweigerte. 451 zog Attila mit seinen gefürchteten Reitern plündernd nach Gallien. Auf den Katalaunischen Feldern kam es zur entscheidenden Schlacht (siehe Kasten).

Katalaunische Felder

Den genauen Ort des Zusammenstoßes der Hunnen mit einem Heer aus Westgoten, Alanen und Römern kennen wir nicht; vermutlich lag er in der Nähe von Troyes südlich von Reims. Trotz leichter Überzahl der Hunnen konnten die Verbündeten unter Aetius das Treffen offen gestalten und schließlich sogar durch das Eingreifen westgotischer Reserven die Initiative gewinnen. Attila zog sich unter schweren Verlusten zurück und wurde von den Gegnern in seiner Wagenburg eingeschlossen. In Sorge um die Bündnistreue der Westgoten wollte Aetius die Hunnen jedoch als gemeinsamen Feind nicht ganz ausschalten und brach die Belagerung ab. Attila zog sich über den Rhein zurück und wandte sich im Folgejahr nach Italien. Er kehrte aber schon bei Mantua um, da eine Seuche sein restliches Heer schwer getroffen hatte. Attila, unter dem Namen Etzel als Schrecken des Abendlands in Geschichte und Sage eingegangen, starb schon 453; sein Reich zerfiel danach rasch.

Noch nach dem Tod kämpfen die Gefallenen weiter. Wilhelm Kaulbach (1805-1874) gestaltete das wüste Geschehen auf den Katalaunischen Feldern irdisch-überirdisch für das Wandgemälde im Treppenhaus des Berliner Neuen Museums.

Göttliche Vollmacht

Leo I. und die Wurzeln des Papsttums (440-461)

Die Bischöfe von Rom haben schon früh ihren Vorrang vor anderen propagiert, weil sie ihr Amt auf den Apostelfürsten Petrus direkt zurückführten. Das war und ist historisch zwar nicht gesichert, doch spricht einiges dafür, dass Petrus tatsächlich einer der Gründer der römischen Gemeinde war und dass er hier den Märtyrertod erlitten hat. Ihm gegenüber aber hatte Christus erklärt: „Du bist Petrus und auf diesen Felsen will ich meine Kirche bauen und die Pforten der Hölle sollen sie nicht überwältigen. Und dir will ich geben die Schlüssel über das Himmelreich. Was du auf Erden bindest, soll im Himmel gebunden sein. Und was du auf Erden lösest, soll im Himmel gelöst sein." Diese göttliche Vollmacht reklamierten die Nachfolger für sich, womit sie zunächst allerdings nur regional und nur zeitweilig durchdrangen. Erst 304 ist erstmals für den Bischof von Rom der Titel „papa" verbürgt.

Nach der christlichen Wende des Reiches unter Constantin dem Großen wurde der Führungsanspruch schon deutlicher artikuliert. Erst aber als West- und Ostreich weiter auseinander drifteten, wurde er im Westen auch weitgehend akzeptiert, während er im Osten nur dann von Bedeutung war, wenn es den Kaisern ins Konzept passte. Sonst beanspruchten sie selbst die Führung auch der Kirche (siehe Kasten); die Patriarchen der Metropolen Jerusalem, Alexandria und vor allem Constantinopel beugten sich ebenso wenig dem römischen Primat. Die politische Entwicklung in der unruhigen Völkerwanderungszeit brachte eine Vertiefung des Grabens zwischen den Reichsteilen mit sich, und das machte sich auch kirchlich bemerkbar.

Disziplinierung der Vandalen

Wo die staatlichen Autoritäten im Ansturm der Germanen bröckelten, übernahmen wie selbstverständlich kirchliche die Ordnungsfunktion. Ihre Organisation erwies sich als krisenfest, ja die Kirche profitierte sogar von den Nöten der Zeit: Viele Menschen suchten bei ihr Halt und Schutz, das irdische Elend ließ ihre Heilsversprechungen nur noch verlockender erscheinen. Zum weithin sichtbaren Signal der gewachsenen Macht der Kirche wurde die lange Amtszeit von Leo I. dem Großen als Bischof von Rom (440-461). Er übernahm den Titel eines Pontifex Maximus, den Kaiser Gratian 379 niedergelegt hatte, und er leitete die Verhandlungen mit Attila, als dieser 452 in Italien einfiel. Seine Autorität war wohl nicht ausschlaggebend für den Rückzug der Hunnen, doch die Menschen schauten auf diesen „Papst" mit Vertrauen. Als ihm 455 auch die Disziplinierung der Vandalen glückte, die Rom plünderten, umwehte ihn der Nimbus, der den Kaisern in Ravenna längst abhanden gekommen war. Der Papsttitel verfestigte sich zwar erst später, doch Leo hatte den Grund gelegt.

Caesaropapismus

Für das ostkirchliche Modell mit dem Kaiser als weltlichem und zugleich geistlichem Oberhaupt wurde erst in neuerer Zeit die zusammenfassende Bezeichnung „Caesaropapismus" geprägt: Caesar (Kaiser) und Papst in einem war der jeweilige Throninhaber. Diese Rolle hatte Constantin der Große sogar schon gespielt, als er noch nicht einmal getauft war; sie erbte sich unter seinen Nachfolgern in Constantinopel fort, während sich die Westkirche zunehmend von dieser Personalunion abwandte und ihre Selbstständigkeit gegenüber den Herrschern betonte. Ausgerechnet Leo I. der Große förderte den Caesaropapismus indirekt, als er den Ostkaiser Markian (regierte 450-457) auf dem Konzil von Chalcedon (Bithynien) 451 entschieden in seinem Bestreben unterstützte, Lehrstreitigkeiten in der Ostkirche zugunsten des Glaubenbekenntnisses von Nicaea von oben zu beenden.

In der kirchlichen Überlieferung wurde das mutige Auftreten von Papst Leo I. dem Großen vor Hunnenkönig Attila im Jahr 452 zu einem Sieg des Himmels stilisiert. Das über sieben Meter breite Fresko von Raffael (1483-1520) feiert das Ereignis.

Handelszentrum am Niederrhein

Castra Vetera, Colonia Ulpia Traiana, Tricensimae, Xanten

Die germanische Landnahme in Westeuropa war nicht nur auf den Druck der Hunnen zurückzuführen, sondern ebenso auf die Schwäche des Reiches, das den wenig zivilisierten Stämmen und Völkerschaften wie das gelobte Land vorkommen musste. Vor allen die schon lange im Grenzland lebenden Germanen wussten, was da zu holen war. Eine der römischen Städte in solchem Gebiet war Colonia Ulpia Traiana (Xanten), 110 n. Chr. nach Kaiser Trajan benannt. Schon vorher hatte hier eine römische Garnison bis zum Bataveraufstand 70 n. Chr. existiert, wovon noch die Reste eines Militärkrankenhauses zeugen (siehe Kasten). Die nach Colonia Agrippinensis (Köln) wichtigste Stadt in der Provinz Germania inferior wurde 275 bei einem fränkischen Angriff zerstört und als Tricensimae kleiner und besser befestigt wieder aufgebaut.

Aquädukt in der Rheinaue

Die etwa 10 000 Einwohner zählende antike Stadt, damals durchflossen von einem Rheinarm, war ein Handelsknotenpunkt mit Hafen. Sie erhielt ihr Wasser aus einer etwa acht Kilometer entfernten Quellfassung in der Hees, einer Hügellandschaft südwestlich von Xanten. Die Fassung der Leitungsrinne hatte eine Breite von knapp einem Meter und verlief in frostfreier Tiefe, abgedeckt mit Schieferplatten. Sie erhielt durch Tonrohre Wasserzufuhr auch aus anderen Quellen. Bei Eintritt in die Rheinaue ging die bis dahin unterirdische Leitung in eine drei Meter hohe oberirdische auf Stützbogen über. Das Wasser wurde in der Stadt an Laufbrunnen, Thermen, Werkstätten und Bürgerhäuser verteilt.

Bemerkenswert ist in Xanten das römische Handwerkerviertel. Hier siedelten sich vornehmlich Veteranen an, die ihr früher ausgeübtes oder beim Militär gelerntes Handwerk nach Ende des Dienstes weiterführen wollten. Das Viertel bestand aus gleichartigen zweistöckigen Reihenhäusern, zusammengefasst in einem Wohnblock (*„insula"*), den ein gedeckter, zum Bürgersteig offener Gang umgab. Im Erdgeschoss lagen die Werkstätten und Verkaufsräume von Bäckern, Brauern, Metzgern, Schmieden mit Heiz-, Back- oder Schmelzöfen. Im Innenhof lieferten Ziehbrunnen das Wasser, das auch in Zisternen vorgehalten wurde. Vom Hof gelangte man zum Abtrittraum und zu den Anbauten für Waren- oder Materiallager. Im Obergeschoss befanden sich die Wohn- und Schlafräume. Manche Handwerker konnten sich sogar Fußbodenheizungen und Glasfenster leisten.

Valetudinarium

*Beim späteren Xanten unterhielten die Römer die Garnison Vetera Castra (altes Lager), wo ein rund 8000 Mann starker Kampfverband (Doppellegion) stationiert war. Er brauchte für seine Kranken und Verwundeten ein Hospital (*Valetudinarium, von valitudo *= Gesundheit). Der um einen U-förmigen Innenhof angelegte Bau hatte 65 Zimmer für je drei Betten und mehrere Behandlungsräume. Er war an Wasserleitung und Entwässerungseinrichtungen des Lagers angeschlossen. Auch ein 64 Quadratmeter großer Operationssaal konnte anhand von allerlei zurückgelassenem Arztbesteck identifiziert werden. Holzkohlebecken dienten der Heizung, aber auch den römischen Chirurgen, die die Gefahr kannten, die von verunreinigten Instrumenten ausging. Sie machten sie über dem Feuer keimfrei – ohne dass sie freilich Genaues über Keime gewusst hätten. Insgesamt arbeiteten 24 Ärzte unter einem Legionsarzt in einem solchen Lazarett, eine Zahl, wie sie auch heute für einen ähnlich großen Verband angesetzt wird. Das römische Krankenhaus von Vetera Castra, eines von vielen inzwischen in ganz Westeuropa entdeckten, ist heute im Modell zu besichtigen.*

Hohe hygienische Standards zeichneten die römischen Städte aus. Auch in der Handels- und Garnisonsstadt Tricensimae (Xanten) gab es umfangreiche Thermenanlagen. Hier das in jüngster Zeit originalgetreu wieder aufgebaute Caldarium *(Warmraum).*

Alptraum des Imperiums

Schrumpfendes Reich unter Marionettenkaisern (455–472)

Valentinian III. ertrug es 454 nicht länger, „unter" Heermeister Aetius Kaiser zu sein; während einer Audienz brachte er ihn eigenhändig um. Mit bösen Folgen, denn der Getötete hatte mächtige Freunde, die ihn ungesäumt rächten: Ein halbes Jahr später fiel Valentinian einem Anschlag zum Opfer. Seine Dynastie war damit erloschen. Kaiserlos aber mochte auch der Westen nicht leben. Constantinopel reagierte zunächst nicht auf die Meldungen aus Italien, vielleicht weil der dortige Kaiser Markian mit dem Gedanken einer Gesamtherrschaft spielte, vielleicht weil ihm ein noch schwächerer Westen erwünscht war. Und da auch Rom wegen des Vandalen-Einfalls von 455 (siehe Kasten) gelähmt war, beschlossen Adelskreise in Gallien die Berufung eines gewissen Avitus zum Kaiser, der aber weder von Rom noch von Markian anerkannt und von Heermeister Ricimer 456 besiegt wurde.

Heermeister als Herrschermacher

Dieser konnte wegen seiner westgotisch-suebischen Herkunft (* um 405) die Nachfolge nicht anstreben, wurde aber durch Ernennung zum Patricius belohnt, was eine Art Aufnahme in die Herrscherfamilie bedeutete. Er fühlte sich daher ermächtigt, seinen Offizierskollegen Maiorianus zum Kaiser ausrufen zu lassen, der 457 auch die Anerkennung des neuen Ostkaisers Leo I. erhielt. Nach Ricimers Geschmack agierte er allerdings etwas zu selbstständig, und als Maiorianus 461 beim Kampf mit den Vandalen eine Schlappe erlitt, ergriff der Heermeister die Gelegenheit, den Kaiser zu beseitigen. Drei weiteren Kaiserkreaturen erging es nicht anders, ehe Ricimer 472 starb.

Die Wirren hatten zu weitgehendem Verlust des römischen Einflusses in Gallien geführt; das Westreich bestand fast nur noch aus Italien, Illyrien sowie aus Resten der südgallischen Provinzen. Nördlich der Loire bis zur Somme hatte sich 464 ein gallorömisches Sonderreich unter Syagrius gebildet, der sich König der Römer *(rex Romanorum)* nannte und mit Duldung der Franken seine Selbstständigkeit zwanzig Jahre lang behaupten konnte. Die Westgoten hatten 466 endgültig die Bindungen an Rom gekappt. Ihr seitdem regierender König Eurich (um 440-484) kündigte den ohnedies nur noch formal bestehenden Bündnisvertrag. In Spanien hatten sich seine Westgoten und andere germanische Stämme festgesetzt. Und Africa war nach gescheiterten Versuchen, die Vandalen mit massiver Hilfe aus Constantinopel zu vertreiben, 468 ebenfalls verloren. Vandalenkönig Geiserich, der fast ein halbes Jahrhundert bis 477 herrschte, war zum Alptraum des Imperiums geworden.

Vandalen in Rom

Wollte Geiserich Kaiser Valentinian III. rächen, der im Frühjahr 455 ermordet worden war? Ging es ihm darum, die schon 442 mit dem Kaiser vereinbarte Verlobung seines Sohnes Hunerich mit der römischen Prinzessin Eudocia durchzusetzen? Ober nutzte er nur die günstige Gelegenheit der Thronwirren? Gleichviel: Ende Mai 455 landete er in Ostia und marschierte gegen Rom. Die Vandalen nahmen die Stadt und plünderten sie zwei Wochen lang. Der darauf im 18. Jahrhundert geprägte Begriff des „Vandalismus" für blindwütige Zerstörungslust ist irreführend, denn die Vandalen gingen sehr gezielt und vergleichsweise diszipliniert vor. Inwieweit der Appell von Papst Leo I. dem Großen dazu beigetragen hat, ist ungewiss. Jedenfalls hielt er nach Abzug der Plünderer einen Dankgottesdienst dafür, dass die Stadt so glimpflich davongekommen war. Nicht aber die Kaiserfamilie: Witwe Eudoxia und ihre Töchter Eudocia und Placidia wurden nach Karthago verschleppt, wo die Vermählung der Eudocia mit Hunerich die Dynastie Geiserichs kaiserlich-römisch veredelte.

Was irgend in Karthago, ihrer Hauptstadt, gebraucht werden konnte oder was sie persönlich reizte, schleppten die Vandalen weg, als sie 455 Rom 14 Tage lang plünderten (1865 entstandene kolorierte Zeichnung von Heinrich Leutemann [1824-1904]).

„Barbare" auf dem Thron

Stabilisierung des Ostens durch Leo I. und Zeno (457-491)

Das Oströmische Reich hatte zwar ähnliche Probleme wie der Westen durch die Ostgoten, die sich aus der hunnischen Abhängigkeit gelöst hatten und nun zu einem eigenen Machtfaktor in Pannonien geworden waren. Aber mit den Kaisern hatte Constantinopel mehr Glück: Auf Markian folgte 457 Leo I., der zwar ein Mann von Gnaden des Heermeisters Asparus war, sich aber von ihm zu lösen verstand durch Ausgleich mit den Ostgoten und durch Schaffung einer schlagkräftigen Palasttruppe (*excubitores;* schon früher waren auch die Prätorianer so genannt worden) aus Isauriern unter ihrem Anführer *(comes)* Zeno. Dieses kriegerische Bergvolk aus Südwestanatolien galt als „barbarisch", obwohl die Isaurier schon seit Jahrhunderten Reichsbürger waren. Zeno schaltete Asparus gewaltsam aus und heiratete die Kaisertochter Ariadne.

Mit den Goten war ein Arrangement dahingehend gelungen, dass sie 457 den sechsjährigen Königssohn Theoderich aus dem Geschlecht der Amaler (in der Sage: Amelungen) als Geisel an den Kaiserhof abgaben und dafür Jahrgelder erhielten. Der junge Gote genoss eine vorzügliche Ausbildung und wurde von Kaiser Leo I. 473 zu seinem Volk zurückgeschickt, das er im oströmischen Sinne beeinflussen sollte. Kurz darauf verschied Leo 474 und hinterließ als legitimen Erben nur den minderjährigen Enkel Leo II., Sohn des Zeno und der Ariadne. Das kaiserliche Kind berief auf Rat seiner Großmutter Verina und seiner Mutter den Vater zum Mitregenten, der beim Tod Leos noch im selben Jahr die Alleinherrschaft übernehmen wollte. Zunächst scheiterte er an Vorurteilen gegen ihn als „Barbaren" und an einer Intrige der Schwiegermutter Verina, die ihren Bruder Basilikos als Herrscher installieren wollte. Zeno musste nach Antiochia ins Exil.

Das Kaiserchen

Nach zwanzig Monaten hatte Basilikos abgewirtschaftet; Zeno konnte mit seiner isaurischen Palasttruppe im August 476 zurückkehren, ohne auf nennenswerten Widerstand zu treffen; das ihm entgegengesandte Korps lief zu ihm über. Zeno übernahm die Herrschaft (bis 491) in einer Zeit, als im Westen die Machtbalance zugunsten der Germanen kippte. 475 hatte dort der Heermeister Orestes seinen 14-jährigen Sohn Romulus zum Kaiser ausrufen lassen, der wegen seiner Jugend als Augustulus (Kaiserchen) bespöttelt wurde. Gegen ihn erhob sich 476 Odoaker (*um 433), ein hunnisch-germanischer Adliger, dessen Forderung nach Land für seine Veteranen von Orestes zurückgewiesen worden war. Er setzte sich gegen Orestes in einer Schlacht durch und dessen Sohn als letzten weströmischen Kaiser ab. Er selbst übernahm die West-Regierung und nannte sich selbstbewusst *rex Italiae* (König von Italien).

Salvian

Die Landnahme durch die Germanen wurde von der eingeborenen Bevölkerung nicht nur als Katastrophe erlebt. Ein Zeitkritiker wie der Theologe und Schriftsteller Salvian (um 400-480) erklärte sich das Desaster des Imperiums vielmehr mit dem moralischen Versagen der Römer. Nicht das Christentum habe ihre Moral untergraben, sondern sie selbst seien schuld am Strafgericht Gottes, weil sie laue Christen seien. Sie hätten vor allem das Gebot der Nächstenliebe mit Füßen getreten, indem die Armen verfolgt und versklavt würden, während die Reichen gewissenlos im Luxus schwelgten. Natürlich seien die Germanen ungebildet und von „üblem Geruch", aber sie übten untereinander Solidarität und achteten streng auf Sittlichkeit. Insbesondere die Vandalen stellt Salvian als Muster dar; sie hätten die völlig verkommene Provinz Africa gereinigt und die römische Bevölkerung sittlich aufgerichtet.*

Sie verhalf dem Isaurier Zeno auf den Thron: Ariadne, Tochter Kaiser Leos I., heiratete den Befehlshaber der Palasttruppe und machte so aus dem „Barbaren“ einen hoffähigen Mann (um 500 geschaffene Elfenbeinschnitzerei, Teil eines Diptychons).

Ostgoten gegen den Westen

Odoakers Herrschaft und Theoderichs Vormarsch (476-493)

Ging mit dem Jahr 476 das Weströmische Reich unter? So steht es in den meisten Geschichtsbüchern. Es gilt aber zu bedenken, dass die Zeitgenossen die Ereignisse zunächst nicht so deuteten und dass auch Odoaker selbst Italien keineswegs aus dem Reichsverband zu lösen gedachte. Er ließ vielmehr durch eine Senatsdelegation die Insignien des Westkaisers *(ornamenta palatii)* an Ostkaiser Zeno überstellen und signalisierte so, dass er diesen als Herrscher über das Gesamtreich betrachtete. Einen neuen Kaiser für den Westen hätte er allerdings auch nicht akzeptiert; ihm schwebte die Position eines Reichsverwesers in kaiserlichem Auftrag vor. Dafür erbat er die Erhebung zum Patricius, die Zeno aber verweigerte. Andererseits unternahm Constantinopel zunächst nichts gegen die faktische Selbstregierung Odoakers, zumal dieser auf eigene Gesetzgebung verzichtete und die Verwaltungsstrukturen unangetastet ließ.

Unruhefaktor in Mösien

Ihm ging es eher um Sicherung Italiens als seiner Machtbasis, aber auch als Kernland des Imperiums. Gleich im ersten Amtsjahr pachtete er das von den Vandalen besetzte Sizilien zurück, wandte sich dann nach Nordosten und konnte 481 Dalmatien gewinnen. Das aber weckte Argwohn in Constantinopel hinsichtlich weiterer Gelüste Odoakers. Was tun? Probleme hatte der Kaiser schon genug mit den Ostgoten. Sie hatten sich unter ihren byzantinisch erzogenen König (seit 474) Theoderich 483 in Moesia inferior (Niedermösien, heutiges Nordwestbulgarien) niedergelassen, blieben aber wegen ihrer Schlagkraft ein Unruhefaktor. Theoderich selbst war zum Heermeister aufgestiegen und hatte damit eine Machtposition erlangt, die politisch ebenfalls Risikopotenzial barg.

Zeno beauftragte ihn daher, Italien in seinem Auftrag Odoaker wieder abzunehmen. In der Hoffnung, endlich ergiebiges Land und dauerhafte Wohnsitze für sein Volk zu finden, brach Theoderich 488 mit dem Gros der Ostgoten nach Westen auf und erreichte im Frühjahr 489 den Isonzo in Nordostitalien. Dort schlug er Odoaker zum ersten Mal, ließ im Jahr 490 Siege über dessen Truppen bei Verona und an der Adda folgen und rückte auf die Residenz Ravenna vor. Über zwei Jahre zog sich der Kampf um die Stadt, die sagenumwobene „Rabenschlacht" (siehe Kasten), hin, denn Odoaker wurde über See versorgt, während Theoderich eine Flotte fehlte. 493 kam es zu einem Abkommen der beiden über eine künftig gemeinsame Regierung, so dass Theoderich mit seinen Kerntruppen in die Stadt einziehen konnte. Der fragile Frieden hielt keine zwei Wochen: Am 15. März 493 erschlug der noch relativ junge Theoderich den immerhin schon 60-jährigen Rivalen im Palast.

Rabenschlacht

Wegen der geschützten Lage der Stadt hatte schon Stilicho Ravenna (deutsch: Raben) als Residenz ausbauen lassen. Jetzt bewährte sich die Umgürtung mit Wasserläufen und der Nachschub über See. Allerdings erreichte die Versorgung nie das erforderliche Maß, so dass Odoaker zu Jahresbeginn 493 einen Ausbruch versuchte, der aber ebenso misslang wie die bisherigen verlustreichen Bemühungen Theoderichs, die Stadt zu erstürmen. Immerhin gelang es diesem, die Zufahrten zum Hafen immer besser zu kontrollieren, was die Situation der Belagerten so verschärfte, dass Odoaker zu Verhandlungen gezwungen war. Das zweijährige Ringen ging als Rabenschlacht in die deutsche Heldensage ein, in der Theoderich als Dietrich von Bern auftaucht. Allerdings sind darin viele Zeitebenen verwoben vom frühen Untergang des Ostgotenreichs des Ermanarich bis zum Kampf gegen die Hunnen unter Etzel.

So stellte sich der Maler Christian Bernhard Rode (1725–1797) das Ende des Weströmischen Reiches vor: Germanenfürst Odoaker nimmt Romulus 476 die Krone und den Purpur und schickt den Kind-Kaiser in Pension.

Geschickte Konfliktprävention

Das Ostgotenreich unter Theoderich I. (493–526)

Viel änderte sich durch den Machtwechsel in Ravenna nicht für die Bewohner Italiens und seiner Randländer von Illyrien bis Sizilien. Es kehrte allerdings eine sehr lange und lange nicht gekannte Ruhe ein, weil es der Gotenkönig verstand, Konflikten vorzubeugen. Das Hauptproblem löste er durch geschickte Personalpolitik: Er bestellte den jungen Liberius (*um 465-554) zum Prätorianerpräfekten mit der Sonderaufgabe, die Ansiedlung der Goten im nördlichen Italien so schonend wie möglich in die Wege zu leiten. Offenbar griff dieser vor allem auf Grund und Boden gefallener Anhänger des Odoaker sowie auf Staatsland zurück, so dass es kaum zu Enteignungen oder gar zu Aufruhr kam. In erstaunlich kurzer Zeit konnte Liberius Vollzug melden.

Die nächste drängende Frage war. Wie würde es Constantinopel aufnehmen, dass Theoderich so umstandslos in die Rolle des von ihm beseitigten Odoaker schlüpfte? Anastasios, seit 491 Nachfolger von Kaiser Zeno, spielte zunächst auf Zeit, sah aber schließlich keine Möglichkeit, wirksam in die italischen Verhältnisse einzugreifen, übersandte Theoderich 497 die Insignien und anerkannte damit seine quasi selbstständige Herrscherrolle im verbliebenen Westteil des Reiches. Formal hielt Theoderich an der Oberhoheit des Kaisers fest und berücksichtigte sie etwa auf dem Gebiet der Münzprägung. Zur Beruhigung in Byzanz dürfte auch beigetragen haben, dass es der Gote bei den überkommenen römischen Verwaltungsstrukturen beließ und auch das Steuersystem beibehielt und es sogar auf die neuen gotischen Grundbesitzer anwandte.

Konfessionelle Kluft

Die Beamtenschaft blieb ebenfalls weitgehend römisch, nur bei Hofe, im engeren Beraterkreis und natürlich beim Militär dominierte das gotische Element. Die Herrschaft der gotischen Minderheit beruhte ja auf der bewaffneten Macht und auf einem von Theoderich planvoll durch Heiraten geknüpften „familiären" Netz der germanischen Könige in den Reichen auf römischem Boden. Er selbst ehelichte gleich nach Amtsantritt 493 Audofleda, eine Tochter des 482 verstorbenen Frankenkönigs Childerich und Schwester Chlodwigs, des momentanen Herrschers in Gallien und mächtigsten aller Germanenfürsten. Zwar kam es zu einer gewissen Romanisierung der Goten, doch stand ihrer Integration in die römische Bevölkerung ihre arianische Konfession im Wege, auch wenn Theoderich sich der katholischen Kirche und ihren Anhängern gegenüber schon aus politischen Gründen recht tolerant zeigte. Erst gegen Ende seiner Herrschaft kam es zu Konflikten, in die auch die Nachfolgefrage hineinspielte. Befriedigend geregelt war sie nicht, als Theoderich am 30.8.526 starb (siehe Kasten).

Mausoleum des Gotenkönigs

Wie bewusst sich Theoderich seiner herrscherlichen Leistung war, die vor allem im friedlichen Ausgleich zwischen der dünnen gotischen Herrenschicht und der eingesessenen Bevölkerung bestand, macht das Mausoleum deutlich, das er sich seit 520 in Ravenna errichten ließ. Es besteht aus in Istrien gebrochenem Kalkstein, steht auf zehneckigem Grundriss, ist zweigeschossig und wird kronenartig von einer Kuppel aus einem Stück überwölbt. Dieser 300 Tonnen schwere Stein wurde an noch heute sichtbaren Ösen mit Flaschenzügen emporgehoben und trug mit dazu bei, dass das Gebäude mit der Zeit im sumpfigen Untergrund einsank und im 19. Jahrhundert wieder freigelegt werden musste. Das eigentlich Grab, eine Wanne aus Porphyr in der Mitte des Obergeschosses, ist leer; die Byzantiner haben die sterblichen Überreste des König, der bald „der Große" hieß, bei der Rückeroberung entfernt.

Als sei er nicht gestorben, sondern habe nur eine feste Burg bezogen bis zur Wiederkehr Christi am Jüngsten Tag, so wirkt das Mausoleum Theoderichs I. auf den Besucher, der sich auf zypressengesäumtem Weg dem massigen Bau nähert.

Mahnung zur Mäßigung

Gesundheitstipps für einen Germanen

Während seiner Zeit als Geisel am Kaiserhof von Constantinopel hatte der spätere Gotenkönig Theoderich die zivilisatorischen Standards des Römerreiches schätzen gelernt (siehe Kasten). Er hielt auch sein Volk zu mehr Sauberkeit an, als sie sonst bei den Germanen üblich war, und achtete auf vernünftige Ernährung. Die Germanen schätzten nämlich eher das Deftige und Reichliche und konnten römischer Verfeinerung nur wenig abgewinnen. Darüber erfahren wir etwas aus einem bemerkenswerten Brief, zu dem es so kam:
Am Hofe des oströmischen Kaisers Zeno lebte ein griechischer Arzt namens Anthimos, dessen Vorgeschichte uns nicht überliefert ist. Er beriet aber zum Ärger des Kaisers nicht nur ihn, sondern auch den Ostgotenführer Theoderich, der wieder einmal mit Constantinopel im Zwist lag. Zeno entließ kurzerhand seinen Arzt, der sich ungesäumt bei Theoderich verdingte und in Italien zu dessen Leibarzt wurde. Theoderich entsandte seinen Arzt um 515 – vielleicht auf Anforderung – zu seinem Namensvetter, dem seit 511 als Nachfolger Chlodwigs I. die Franken regierenden Theoderich I., nach Metz. Anthimos hat sich dort offenbar eine ganze Weile aufgehalten, denn der ungemein ausführliche lateinische Brief, den er dem Frankenkönig nach der Rückkehr von Ravenna aus schrieb, zeigt Vertrautheit mit den fränkischen Lebensgewohnheiten. Anthimos gab darin Ratschläge für vernünftige Ernährung.

Milch bei Schwindsucht

Er warnte zunächst einmal die anscheinend sehr essfreudigen Franken vor den enormen Mengen, die sie zu verspeisen pflegten, nicht aber vor dem Genuss von Met und Bier (cervesia), vermutlich weil das ohnedies aussichtslos gewesen wäre. Die Vorliebe für Speck aber und insbesondere für die Schwarten rügte er und mahnte zur Mäßigung, wie er auch einen steinharten Käse ablehnte, den es bei Goten wie Franken gab und der Steinleiden verursachen könne – ein in der antiken Medizin häufiger Analogieschluss von der Konsistenz einer Speise auf deren Verarbeitung durch den Körper. Seinen Rat zu leicht verdaulicher Kost vor allem für Reisende würden auch heutige Ernährungskundler unterschreiben. Und manche der Tipps für Speisen bei Krankheiten wohl auch. Einige wenige Beispiele: Gerstengrütze in lauwarmem, reinem Wasser verdünnt bei Fieber; Gurken bei Nierenleiden; Mandelmilch und getrocknete Feigen bei Halsentzündungen; Kuh- oder Ziegenmilch bei Schwindsucht; geschälte Quitten bei blutiger Ruhr; und etwas Feines bei Durchfall: Rebhuhn mit Koriander, allerdings ungesalzen und ohne Öl.

Reparaturen

Sieben Jahre nach dem Herrschaftsantritt hatte Theoderich sein Reich so weit stabilisiert, dass er Rom besuchen konnte. Der Verfall der Weltstadt erschütterte ihn, und er verbot das grassierende Plündern altehrwürdiger Bauten, beauftragte Beamte mit der Erneuerung von Zerstörtem und konnte einige der großen Wasserfernleitungen wieder zum Sprudeln bringen. Der römische Historiker Cassiodor (490-583), in den letzten Jahren 523-526 Leiter der Kanzlei Theoderichs, pries das so: „Ausgehöhlte Berge stürzen ein, Kanäle verfallen, aber diese Werke der Alten bestehen, wenn ihnen die Sorgfalt zur Hilfe kommt. Beachten wir, welchen Schmuck die Fülle des Wassers der Stadt Rom verleiht. Denn was wäre die Schönheit der Thermen ohne die Güte des Wassers? Es rauscht die Aqua Virgo rein und wonnig daher, und sie verdient ihren Namen durch ihre Unbeflecktheit. Während sich andere Aquädukte in Folge heftigen Regens mit Erde versetzen, scheint uns diese mit ihrer lauter fortgleitenden Welle einen immer heiteren Himmel vorzuspiegeln." Nach Theoderich verfiel auch diese Leitung.

Die Römer verstanden schon immer zu schlemmen – die üppigen Gastmähler des Lucius Licinius Lucullus wurden sprichwörtlich, und auch das älteste, in Abschrift erhaltene Kochbuch „De re coquinaria" (Über die Kochkunst) wurde vermutlich bereits im 1. Jahrhundert vom römischen Feinschmeckers Marcus Gavius Apicius verfasst. (Stillleben mit Meeresgetier, römische Wandmalerei aus Pompeji, 1. Jh.)

Harter Herrscher

Hinrichtung des Boethius (526)

Mit wachsender Dauer der Regierungszeit Theoderichs machten sich Sorgen breit, wie es nach einem so übermächtigen Herrscher weitergehen werde. Er selbst hatte als Nachfolger Eutharich, seinen westgotischen Schwiegersohn, aufbauen wollen, doch verstarb dieser schon 523. In der unsicheren Situation begannen einige Senatoren Fäden nach Constantinopel zu spinnen, wo ihrer Meinung nach ohnedies noch immer der eigentliche Kaiser residierte. Theoderichs Spitzeln fielen 524 entsprechende Briefe in die Hände, die Material für Hochverratsprozesse lieferten. In Verdacht geriet auch der politisch hochrangige etwa 45-jährige Anicius Boethius (sprich: Bo-ethius), der 522 zum Chef der Reichsverwaltung *(Magister officiorum)* ernannt worden war und dessen Söhne Symmachus und Boethius im gleichen Jahr Konsuln waren.

Zum Schein überparteilich

Es gab keine direkten Beweise gegen Boethius. Argwohn schöpfte Theoderich, als sich sein oberster Beamter in seiner Gegenwart im Staatsrat massiv für einen der Hauptverdächtigen einsetzte und erklärte, dessen Fall gehe den gesamten Senat an. Wollte Boethius etwas vertuschen? Der Gotenkönig ließ ihn festnehmen und in Pavia einkerkern, während die Sache in Rom vor einem Gericht verhandelt wurde. Immer wieder beklagte sich der Häftling, dass er sich nicht ordnungsgemäß verteidigen könne. Seine Klagen aber erreichten den Herrscher nicht, vielleicht weil er sich nicht in das laufende Verfahren einmischen wollte oder sich zum Schein überparteilich gab, vielleicht weil ihn seine Umgebung von dem Fall abschirmte. Wie auch immer: Mochte der König auch nicht direkt am Todesurteil mitgewirkt haben, so spiegelt es dennoch seinen Willen, der von den senatorischen Richtern in vorauseilendem Gehorsam umgesetzt worden war. Und die Vollstreckung des Urteils an einem derart prominenten Häftling wäre ohne die Bestätigung Theoderichs vollends undenkbar gewesen. Er gab seine Einwilligung, obwohl er wusste, wie tief er damit die römische Führungsschicht traf. Nicht von ungefähr ist Boethius später oft als „der letzte Römer" bezeichnet und als letzter bedeutender antiker Philosoph gefeiert worden (siehe Kasten). Wann genau Boethius sterben musste, ließ sich nicht ermitteln; am meisten spricht für das Jahr 526, in dem auch sein einstiger Dienstherr Theoderich das Zeitliche segnete.

„Trost der Philosophie"

In der Haft schrieb Boethius ein bis heute einflussreiches Buch über den „Trost der Philosophie" (De consolatione philosophiae). *Der Autor fungiert darin als Schüler und leidender Mensch, der mit der als Lehrmeisterin auftretenden Philosophie einen Dialog über die grundsätzlichen Fragen des Daseins führt. Im Wechsel von Prosastücken und Strophen in unterschiedlichen Versmaßen behandeln sie Fragen, wie der Mensch im Ringen mit der Fortuna, der Macht des ewigen Wechsels, bestehen und Anteil am Ewigen gewinnen könne, wie freier Wille mit der Allwissenheit Gottes und der unerbittlichen Vorsehung überein zu bringen sei, ob man sich Ewigkeit nur als ins Unendliche gedehnte Zeit oder eher als das Zugleichsein aller Zeit, der vergangenen wie der kommenden, vorzustellen oder doch zu denken habe. Da vom Christentum mit keinen Wort die Rede ist, wurde das Werk bisweilen als Abwendung vom Glauben im Angesicht des Todes interpretiert. Eher wollte Boethius Wissen und Glauben versöhnen. Dafür spricht der Schluss: „Es gibt also sowohl Vorsehung als auch Freiheit. Damit sind Lohn und Strafe gerechtfertigt. Damit haben Gebete ihren Sinn. Allen soll klar sein: ‚Ihr lebt vor den Augen eines alles wahrnehmenden Richters!'"*

Mit dem „letzten Römer“ Boethius endet die spätantike Kultur im Westen. Sein Hauptwerk „De consolatione philosophiae“ aber überdauerte die Zeitenwende und wurde im Mittelalter zahlreich kommentiert und in die Volkssprachen übersetzt. Die Buchmalerei aus dem 15. Jahrhundert zeigt den Autor bei der Lektüre.

Bündnis mit der Kirche

Das Frankenreich unter Chlodwig I. (482–511)

Die Reiche der Vandalen in Africa und der Ostgoten in Italien waren nicht von Dauer. Auch die Herrschaft der Westgoten in Spanien hielt sich nur anderthalb Jahrhunderte länger. Allein das gallische Reich der Franken vermochte ein neues Kapitel in der Geschichte des Abendlands aufzuschlagen und schließlich sogar das Erbe des Imperiums anzutreten. Das hatte mehrere Gründe: Lage an der Peripherie der spätantiken Welt, gut zu verteidigende natürliche Grenzen und – am wichtigsten – erfolgreiche kulturelle Verschmelzung von römischer Tradition und germanischem Import. Natürlich spielte auch eine Rolle, dass die richtigen Anführer die Weichen entsprechend stellten. Schlüsselfigur wurde König Chlodwig I. (regierte 482-511), Sohn Childerichs und Schwager von Ostgotenkönig Theoderich.

Unter seiner Führung waren die Franken 486 aus den südlichen Niederlanden tief nach Gallien vorgestoßen, hatten das römische Restreich des Syagrius überrannt und dort das Zentrum ihres Herrschaftsgebiets gefunden. Bald darauf heiratete der König die katholische Burgunder-Prinzessin Chrodechilde, was entscheidend dazu beigetragen hat, dass die Franken ihren alten Götterglauben aufgaben und Christen wurden. Das verhielt sich bei den anderen Germanen auf römischem Boden zwar nicht anders, aber sie alle hatten sich für die Richtung des Presbyters Arius entschieden, die nur eine Gottähnlichkeit Christi annahm und seit dem Konzil von Nicaea (325) als Ketzerei galt. Die Franken dagegen folgten der römischen Kirche, die sich die Lehre des alexandrinischen Bischofs Athanasius von der vollkommenen Gottgleichheit Jesu zu eigen gemacht hatte, und dieser gehörte die Zukunft.

Trägerin der Zivilisation

Ihr König Chlodwig ging voran. Um 498 ließ er sich von Bischof Remigius taufen und befahl seinem Volk, seinem Beispiel zu folgen. Angeblich war ein Erlebnis in der Schlacht von 496 gegen die Alemannen der Auslöser: Die drohende Niederlage vor Augen, gelobte der Frankenkönig den Übertritt zum Christentum – und schon wendete sich das Kriegsglück zu seinen Gunsten. Er drängte die Alemannen nach Südosten ins Gebiet der heutigen Schweiz ab und schlug 507 (siehe Kasten) auch die Westgoten, so dass ganz Gallien in fränkischer Hand war. Chlodwigs Bündnis mit der römischen Kirche förderte die Konsolidierung der fränkischen Herrschaft, denn die Kirche besaß nicht nur die Macht über die Seelen, sie war auch eine Trägerin der Zivilisation. So nahm sie vielfältige Aufgaben wahr, die ehemals der römische Staat geleistet hatte, etwa im Bereich der Armenpflege. Das konnten die Franken jetzt für sich nutzen.

Schlacht von Vouillé

Die Kämpfe gegen die Alemannen hatten gezeigt, dass Frankenkönig Chlodwig sich nicht mit dem Erreichten zufrieden geben würde. In Ravenna befürchtete Theoderich einen Angriff der Franken in südöstlicher Richtung und bereitete sich darauf vor. Es blieb dort aber ruhig. Niemand ahnte, dass Chlodwig sich mit Ostkaiser Athanasios in Benehmen gesetzt hatte, der Theoderichs Truppen im Donauraum beschäftigte. Chlodwig aber schlug gegen die Westgoten südlich der Loire los, wobei er den Angriff als Kampf gegen den Arianismus ausgab. Er stieß auf Burdigala (Bordeaux) vor und brachte dem Gegner unter König Alarich II. bei Vouillé im Nordwesten von Poitiers eine vernichtende Niederlage bei; Alarich fiel. Im Bündnis mit den nun in den Krieg eintretenden Burgundern verfolgte Chlodwig die Westgoten, die sich an die Mittelmeerküste und nach Spanien zurückziehen mussten. Die Franken waren endgültig unangefochten Herren im gallischen Haus.

Nicht nur den Frankenkönig Chlodwig taufte Bischof Remigius 498, sondern eine neue Epoche der Verschmelzung von römischem Erbe und germanischer Gesittung im Geiste Christi (Wandteppich aus dem 16. Jahrhundert).

Erfüllt von der Rom-Idee

Die Anfänge der Herrschaft Justinians I. (527–534)

Von den Umwälzungen der Völkerwanderungszeit war das oströmische Reich kaum betroffen; kein germanischer Stamm hatte sich hier staatenbildend festzusetzen vermocht. Eine günstige Wirtschaftslage und eine effiziente, wenn auch stark formalisierte Verwaltung schufen die finanziellen Voraussetzungen für den Unterhalt eines schlagkräftigen Heeres aus den kräftigen Bergvölkern des Balkans und Vorderasiens und damit die Möglichkeit, Gefahren für die Grenzen abzuwehren. In Constantinopel kam 527 ein Mann an die Macht, der schon in den Jahren zuvor die Politik seines kaiserlichen Onkels Justin I. (regierte 518-527) maßgeblich mitgeprägt hatte.

Justinian I. stammte aus Illyrien (* um 482) und war der letzte Kaiser mit der Muttersprache Latein. Er erwarb sich in Constantinopel natürlich auch perfekte griechische Sprachkenntnisse, doch blieb er westlich orientiert und war von der Rom-Idee durchdrungen. Fast volle vier Jahrzehnte waren ihm als Herrscher vergönnt, so dass er seine weitreichenden Pläne umsetzen konnte. Der erste galt der Herstellung der Rechtseinheit in seinem Reich, wofür er die Sammlung aller kaiserlichen Erlasse seit Hadrian (Kaiser 117-138) anordnete und damit das sogenannte *Corpus Iuris* (Gesetzeskanon) schuf, dessen Grundlagen schon 529 vorlagen; 533 folgten die Digesten oder griechisch Pandekten mit den Auslegungen der großen Juristen als Lehrbuch für das Rechtsstudium.

Rückgewinnung Africas

Außenpolitisch bemühte sich der neue Herrscher umgehend um einen Ausgleich mit dem Perserreich, da er den Rücken frei haben wollte für seine Pläne im Westen. Nach Abschluss eines „ewigen Friedens" (der immerhin bis 540 hielt) mischte sich Justinian im Vandalenreich in Africa ein, der einst reichsten Provinz des Imperiums. Dort war der in den Augen des Kaisers rechtmäßige König Hilderich 530 abgesetzt und durch Gelimer, einem Urenkel Geiserichs, abgelöst worden. Der Kaiser entsandte ein Expeditionskorps von 15 000 Mann unter seinem im Osten erprobten Feldherrn Belisar, dem es ziemlich rasch gelang, die von Wohlleben und ungewohntem Klima offenbar träge gewordenen Vandalen zu besiegen, den König gefangen zu nehmen und eine oströmische Herrschaft in Karthago zu etablieren. Damit war ein Unruheherd im Mittelmeer ausgeschaltet: Die Vandalen hatten den Handel durch Piraterie mit ihrer starken Flotte schwer in Mitleidenschaft gezogen. Der relativ leichte Erfolg nährte beim Kaiser den schon lange gehegten Wunsch nach Wiedergewinnung auch des Kernlandes Italien.

Nika-Aufstand

Justinian verordnete seinem Reich bei Amtsantritt einen Sparkurs. Die Unzufriedenheit darüber entlud sich 532 im Zirkus- oder Nika-Aufstand (Nika = Sieg), der so bedrohliche Formen annahm, dass der Kaiser an Flucht dachte. Die Wende brachte eine Rede seiner Frau Theodora (um 500-548), die er zur Augusta erhoben hatte; der Historiker Prokop von Caesarea zitiert sie so: „Jeder, der das Licht der Welt erblickt, muss sterben. Dass aber ein Kaiser seine Tage als Flüchtling zubringen muss, dieser Gedanke ist mir unerträglich. Möge ich nie ohne diesen Purpur sein, möge ich den Tag niemals erleben, an dem mich die Menschen nicht mehr ‚Herrin' nennen. Wünschst du Sicherheit, o Kaiser, ist das Problem einfach zu lösen. Wir sind reich, und dort ist die See, da sind unsere Schiffe. Sieh aber zu, dass dich nach der Rettung nicht das Verlangen ankommt, den Tod dieser Rettung vorzuziehen. Was mich betrifft, liebe ich das alte Wort: ‚Der Purpur ist das schönste Leichentuch.'" Justinians Truppen schlugen den Aufstand blutig nieder und retteten den Thron.

Sie trug entscheidend dazu bei, dass ihr Mann Kaiser Justinian I. die schwere Krise des Nika-Aufstands überwand: Kaiserin Theodora (Ausschnitt aus einem Mosaik von 547 im Presbyterium der Kirche San Vitale von Ravenna).

Blutgetränktes Herzland

Rückeroberung Italiens durch Ostrom (536–553)

Auch in Italien lieferten Thronwirren Anlässe für Justinian zum Eingreifen: Nach dem Tod des großen Theoderich 526 entwickelte sich eine erbitterte Rivalität zwischen dessen Tochter Amalasuntha, die für ihren unmündigen Sohn Athalarich (*517) die Regentschaft beanspruchte, und ihrem Vetter Theodahad. Da der Sohn schon 534 starb, suchte die Theoderich-Tochter den Ausgleich und erhob Theodahad zum Mitregenten. Der ließ sie im folgenden Jahr ermorden. Justinian rüstete zur Strafexpedition, die Theodahat auch nicht durch Fürsprache des Papstes beim Kaiser abzuwenden vermochte. Noch 535 landeten die siegreichen Truppen unter Belisar von Afrika kommend in Italien; aus Dalmatien rückte ein weiteres oströmisches Korps vor.

Konnten die Goten den nördlichen Angriff noch zum Stehen bringen, so versagte ihre Verteidigung im Süden; Belisar besetzte Sizilien und Neapel. Das lag auch daran, dass Theodahad kaum Rückhalt im Volk hatte und 536 von Witichis abgelöst wurde. Inzwischen rückte Belisar weiter vor und nahm das noch immer mit etwa 100 000 Bewohnern wichtige Rom. Der gotische Gegenangriff blieb liegen und verwandelte sich in eine Flucht vor Belisar, der das Land nordwärts aufrollte. Die Kämpfe nutzten fränkische Truppen zum Einbruch in Norditalien, was die Goten in weitere Bedrängnis brachte, die sich in Pavia und in der Residenz Ravenna verschanzten. 540 eroberte Belisar auch diese Stadt, nahm Witichis gefangen und ließ ihn nach Constantinopel bringen.

Zweiter Akt des blutigen Dramas

Die Hoffnung aber, damit sei der Gotenkrieg für Justinian gewonnen, erwies sich als doppelt trügerisch. Die mit ihm in angeblich ewigem Frieden verbundenen Perser unter Chosrau I. nahmen die Angriffe gegen die Ostgrenzen des Reiches wieder auf, so dass die oströmischen Streitkräfte zersplittert werden mussten. Und in Pavia wählten die Goten mit Totila einen neuen Anführer, der sich als organisatorisch und militärisch fähig zeigte. War schon die erste Phase der Kämpfe in Italien für das Land im Wortsinn verheerend gewesen, so entwickelte sich nun eine Art zweiter Gotenkrieg, der noch blutiger und verwüstender ausfallen sollte. Die Stadt Rom wechselte zwischen 546 und 550 mehrmals den Besitzer. Inzwischen war Belisar durch den kaiserlichen Eunuchen Narses abgelöst worden. Der brachte Verstärkungen mit und besiegte die Goten in Umbrien; Totila fiel. Im Herbst 552 blieb Narses auch am Milchberg (siehe Kasten) Sieger. Das blutgetränkte Herzland des Imperiums wurde wieder kaiserlicher Oberhoheit unterstellt.

Schlacht am Milchberg

Die zusammengeschmolzenen gotischen Scharen sammelten sich nach der Schlacht in Umbrien unter ihrem neuen König Teja, der sie nach Kampanien führte. Dort gab es noch einige gotische Stützpunkte, wo sie neue Kräfte schöpfen sollten. Narses zog ihnen mit seiner Übermacht nach und stellte sie erneut zum Kampf unweit von Neapel und Vesuv am so genannten Milchberg (Mons Lactarius). *Teja verteidigte sich aus einer Passenge heraus, wo die zahlenmäßige römische Überlegenheit nicht recht zur Geltung zu bringen war. Die Goten hielten auch weiter stand, als ihr Anführer Teja bei einem Schildwechsel von einer Lanze getroffen und getötet wurde. Noch einen vollen zweiten Tag lang wehrten sie sich, mussten dann aber erkennen, dass sie sich auf Dauer sich nicht würden halten können und erbaten bei Narses freien Abzug. Dieser wollte nicht noch mehr Männer opfern, als ohnehin schon gefallen waren, und willigte ein. Mit dem Abmarsch der Geschlagenen endete die gotische Epoche in Italien.*

Der kaiserliche Feldherr Belisar fiel nach 550 in Ungnade. Die Legende berichtet sogar davon, dass er geblendet worden sei und seine letzten Jahre in Rom als Bettler gefristet habe; in Wirklichkeit starb er um 565 in Constantinopel (Gemälde von Jacques Louis David [1748–1825], 1784).

Milde Strenge

Benedikt von Nursia (529)

Wie schon im krisengeschüttelten Zeitalter der Soldatenkaiser zogen sich auch in den Wirren des 6. Jahrhunderts viele Menschen aus der Welt zurück und lebten ganz ihrem Glauben. Einer von ihnen sollte wegweisend werden für das abendländische Klosterwesen: Als um das Jahr 529 der wandernde Eremit Benedikt aus der Stadt Nursia (heute Norcia, Provinz Perugia) den 519 Meter hohen Berg über der Stadt Cassino in Mittelitalien bestieg, fand er dort Reste von Heiligtümern altrömischer Götter vor. Gerade deswegen schien dem nach Abgeschiedenheit suchenden Mann der Ort ideal für Andacht und Gebet, die das Heidnische überwinden und Christi Sieg um so sinnfälliger machen würden.

Benedikt stammte aus einer wohlhabenden Gutsbesitzerfamilie, hatte in Rom ein Studium begonnen, war dann aber von der Sittenlosigkeit in der Stadt derart entsetzt, dass er sich einer Asketengemeinschaft anschloss. Nach Jahren der Buße in einer Höhle im Anio-Tal bei Subiaco wählte ihn eine Gruppe von Einsiedlern zum Vorsteher. Sie erkannten aber bald, dass Benedikt Anforderungen an ihre Tugend und Frömmigkeit stellte, denen sie nicht gewachsen waren. Vor ihren Nachstellungen musste er schließlich fliehen, sammelte nun noch sorgfältiger ausgewählte Mönche um sich und siedelte sich mit ihnen auf dem Montecassino an, wo er der Gemeinschaft seine *„Regulae"* (die Benediktinerregel) in 73 Kapiteln gab und damit das erste bedeutende europäische Kloster begründete.

Hochburg des Mönchtums

Es wurde dank der einzigartigen Persönlichkeit des Gründers zu einer ersten Hochburg des Mönchtums. Dabei achtete Benedikt in seinen Vorschriften sehr darauf, dass er nicht wieder den Fehler machte, zu hohe Maßstäbe an die Fähigkeiten der Mönche anzulegen. Er verlangte zwar die Abkehr von der Welt, aber keine strikte Askese, weil das die „Kleinmütigen" überfordern könnte. Die Mischung aus Milde und Strenge machte den heute noch bestehenden Orden der Benediktiner (Ordo Sancti Benedicti) zum erfolgreichsten des Mittelalters. Der Orden bestand zunächst weitgehend aus Laien; die Klerikalisierung begann erst Jahrhunderte nach dem Tod Benedikts 547. Im Jahr 673 wurden die Gebeine des Heiligen angeblich nach Frankreich verbracht, während im Stammkloster nur wenige Reliquien verblieben sein sollen. Ob das beim Wiederaufbau der Abtei nach dem Zweiten Weltkrieg gefundene Grab vielleicht doch die Gebeine Benedikts enthielt, bleibt in der Forschung umstritten.

Krankenpflege

Schon um ihrer körperlichen Leistungsfähigkeit willen, brauchten Benedikts Mönche ausreichende Ernährung und angemessene Ruhepausen. Buchstäblich im Zentrum seiner Regeln nämlich, unter der Nummer 36, verfügte er: „Die Sorge für die Siechen rangiert vor und über allen anderen Pflichten", denn ihnen solle gedient werden wie „unserem Herrn", der gesagt hat: „Ich bin krank gewesen, und ihr habt mich besucht" und: „Was ihr getan habt einem unter diesen meinen geringsten Brüdern, das habt ihr mir getan" (Matthäus 25,36 und 40). Vorgeschrieben wurde außerdem, dass im Kloster ein eigener Raum für die Kranken vorzuhalten sei, deren Pflege einem „Diener" obliegen solle, also einem in solchen Dingen geschickten Bruder oder einer Schwester. Bald hatten alle Klöster ein solches Infirmarium *(lateinisch* infirmis *= krank), eine Krankenstation, die sich in größeren Anlagen mit der Zeit zu einem regelrechten Klosterspital mit angeschlossener Apotheke entwickelte. Die Benediktiner wurden entscheidend durch Papst Gregor I. den Großen (Pontifikat 590–604) gefördert.*

Nur ein Trümmerhaufen blieb von der alten Abtei der Benediktiner auf dem Montecassino im 2. Weltkrieg. Beim Wiederaufbau bemühte man sich um Anknüpfung an die einstigen Pläne (mittlerer Kreuzgang mit der Statue der heiligen Scholastica).

Brückenbauer

Übernahme des antiken Erbes durch die Kirche

Die Rückkehr Italiens zum Reich war nur von kurzer Dauer. Drei Jahre nachdem Kaiser Justinian I. gestorben war, drangen die Langobarden 568 über die Alpen vor. Dieser Germanenstamm war aus dem Gebiet der Unterelbe von den Slawen verdrängt worden und traf im ausgebluteten Italien auf wenig Widerstand. Nur Ravenna und Rom sowie schmale Küstenstreifen verblieben noch in oströmischer Hand. Die neuen Herren verhandelten auch gar nicht mehr mit dem Staat, sondern mit der Kirche, der eigentlichen Macht im Lande, wie besonders deutlich wurde, als 590 Gregor I. der Große den Stuhl Petri bestieg und 14 Jahre lang amtierte. Ihm gelang es, die Langobarden zum katholischen Glauben zu bekehren und damit eine Verbindung zum ebenfalls schon seit 498 katholischen Frankenreich in Gallien herzustellen; die Westgoten in Spanien folgten dem Beispiel wenig später.

Neues Zeitalter

Mit zunehmendem weltlichen Einfluss von Papst und Kirche im Westen wuchs die Kluft zum Osten, wo der Kaiser Kirchenherr blieb. In den Augen der Westkirche dagegen war er allenfalls der oberste Gläubige und als solcher der geistlichen Leitung des Papstes unterworfen. An diesem Konflikt sollte die Einheit der Kirche zerbrechen. Auch rituell ging der Westen eigene Wege. Gregor gab dem katholischen Gottesdienst die im Wesentlichen noch heute gültige Form und ließ ihn durch den Gesang der Priester (*cantus choralis*, daher „Choral") in einförmigem Takt, dem sogenannten *cantus firmus*, begleiten, woraus sich der „gregorianische Gesang" reich entwickelte. Geistlichkeit und Mönchtum sorgten für die Tradierung antiker Bildung, sofern sie mit dem christlichen Glauben harmonierte. Der oberste Pontifex (*pons* = Brücke, *fex* von *facere* = machen) wurde damit ganz im Wortsinn zum Brückenbauer in eine neue Epoche der Weltgeschichte, die wir Mittelalter nennen.

Dem Osten erwuchs ein Jahrhundert später eine ähnliche Bedrohung, wie sie die Völkerwanderung für den Westen dargestellt hatte. Der vom Propheten Mohammed (um 570-632) begründete Islam in Arabien entwickelte sich zu einer ungemein expansiven religiösen Bewegung mit weltlichem Machtanspruch. Er beerbte das römische Reich im Nahen Osten, in Ägypten, in Nordafrika und schließlich auch in Spanien; erst an den Pyrenäen kam er zum Stehen. Und er zerstörte das persische Reich der Sassaniden, womit er im Osten und Südosten zum gefährlichen Nachbarn des oströmischen oder byzantinischen Reiches wurde. Dieses aber erwies sich als deutlich stabiler verglichen mit Westrom und sollte dem Ansturm noch jahrhundertelang standhalten.

Engelsburg

Ganz nach dem Vorbild des Mausoleums für den ersten römischen Kaiser Augustus ließ sein über ein Jahrhundert jüngerer Nachfolger Hadrian seinen Grabbau in Rom gestalten. Noch sechs weitere Herrscher fanden im so genannten Hadrianeum die letzte Ruhe. Später wurde es kirchlich umgenutzt als Trutzburg der Bischöfe von Rom, und es erhielt schließlich sogar einen himmlischen Namen: Über dem mächtigen Bau soll Papst Gregor I. dem Großen im Jahr 590 der Erzengel Gabriel erschienen sein. Die Lichtgestalt steckte das Flammenschwert in die Scheide zum Zeichen, dass nunmehr die furchtbare Pest-Epidemie beendet sei, die Rom damals heimsuchte. Fortan nannte man die so gar nicht engelhafte Mordsfestung nach dem göttlichen Boten Engelsburg (Castel Sant' Angelo) und schmückte die Spitze mit einer entsprechenden Figur. Sie verkörpert auch den Abschluss der über Jahrhunderte vollzogenen Verwandlung des heidnisch-römischen Weltreichs.

Als Mausoleum für sich und seine Nachfolger gab Kaiser Hadrian um 130 einen imposanten Rundbau in Auftrag, der erst unter Septimius Severus (Kaiser 193–211) vollendet wurde. Seit dem 7. Jahrhundert wird er Engelsburg genannt, weil hier Papst Gregor dem Großen ein Engel das Ende der großen Pestepidemie verkündet haben soll. Der Engel auf der Spitze stammt aus dem Jahr 1753.

Mythische Anfänge des römischen Gemeinwesens

753 v. Chr.

Römische Republik

509–27 v. Chr.

7./6. Jh. v. Chr.

Etruskische Könige am Tiber

Politische Neuordnung des Stadtstaates

um 500 v. Chr.

Erster Latinerkrieg

498–493 v. Chr.

5. Jh.

Vom Stadtstaat zur Territorialmacht

Invasion der Gallier, Plünderung Roms

387 v. Chr.

450 v. Chr.

Zwölftafelgesetz

Kriege gegen die Samniten

4./3. Jh. v. Ch.

Krieg gegen Tarent und Pyrrhus von Epirus

282–272 v. Ch.

Hannibal überquert die Alpen

218–216 v. Ch.

Zweiter Punischer Krieg

218–201 v. Ch.

bis um 300 v. Chr.

Gleichstellung der Plebejer

264–241 v. Ch.

Erster Punischer Krieg

3./2. Jh. v. Ch.

Soziale Verwerfungen als Kriegsfolgen; wachsende Kluft zwischen Arm und Reich

146 v. Chr.

Zerstörung Karthagos im dritten Punischen Krieg

Versuche einer Sozialreform durch die Gracchen

133–121 v. Chr.

Erster Mithridatischer Krieg

88–84 v. Ch.

Dritter Mithridatischer Krieg

74–64 v. Ch.

Sklavenaufstand unter Spartacus

73–71 v. Chr.

113–101 v. Ch.

Kampf gegen Kimbern, Teutonen und Ambronen

91–88 v. Ch.

Bundesgenossenkrieg

83–81 v. Ch.

Zweiter Mithridatischer Krieg

82–79 v. Ch.

Diktatur des Lucius Cornelius Sulla

Seeräuberkrieg

67 v. Chr.

Erstes Triumvirat

60/59 v. Ch.

Gallischer Krieg

58–52 v. Ch.

Niederlage des Crassus gegen die Parther

55–53 v. Ch.

63 v. Chr.

Catilinarische Verschwörung

49–45 v. Ch.

Caesars Sieg im Bürgerkrieg gegen Pompeius

Diktatur Caesars

Zweites Triumvirat

Prinzipat des Augustus

44–42 v. Ch.

46–44 v. Ch.

27 v. Chr.–14 n. Chr.

15.3.44 v. Ch.

42–31 v. Ch.

16 v. Chr.–9 n. Chr.

Ermordung Caesars

Endkampf zwischen
Octavian und Antonius

Bereinigung des Vorfelds
in Germanien

Weihe des augustäischen Friedensaltars (ara pacis) auf dem Marsfeld

9 v. Chr.

Epoche des Augustus-Nachfolgers Tiberius

14–37 n. Chr.

Verfall der julisch-claudischen Dynastie

37–68 n. Chr.

zwischen 7 und 4 v. Chr.

Jesus von Nazareth geboren

9 n. Chr.

Triumph des Arminius über die Römer

um 30/33 n. Chr.

Kreuzigung Jesu

64 n. Chr.

Brand von Rom

69–96 n. Chr.

Herrschaft der flavischen Kaiser

Jüdischer Krieg

66–73 n. Chr.

Adoptivkaiser Trajan und Hadrian

98–138

Höhepunkt und Ende der Adoptivkaiserzeit

138–180

Thronwirren und der Sieg des Septimius Severus

193–211

24.8.79

Ausbruch des Vesuvs und Untergang der Landstädte Pompeji und Herculaneum

1./2. Jh.

Literarische Epoche der silbernen Latinität

180–192

Schreckensregiment des Commodus

211–235

Untergang des severischen Kaiserhauses

212

Constitutio Antoniniana

235–284

Zeitalter der Soldatenkaiser

260–273

Reichseinheit in Gefahr, Abspaltungen in Nord und Ost

2./3. Jh.

Ausbreitung des Christentums

284–305

Tetrarchie des Diokletian

303

Beginn der Christenverfolgung Kaiser Diokeltians

305–313

Nachfolgekämpfe um das Erbe Diokletians werden mit dem Sieg an der Milvischen Brücke zu Gunsten Constantins 312 entschieden

311

Toleranzedikt von Mailand

313–324

Constantin I.
Alleinherrscher

325

Konzil von Nicaea

3./4. Jh.

Entstehung der Eremiten- und Mönchsbewegung

330

Constantinopel wird neue Hauptstadt des Reiches

337–350

Grenz- und Kirchenkämpfe unter den Söhnen Constantins

350–360

Alleinherrschaft Constantius II.

361–363

Versuch einer heidnischen Restauration unter Julian

364–383

Valentinian, Valens, Gratian

Beginn der
Völkerwanderungszeit

um 375

Konzil von
Constantinopel

381

Teilung des Imperiums
in ein West- und ein
Oströmisches Reich

Siegeszug der Vandalen
unter Geiserich

428–439

391

395

9.8.378

Schlacht bei Adrianopel

410

451

Theodosius erhebt
das Christentum zur
Staatsreligion

Erstürmung und
Plünderung Roms
durch die Goten

Schlacht auf den Katalaunischen Feldern

455

Vandalen-Einfall und Plünderung Roms

476

Untergang des Weströmischen Reiches

493–526

Ostgotenreich in Italien unter Theoderich I.

um 498

Katholische Taufe des Frankenkönigs Chlodwig I. in Reims

526

Hinrichtung des Boethius; mit dem „letzten Römer" endet die spätantike Kultur im Westen

527–565

Justinian I., Übergang von der Spätantike zum Mittelalter

529

Gründung des Kloster Montecassino durch Benedikt von Nursia

568

Einfall der Langobarden in Italien

590–604

Pontifikat Gregor I.

Auswahlbibliografie

Simon Baker
Rom. Aufstieg und Untergang einer Weltmacht.
Stuttgart 2007

Jochen Bleicken
Die Verfassung der Römischen Republik.
Grundlagen und Entwicklung
Taschenbuch-Ausgabe, Stuttgart 2008

Klaus Bringmann
Römische Geschichte. Von den Anfängen bis zur Spätantike
9. durchgesehene Auflage, München 2006

Karl Christ
Die römische Kaiserzeit. Von Augustus bis Diokletian
3. aktualisierte Auflage, München 2006

Dieter Flach
Römische Geschichtsschreibung.
3. Auflage, Darmstadt 1998

Jane F. Gardner
Frauen im antiken Rom. Familie, Alltag Recht
München 1995

Alfred Heuss u.a.
Römische Geschichte
9. Auflage, Paderborn 2003

Martin Jehne
Die römische Republik.
Von der Gründung bis Caesar
München 2006

Frank Kolb
Rom. Die Geschichte der Stadt in der Antike
München 1995

Ingemar König
Kleine römische Geschichte
2. Auflage, Stuttgart 2004

Kurt Latte
Römische Religionsgeschichte
Nachdruck, München 1992

Walter Pohl
Die Germanen.
München 2000 (Enzyklopädie deutsche Geschichte Nr. 57)

Wolfgang Schuller
Das Römische Weltreich. Von der Entstehung der Republik bis zum Ausgang der Antike
2. Auflage, Stuttgart 2003

Erika Simon
Die Götter der Römer
München 1990

Karin Sion-Jenkis
Von der Republik zum Prinzipat
Stuttgart 2000

Joseph Vogt
Der Niedergang Roms. Metamorphosen der antiken Kultur von 200 bis 500
Zürich 1965

Karl-Wilhelm Weeber
Alltag im Alten Rom.
Das Landleben – Ein Lexikon.
Taschenbuch-Ausgabe, Düsseldorf 2005

Karl-Wilhelm Weeber
Alltag im Alten Rom. Das Leben in der Stadt – Ein Lexikon
3. Aufl. der Taschenbuch-Ausgabe
Düsseldorf 2006

Register

Register

Register